本书出版得到了安徽省哲学社会科学规划基金(AHSKZ2021D29)的资助。谨致谢忱!

体视角下
汉英动词句法—语义界面
比较研究

A Comparative Study of Chinese and English Syntax-Semantics Interface
from the Perspective of Aspect

杨玲　胡月月◎著

中国社会科学出版社

图书在版编目(CIP)数据

体视角下汉英动词句法—语义界面比较研究／杨玲，胡月月著.—北京：中国社会科学出版社，2022.8

ISBN 978-7-5227-0322-0

Ⅰ.①体… Ⅱ.①杨…②胡… Ⅲ.①汉语—语法—对比研究—英语 Ⅳ.①H146②H314

中国版本图书馆 CIP 数据核字（2022）第 100210 号

出 版 人	赵剑英
责任编辑	慈明亮
责任校对	王　龙
责任印制	戴　宽

出　　版	中国社会科学出版社
社　　址	北京鼓楼西大街甲 158 号
邮　　编	100720
网　　址	http：//www.csspw.cn
发 行 部	010-84083685
门 市 部	010-84029450
经　　销	新华书店及其他书店
印　　刷	北京君升印刷有限公司
装　　订	廊坊市广阳区广增装订厂
版　　次	2022 年 8 月第 1 版
印　　次	2022 年 8 月第 1 次印刷
开　　本	710×1000　1/16
印　　张	19
插　　页	2
字　　数	313 千字
定　　价	99.00 元

凡购买中国社会科学出版社图书，如有质量问题请与本社营销中心联系调换
电话：010-84083683
版权所有　侵权必究

目 录

第一章 引言 … (1)
　第一节 本书的核心概念和理论框架 … (1)
　　一 体的概念 … (1)
　　二 事件结构理论 … (2)
　第二节 研究对象和研究内容 … (3)
　　一 英汉动词体特征比较分析 … (3)
　　二 英汉动词词汇体和语法体的互动关联 … (3)
　　三 英汉动词语义—句法界面比较研究 … (4)
　第三节 研究方法 … (4)
　　一 基于语料库的定量研究 … (4)
　　二 共时比较研究 … (5)
　第四节 本书的结构安排 … (5)
第二章 英汉时体研究综述 … (7)
　第一节 英语词汇体研究 … (7)
　　一 体的溯源、定义和分类 … (7)
　　二 动词词汇体研究 … (8)
　第二节 英语语法体研究 … (11)
　　一 英语语法体范畴的分类 … (11)
　　二 作为完整体标记的完成式 … (13)
　　三 作为未完整体标记的进行时 … (16)
　第三节 汉语词汇体研究 … (21)
　第四节 现代汉语语法体研究 … (23)
　　一 现代汉语研究关于"时""体"的争论 … (23)

二　汉语语法体研究概况 ……………………………………（24）
　　三　现代汉语语法体分类 ……………………………………（27）
　　四　现代汉语的体标记 ………………………………………（29）
第三章　事件结构理论 …………………………………………（38）
　第一节　事件结构理论的起源和发展 ……………………………（38）
　　一　事件结构分析的体模式 …………………………………（38）
　　二　事件结构分析的词汇分解模式 …………………………（41）
　第二节　事件的复杂性与论元实现 ………………………………（44）
　第三节　不同事件类型的语义分析 ………………………………（47）
　　一　影响句子事件特征的因素 ………………………………（47）
　　二　不同事件类型的语义特点 ………………………………（49）
　第四节　渐进性与终结性 …………………………………………（55）
　　一　事件的渐进性 ……………………………………………（56）
　　二　事件的终结性 ……………………………………………（60）
第四章　英汉状态变化动词语义—句法界面比较研究 ………（65）
　第一节　英汉状态变化动词研究概述 ……………………………（65）
　　一　英语状态变化动词研究 …………………………………（65）
　　二　汉语状态变化动词研究 …………………………………（74）
　第二节　英汉渐变动词比较研究 …………………………………（80）
　　一　渐变动词定义 ……………………………………………（80）
　　二　渐变动词的体特征 ………………………………………（82）
　　三　汉语渐变动词研究 ………………………………………（88）
　　四　基于语料库的英汉渐变动词词汇体—语法体关联
　　　　比较研究 …………………………………………………（88）
　　五　总结 ………………………………………………………（99）
　第三节　英汉瞬时性状态变化动词比较研究 …………………（100）
　　一　英汉成就动词研究综述 ………………………………（100）
　　二　基于语料库的英汉瞬时性状态变化动词比较研究 …（106）
　第四节　英汉状态变化动词语义—句法界面比较研究 ………（113）
　　一　概述 ……………………………………………………（113）
　　二　语料收集与分析 ………………………………………（114）
　　三　英汉 COS 动词表层句法比较 …………………………（115）

四　英汉状态变化动词语义—句法界面比较 …………………（120）
　　五　结语 ……………………………………………………………（123）
第五章　英汉情感心理动词比较研究 …………………………………（125）
　第一节　汉语情感动词研究 …………………………………………（125）
　　一　汉语心理动词的定义、范围和分类 …………………………（125）
　　二　汉语情感心理动词的范围、分类和句法特征 ………………（128）
　　三　汉语情感动词的体特征 ………………………………………（131）
　第二节　英语情感类动词研究 ………………………………………（132）
　　一　英语情感类动词的范围和分类 ………………………………（132）
　　二　英语情感动词的句法特点 ……………………………………（134）
　　三　英语情感动词的体特征研究 …………………………………（135）
　第三节　英汉情感动词对比研究综述 ………………………………（136）
　第四节　基于语料库的英汉情感动词语义—句法比较研究 ………（137）
　　一　研究范围和动词选择 …………………………………………（137）
　　二　语料收集 ………………………………………………………（138）
　　三　语料分析 ………………………………………………………（138）
　　四　英语情感动词语义—句法的互动关联 ………………………（139）
　　五　汉语情感动词语义—句法的互动关联 ………………………（145）
　　六　英汉情感动词语义—句法比较分析 …………………………（153）
　　七　总结 ……………………………………………………………（156）
第六章　英汉存现动词比较研究 ………………………………………（158）
　第一节　汉语存现结构与存现动词研究 ……………………………（158）
　　一　汉语存在句研究 ………………………………………………（158）
　　二　汉语隐现句研究 ………………………………………………（160）
　　三　汉语存现动词研究 ……………………………………………（161）
　　四　汉语存现句与语法体标记 ……………………………………（163）
　第二节　英语存现结构与存现动词研究 ……………………………（166）
　　一　英语存现结构研究 ……………………………………………（166）
　　二　英语存现动词研究 ……………………………………………（169）
　　三　英语存现句、存现动词与语法体 ……………………………（171）
　第三节　基于语料库的英汉存现动词句法—语义比较研究 ………（172）
　　一　研究动词的选择 ………………………………………………（173）

  二　语料收集和分析 …………………………………………（173）
  三　英汉存现动词的事件类型与句法行为之间的关联 ………（174）
  四　英汉存现动词事件类型与语法体的关联 …………………（178）
  五　英汉存现动词语法体与存现结构的关联 …………………（182）
  六　英汉存现动词语义—句法互动关系的比较分析 …………（184）
  七　结语 …………………………………………………………（187）

第七章　英汉单次体动词比较研究 ……………………………（188）
 第一节　英汉单次体动词研究综述 ……………………………（188）
  一　英语单次体动词研究 ………………………………………（188）
  二　汉语单次体动词研究 ………………………………………（192）
 第二节　一次体与反复体 ………………………………………（194）
  一　英语中的反复体 ……………………………………………（194）
  二　汉语反复体的研究 …………………………………………（196）
  三　反复体的语义特征 …………………………………………（199）
  四　英汉单次体动词不同意义的表现形式 ……………………（200）
 第三节　基于语料库的英汉单次体动词比较研究 ……………（202）
  一　语料收集 ……………………………………………………（202）
  二　语料分析 ……………………………………………………（203）
  三　英语单次体动词表达不同意义的词汇和语法手段 ………（203）
  四　汉语单次体动词表达不同意义的词汇和语法手段 ………（205）
  五　英汉单次体动词表达各种意义的方式之比较 ……………（209）
 第四节　英汉单次体动词语法体标记使用的比较研究 ………（212）
  一　英语单次体动词语法体标记的使用 ………………………（212）
  二　汉语单次体动词语法体标记的使用 ………………………（213）
  三　英汉单次体动词语法体标记上的异同 ……………………（217）
 第五节　英汉单次体动词语义句法比较与分析 ………………（219）
  一　英汉单次体在句法上的共同点 ……………………………（219）
  二　英汉单次体动词在句法上的差异 …………………………（219）
  三　导致英汉单次体动词句法差异的原因 ……………………（220）

第八章　英汉动词事件性特征与语法体标记之间的关联 ……（222）
 第一节　英语动词事件性特征与现在完成式的关联 …………（222）
  一　现在完成式的分类 …………………………………………（222）

二　现在完成式与事件结构 ……………………………… (225)
　　三　基于语料库的英语动词事件性特征与现在完成式的
　　　　关联研究 …………………………………………… (227)
　　四　总结 ………………………………………………… (234)
　第二节　动词事件性特征与进行时之间的关联 ……………… (234)
　　一　关于动词语义与进行时联系的相关研究 ………… (234)
　　二　基于语料库的动词词汇体与进行体关联性的研究 ……… (237)
　第三节　汉语完整体标记"了"与动词的事件性特征 ……… (242)
　　一　作为完整体标记的"了"的相关研究 …………… (242)
　　二　动词事件性语义特征和完整体标记"了"的关联 …… (244)
　　三　总结 ………………………………………………… (247)
　第四节　汉语动词事件性特征与进行体标记的关联 ………… (248)
　　一　汉语进行体标记研究 ……………………………… (248)
　　二　基于语料库的动词语义特征和进行体标记"着"的
　　　　关联性研究 ………………………………………… (250)
　　三　基于语料库的动词语义特征和进行体标记"在/正/
　　　　正在"的关联性研究 ……………………………… (255)
　　四　进行体标记"着"和"在/正/正在"的比较 …… (260)
　　五　英汉进行体标记比较分析 ………………………… (261)

第九章　动词与句法结构互动关联的跨语言比较研究 ………… (263)
　第一节　英汉动词语义与句法的联系 ………………………… (263)
　　一　关于句法—语义界面的研究 ……………………… (263)
　　二　英汉动词的结构意义与句法实现 ………………… (265)
　第二节　构式与句法实现的关系 ……………………………… (267)
　　一　构式理论简介 ……………………………………… (267)
　　二　构式与动词的句法实现 …………………………… (268)
　第三节　动词语义—句法联系的跨语言比较分析 …………… (270)
　　一　英汉动词语义—句法联系的异同 ………………… (270)
　　二　导致句法—语义联系上跨语言差异的原因 ……… (272)

第十章　结语 ……………………………………………………… (276)
　第一节　本书的主要发现 ……………………………………… (276)
　　一　英汉动词体特征与语法体之间的关联 …………… (276)

  二　英汉动词句法—语义关联的比较研究 ……………………（277）
第二节　本研究的意义、待解决的问题和以后的研究方向 ……（279）
  一　本研究的意义 …………………………………………（279）
  二　待解决的问题和未来研究方向 ………………………（279）
参考文献 ………………………………………………………（281）
后记 ……………………………………………………………（293）

第一章 引言

任何一种语言中，动词都是最基本和最重要的词类之一。动词所表征的动作在时间流动过程中呈现出各种状态，这是动词区别于其他主要词类（如名词）的重要语义特征。动词的时间性特征和句子的语法体以及句法结构之间存在千丝万缕的联系。在语言学研究中，和动词时间性相关的范畴和理论主要包括体范畴和事件结构理论。本书将从体的视角，运用事件结构理论和大型语料库，对英汉动词语义—句法界面进行跨语言比较研究。

第一节 本书的核心概念和理论框架

一 体的概念

体是语言学研究中一个非常重要的语法范畴，研究历史悠久，在术语和概念上存在混淆。本书所讨论的体的概念主要包括两个方面：词汇体和语法体。对于动词意义层面上所体现的持续、瞬时、频率、起始、结束等过程或阶段，一般称为动词情状、内在体或词汇体（Olsen，1997）。词汇体所描述的是情状或事件的内在特征：静止还是活动、瞬时还是持续、有界还是无界，持续还是重复。它所涉及的是情状或事件的内在时间性，是一种"语义体"（Comrie，1976：41-51）。关于动词语义类型的研究较多，目前为止对语言学研究影响最为深远的是 Vendler（1967）对动词的分类，他按照动词的时间特征将动词分为四类：状态动词、活动动词、达成动词、成就动词。从事件语义学的角度，这些动词类型也称为事件类型。

语法体是从语法层面上，探讨说话者如何根据参照时间对事件内在时间结构进行观察。它是从说话者的角度，将这一事件描述为完成（完整体），或描述为正在进行（非完整体），或正在开始，或在持续中，或正在结束，或重复发生。

语法体具有主观性，因为它取决于说话者的视角；而词汇体则是客观的，与事件已有的特性相关。但两者之间也存在紧密联系。从句法研究的角度看，一个句子所表达的体的信息，是动词的事件类型和语法体共同决定的，语法体的作用又受到动词事件特征的限制。

二 事件结构理论

进入20世纪以来，事件成为很多领域的研究热点。在语言学界，从事件结构角度对语言进行的研究为动词语义和句法之间的关系研究带来了新的视角。事件具有内部时间结构，包括事件的起始、持续、终结等，这被称为事件结构（event structure）。事件结构理论作为一种新兴的句法—语义界面理论，主要研究事件的时间结构特性和内部构成关系对谓词句法表现的影响。事件结构理论主要包括四个部分的内容：（1）事件类型。在这一理论中，动词被认为是对外部世界发生事件的特点的词汇化和概念化，因此动词的行为类型往往和事件类型密切相关。事件分为多少类型、不同事件类型具有什么特点等，对这些问题的回答构成事件结构理论的基础。（2）事件组合。事件组合有两种类型：简单事件包含单一事件，复杂事件包含两个或两个以上次事件。影响事件类型的除了动词外，句子中的宾语结构、状语结构、时体结构等也具有至关重要的作用。对简单事件和复杂事件的定义和构成，Jackondoff（1990）、Pustejovsky（1991）、Hovav & Levin（1998）等研究者都有不同论述。（3）事件结构表征。动词意义能决定论元的句法表现，但并不是所有的动词意义都能决定句法表现，只有那些和语法相关的部分才能决定论元实现。决定论元实现的语义因素是从动词的语义中派生出来的，因此需要对动词的语义进行分解。Rappapport & Levin（1998）等提出的事件结构表征将动词语义分为两种：词根意义和动词的结构意义。词根意义以常量的形式出现，词根按照本体类型的不同可以表示活动的方式、工具、地点和状态等。结构意义由ACT、CAUSE、BECOME、STATE等基本谓词和谓词的论元构成的事件结构模板来体现。结构意义相同的动词拥有相同的事件结构模板，这些动词构成一个语义类，会有相同的句法表现。这一分类目的在于确定动词语义中哪些语义因素和句法直接相关。(4) 对论元实现的解释。事件结构理论被广泛用于解释论元实现的词汇语义表征,但是对于事件的什么语义性质影响论元实现,语言使用者如何概念化现实世界的事件,仍存在不同理解。对论元实现有决定作用的事件概念化方式有三种:处所分析法、使因分析法和体分析法。这三种事件概念化方式各有优点和缺点,从不同程度解释了部分动词的句法实现(沈园,2007)。

第二节 研究对象和研究内容

本书将从体的视角,运用事件结构理论和语料库,对英汉动词语义—句法之间的联系进行跨语言共时比较研究。具体来说,本书的研究内容主要包括以下几个方面。

一 英汉动词体特征比较分析

基于体验哲学的认知语言学认为,意义是感知体验和认知加工的结果,动词是对外部世界发生事件的特点的词汇化和概念化,具有一定的不确定性。因此同一动词在不同语境中可能表现出不同的体特征,即表征不同的事件类型。但是动词的事件类型并不等同于句子事件类型。句子事件类型取决于动词体特征、句子事件参与者、修饰成分以及时体结构之间的相互限制和选择(Ritter & Rosen,2000)。动词词汇体与句子其他成分之间的互动关系具有一定的规律性。本书首先选择四类英汉基本词汇,即状态变化动词、存现动词、情感动词和单次体动词,然后结合自省语料和英汉单语语料库,分析句子主语、直接宾语和状语成分与动词的体特征之间的关联,并对这一关联进行跨语言比较研究。

二 英汉动词词汇体和语法体的互动关联

句子表达的事件具有时间性,在语言中体现为时态和体。体的表达通过两个层次实现:一是词汇层次,即动词的体特征;二是语法层次,这种体也称视点体(viewpoint aspect)。时态则只能通过语法层次来实现,一般表现为过去、现在和将来。一方面,句子的事件类型和结构决定了哪些时体结构能够出现在句子中;另一方面,句子的事件类型和结构在很大程度上制约着时体结构在具体语境中的功能和语义特点。本书通过分析英汉动词事件性特征与句子时体结构的相互作用，试图揭示每种语言内动词词汇体与语法体之间的规律性关系，并对这一关联进行跨语言比较研究。

三 英汉动词语义—句法界面比较研究

动词的语义决定其论元的句法实现，但并非动词的所有语义都和句法结构直接相关，能够对句法结构产生影响的只是一小部分语义成分。动词的哪些语义因素能够决定句法实现？Grimshaw（1993）提出了语义结构（semantic structure）和语义内容（semantic content）这两个概念：词汇意义中在句法层面上表现活跃的那部分被称为"语义结构"，而词汇意义在句法上表现不活跃的那部分被称为"语义内容"。Levin & Rappaport（1995，1998）将这两个部分称为"语义变量"和"语义常量"，后者也称为"词根"。本书基于事件结构理论，结合自省语料和英汉单语语料库，对英汉状态变化动词、存现动词、情感动词和单次体动词的动词语义和句法特点进行分析，试图回答这些问题：（1）英汉各类动词中，哪些语义因素决定句法结构？这些语义因素是否存在跨语言差异？（2）动词的词根意义对句法结构是否存在影响？在这一问题上是否存在跨语言差异？（3）除了动词语义之外，构式在多大程度上影响句法实现？在这一问题上是否存在跨语言差异？

第三节 研究方法

结合上面提及的研究内容，本书主要采取两种研究方法。

一 基于语料库的定量研究

当代语言学研究不但注重语言学研究的理论价值，而且注重广泛地观察和分析语言事实。我们既要发展语言理论，充分认识理论探索对发现事实的指导作用，又要努力发掘与尊重语言事实，以检验与完善语言学理论（徐烈炯，1997；许余龙，2000）。随着计算机日益广泛地应用于语料库建设与语料处理和分析，随着计算机功能的不断加强，以及处理与分析语料的方法日臻完善，对于反映语言事实的语言规律性研究也必将日趋深入。在此过程中，以大型语料库为代表的实例语料的重要性不能低估（许余龙，2000）。

汉语语法体形态标记使用的最大特点是缺乏强制性，但一个好的语料库能为我们归纳那些非强制性的规律提供有效的手段。本书主要使用两个单语语料库，其中汉语语料来自北京语言大学的汉语语料库（BCC），这一语料库总字数约 150 亿字，包括报刊、文学、微博、科技、综合和古汉语等多领域语料，是全面反映当今社会语言生活的大规模语料库。英语语料来美国当代英语语料库（Corpus of Contemporary American English，COCA）。这一语料库容量为 10 亿单词，包括口语、小说、报刊等 8 个领域。为了便于比较，本书的语料主要分别从汉语语料库中的文学子语料库和英语语料库的通俗小说（General Fiction）子语料库中抽取。对所收集的语料，我们尽量采取穷尽性分析，对部分数量过大的语料则采取抽样方式。由于本书为跨语言比较分析，为了获得相对可靠的结论，我们使用了 SPSS 作为统计分析工具。

二　共时比较研究

对比是人们认识客观世界的一个基本方法。通过比较鉴别，人们不仅可以揭示事物的特殊本质，并且可以借以了解同类事物的共同本质。语言之间的对比研究一方面可以丰富语言学理论，另一方面，可以为外语教学、翻译和词典编纂提供实际帮助。本书从体的视角，基于事件结构理论，对英汉动词的语义—句法界面进行比较研究。这一研究从英汉语言中选定四类基本动词，即状态变化动词、存现动词、情感动词和单次体动词，对这些动词的语义特征，尤其是事件性特征进行分析，并对语料库中动词的语法体和句法行为进行归纳和总结，进而对每种语言内动词词汇体—语法体、语义—句法之间的规律性联系进行深入分析。但最重要的是，本书将基于前面的分析开展跨语言比较研究，分析英汉在动词词汇体—语法体、语义—句法的规律性联系方面存在的异同，并探究导致英汉差异的深层原因。这一研究既是对事件结构理论的丰富和发展，也有助于人们了解自然语言中句子的形成机制，同时对语言教学、翻译、词典编纂等语言应用提供具有针对性的帮助。

第四节　本书的结构安排

本书主要基于大型语料库，对英汉四类基本动词的词汇体—语法体及语义—句法联系进行比较研究，共分为十章。

第一章为引言部分，主要介绍本书的核心概念和理论框架、研究内容、研究方法和结构安排等。

第二章对英汉时体研究分别进行综述，包括每种语言的词汇体和语法体研究。

第三章介绍本课题的理论框架——事件结构理论，包括其研究历史、核心概念和主要内容等。

第四章到第七章中，我们基于语料库，对英汉状态变化动词、存现动词、情感动词和单次体动词的语义特征、语法体的使用和句法行为进行分析和归纳，对这四类基本动词在词汇体—语法体、语义—句法之间的互动关联进行深入探究，并就每类动词进行跨语言比较研究。

第八章在前面四类动词的研究基础上，对每种语言内动词的词汇体—语法体之间的关系进行全面分析，寻找英汉语在这一方面的异同，并对语言之间的差异加以解释。

第九章基于上面四类动词的语义—句法关系研究对影响动词句法实现的因素进行全面概括、归纳和分析，并开展跨语言比较研究。

第十章为总结部分，对前面的研究加以简单概括，提出本书的理论和实践意义，以及本书的缺陷，并指出尚待进一步研究的问题和方向。

第二章 英汉时体研究综述

时间是我们所生存的世界中最基本的概念之一，自古就是哲学和自然科学的研究对象。这一概念在语言中以不同形式存在着。在语言学界，对时间的研究主要围绕时态和体这两个非常重要的语法范畴进行。西方语言研究中，时态这一概念历史悠久，相比之下，体这一概念的出现大大晚于前者，但对体的研究更加充分，相关文献可谓汗牛充栋。本章将重点对英汉时体研究进行概括和综述。

第一节 英语词汇体研究

一 体的溯源、定义和分类

由于体范畴在术语和概念上存在混淆，因此本部分首先对"体"的概念进行溯源，在此基础上对体的定义进行归纳和分析。

俄语中 vid（aspect）一词首次出现在 17 世纪语言学家 Meletiy Smetritskiy 的著作中。19 世纪中期，Miklosisch 在《斯拉夫语言比较语法》中才明确了作为现代语法概念的体。根据《牛津英语词典》，英语的 aspect 这个词首次出现于 1853 年，从斯拉夫语言的语法研究中借译而来，-spect 这一后缀在词源上表达"看""观点"的意义，与俄语 vid 的词源意义相近。1932 年雅各布森在其著作中讨论了 aspect 在英语中的表现形式，至此这一概念才得以在英语语言学研究中确立。高名凯在《汉语语法论》（1948）中首次将 aspect 译为"体"，这一用法沿用至今。

19 世纪中期，体的概念由语言学家引入到斯拉夫语法研究中，以区别于时制，分为完整体和未完整体。斯拉夫语言中，体是一个相对清晰精确的概念，为显性形态标记，其使用具有强制性。如在俄语中，绝大多数动词具有完整体和未完整体两种体标记。体的语法化也是斯拉夫语言与大多数其他欧洲语言之间的重要差异之一。这一概念被德国语言学家雅各布·格林（Jacob Grimm）引入日耳曼语言研究中后，语言学家从不同角度研究体这一概念，争议不断。经过近一百年的发展，这一术语的意义、范围和分类呈现出极其纷繁复杂的局面，也使体研究成为语言学界最不具有确定性的研究领域之一，被比作"一个障碍重重、密布陷阱与迷宫的黑暗原始森林"（Binnick，1991：135）。

由于英语不像斯拉夫语那样存在显性和强制性的体标记，在很长一段时间内，体的定义非常混乱。一些定义非常宽泛，如 Holt（Friedrich，1974：2）将其定义为"感知时间流逝的方式"；Karl Brugmann（Gonda，1962：12-13）将其定义为"动词所表示的动作展开的方式"。Paul Friedrich（1974：1）认为体"表示沿着时间轴线的相对持续或瞬时性"。显然，这些定义倾向于将体与动词过程的时间性混为一谈。

还有一些常见的定义与上面不同。如 Ersko Kruisings（1931：321）认为体"表达说话者是否将一个动作看作整体还是看作部分（主要是开始和结束）"。Briton（1988）将体定义为"说话者看待情状的角度或视角"。Smith（1991）将体看作"关注情状的时间组织和时间视角"。Comrie（1976：3）将体定义为"是观察一个情状的内部时间结构的不同方式"。其中 Comrie（1976）的定义影响最为深远。

以上定义表明，语言中与时间意义相关的体其实有两种：一种"体"与动词或谓词性成分的内在时间特征有关；另一种"体"表示说话者对某一情状或事件进行观察的角度，即这一情状或事件是整体还是部分的。前者通常被称为语义体、内在体、情状体（Smith，1991）或词汇体（Olsen，1997），后者则通常被称为外在体、视点体（Smith，1991）、语法体（Olsen，1997）。在后来的多数著作中，体通常被用来指语法体。

二　动词词汇体研究

（一）词汇体研究溯源和定义

体被引入西方语言学后的很长一段时间里，就这一概念的定义存在很多混淆，许多语言学家尤其将 aspect 与 Aktionsarten（modes d'action）混为一谈。如 Brugmann（1886）认为：体指的是动作发生的方式。事实上，整个 19 世纪，西方语言学界在体属于语法现象还是词汇现象这一问题上都莫衷一是。直到 1924 年，法国语言学家 Meillet 还认为：未完整体动词表达一个持续的动作，完整体动词表达一个单纯简单的过程，不带任何表达持续性的含义。

Aktionsarten，动词行为类型，在汉语中又称为体相或动相（左思明，2006），在西方语言学中的历史相对于体悠久得多。Aktionsarten 最早由 Streitberg（1891）提出，但早在古希腊时代，亚里士多德就根据动词是否具有最终结果等方面对动词进行分类，因此 Aktionsarten 也被 Binnick（1991）称为亚里士多德体。后来的语言学家也使用了其他术语，如 Grevisse（1949）的"动词行为方式"（modes d'action）、Forsyth（1970）的"过程"（procedurals）等都表达类似的含义，但这些术语在意义上存在一定差别，这进一步加剧了体方面研究的混乱。

20 世纪四五十年代起，在 Goedsche（1940）、Garey（1957）、Vendler（1957）、Kenny（1963）等哲学家和语言学家的努力下，aspect 与 Aktionsarten 这两个概念开始逐渐区分开来。Aspect 被用来指一个语法化的语言范畴，具有强制性和系统性，而 Aktionsarten 用来指纯粹的词汇范畴，为非语法化手段，不具有强制性和系统性，一般用"开始""反复"等词语定义。在此后的研究中，动词行为类型又被称为内在体、情状体（Smith 1991）或词汇体（Olsen，1997）。在本书中，我们统一将其称为词汇体，用来指动词所表现出来的时间性特征。

（二）Vendler 的动词分类

目前为止对体研究影响最为深远的是 Vendler（1957）对动词的分类，他按照动词的时间特征将动词分为四类：状态动词（state）、活动动词（activity）、达成动词（accomplishment）、成就动词（achievement）。

状态动词：指称静态状态，如 know、love、be Polish、own 等。

活动动词：指称没有自然终结点的动态动作，如 sing、dance 等。

达成动词：指称具有自然终结点的持续性动态动作，如 paint a picture、draw a circle 等。

成就动词：指称具有自然终结点的瞬时性动态动作，如 reach、recognize、find、lose 等。

从语义上看，这些动词类型在定义时使用了三对语义特征：静态 VS 动态，持续性 VS 瞬时性，有界 VS 无界。这些语义因素在各种类型中的分布如表 2-1 所示：

表 2-1　　　　　　　　不同动词类型的语义特征分布

	动态性	持续性	有界性
状态（state）		+	
活动（activity）	+	+	
达成（accomplishment）	+	+	+
成就（achievement）	+		+

Vendler（1957）的分类在后来关于动词和语法体的研究中被广泛引用。但是需要注意的是，Vendler（1957）的划分没有考虑到名词性论元和介词对动词体的影响。此外，虽然他在状态动词、活动动词和成就动词中所给的例子都是动词，但达成动词的例子中却是动词与单数可数名词。因此他的划分并不是针对纯粹的动词，而是针对谓词性成分。

（三）其他分类

继 Vendler（1957）的分类后，众多语言学家也在此基础上或对 Vendler（1957）的分类进行细化和补充，或提出新的事件类型。例如，Carlson（1979）将状态进一步分为永久状态和暂时状态（object-level vs stage-level），前者如 He is polish，后者如 He is angry。成就动词也可以进一步分为可逆转动词和不可逆转动词，前者如 open 和 close，后者如 die。

也有学者认为动词不仅仅表达四种事件，其中最具影响的是 Smith（1997）。基于 Vendler（1957）提出的四种动词类型，Smith（1997）提出第五种类型，她称之为单活动体事件（semelfactive）。例如，Harry coughed（once），这个例子表达了一个瞬时性事件，但事件的结束没有导致一个结果，因为 Harry 咳嗽之后又回到正常的状态。

Croft（2012）对体的研究限定在动词范围内，他认为同一动词具有表达不同体意义的潜势（aspect potential），如有些状态动词在特定的语境中也可以表达成就类体意义。他将 Vendler（1957）的分类进一步细化。状态动词可以分为内在性恒定状态（be Polish）、获得性恒定状态（be cracked）、暂时性状态（be ill）和点性状态（be 5 o'clock），活动进一步分为定向性活动（cool）和非定向性活动（run），成就也被分为可逆性成就（open）和不可逆性成就（die）。此外他还增加了循环性成就（即 Smith 所提出的单活动体事件类型，如 cough），以及趋向性成就（be dying）（术语翻译来自于秀金，2013）等。

第二节 英语语法体研究

一 英语语法体范畴的分类

语法体的概念被引入西方语法研究中后,关于体范畴是否具有普遍性这一问题的争论持续了很长一段时间。由于不同语言之间的巨大差异,适用于一种语言的语法范畴能否用来描写和分析其他语言,如英语?关于英语语法体的分类标准不一,争论不休,主要围绕以下几个问题:(1)英语语法体是二分还是三分?(2)时态和体之间存在什么关系?

关于英语语法体的分类,大部分语言学家主张二分法。Quirk(1972)在传统语法和20世纪形式语言学发展的基础上,区分了时制和体。他将体定义为"动词行为被考虑或经历的方式"(Quirk et al,1972:84)。在《当代英语语法》中他确立了两类体的对立:完整 VS 非完整、进行 VS 非进行。完整体被进一步分为现在完成体和过去完成体,进行体被进一步分为现在进行体和过去进行体。

现代语言学首次把语法体作为一个范畴来进行系统研究的是 Comrie(1976)。Comrie(1976:3)将体定义为"观察一个情状的内部时间结构的不同方式"。他认为,英语的体范畴包括两种体:完整体(perfective)和未完整体(imperfective)。完整体指从整体上观察一种情状,不考虑情状内部的时间结构,换句话说,它不直接表述情状的内部结构,也忽略情状的客观复杂性,却具有把情状压成一个点的作用,即情状的所有部分被呈现为一个单独的整体。而未完整体的特点就是从内部观察一种情状,明确指称这种情状的内部时间结构(Comrie,1976:9)。未完整体可以分为惯常体(habitual)和持续体(continuous)。持续体又可分为进行体(progressive)和非进行体(nonprogressive)。他对体的分类如图2-1所示。

Comrie(1976)的体理论为后来的英语体研究建立了一套完整的研究术语,构建了完整体和未完整体相互对立的语义范畴;此外,他的研究覆盖了包括英语在内的十多种语言,揭示了语法体在语言中的普遍性。但是他的体系中的一些范畴也受到后来研究者的质疑。Bybee & al.(1994:139)指出,Comrie 没有提出持续体和非进行体的标记,也没有清晰的定义,所给出的跨语言语料中只有进行体,没有持续体。

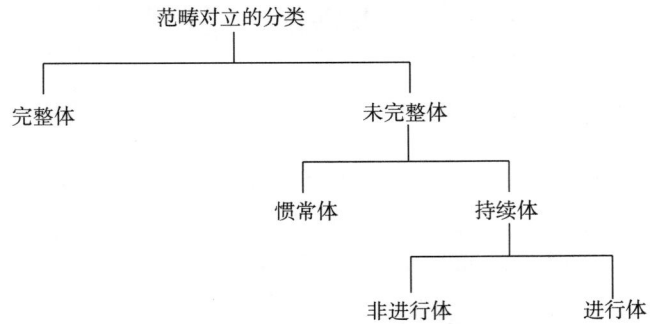

图 2-1 Comrie (1976) 对英语语法体范畴对立的分类

主张语法体三分法的主要有 Smith (1991) 等。她从原则和参数理论、二分理论等方面将体分为情状体 (situation type) 和视点体 (viewpoint aspect)。情状体分为五类：状态、活动、达成、成就和反复。视点体为语法手段标记的体，包括完整体、未完整体和中性体。完整体是把一个情状当作封闭的整体来表述，其观察视野包括情状的起点和终点。未完整体只观察和表述情状的一部分，不涉及情状的终点。中性体是指句子不加体标记。Smith (1991) 认为情状和视点之间存在着相互制约的关系，但同时也可以作为独立的部分进行研究。她的研究基本上使体摆脱了传统上时相和体混淆不清的状态，具有非常深远的影响力。

关于时态和体之间的关系，在这方面尚存在较大争议。Comrie (1976: 58) 认为从语言作为一个功能系统的观点来看，体和时之间最有趣的关系之一表现在一种体区别限于一种或几种时态，而不是与时态无关，在各种时态中全面地起作用。也就是说，时态和语法体之间存在一种相对固定的联系。

在 Quirk et al. (1985) 的语法体系中，完整体 VS 进行体构成了英语中基本的体对立，时与体之间存在密切的联系。Quirk et al. (1985: 190) 将完整体宽泛地定义为：由时态或句中其他成分或语境所参照的时间之前的时间。这个参照时间可以是现在、过去或将来的某个时间。在完整体部分，Quirk et al. (1985) 主要分析了三种时态：一般过去时、现在完成时和过去完成时。需要指出的是，在 Quirk et al. (1985) 的传统语法中，完整体似乎和完成时被混在一起，未多加区分，因为两者都用的是 perfective 这一术语。在 Smith (1991) 的分类中，未完整体只包含进行体，非进行体属于完整体，而完整体由动词的一般式表示。在她的体系中，所谓的动词一般式似乎限定在一般过去式上，因为非状态情状在完整视点下是封闭的。

总体看来，虽然对一些时态在语法体的归属上存在争议，但语言学家倾向于认为，英语中语法体和时态之间存在密切的关系。多数研究者倾向于将完成时态和一般过去时与完整体联系起来（Comrie，1976；Quirk et al.，1985；Smith，1991），而将进行时与未完整体相联系（Brinton，1988；Hewson，1997；Quirk et al.，1985；Smith，1991）。

关于英语一般现在时和将来时的体范畴，语言学界争议较大（Comrie，1976；Brinton，1988；Olsen，1997；Lyons，1977）。Comrie（1976）倾向于认为将来时这一时态不表示任何语法体。Smith（1991）虽然将一般过去时视为完整体，但对于一般现在时和一般将来时应该如何归类则没有明确解释。在我们的研究中，为了防止争议性的时态影响数据的精确性，我们选择表达各个语法体时争议较小的时态，如将一般过去时和现在完成式视为完整体标记，而将进行式视为未完整体的典型标记。一般现在时和一般将来时由于争议性较大，被作为无标记项，单独列出。

在下面部分，我们重点讨论作为完整体标记的完成式和作为未完整体标记的进行式，因为这两种形式在英语时体研究中受到的关注最多。

二 作为完整体标记的完成式

（一）完成式的性质

完成式（perfect）表现形式为"have+（V）-en"，有时被称为完成时或完成体，在这里我们使用一个意义更为中立的概念：完成式。英语时体范畴分类体系中，关于完成式的性质和意义存在广泛争议，因此在各类时态中受到的关注最多。首先，完成式属于时态范畴还是体范畴？早期关于英语时态的研究中，多数语法学家一般将其归为时态范畴（Jesperson，1939；Curme，1931；Poutsma，1926；Reichenbach，1947）等。Jesperson（1939）以现在时刻为分割点将时间分为将来和过去两个部分，每个部分包括三个时态，以此建立了一个包含7种时态的框架系统：现在、将来、将来之前、将来之后、过去、过去之前、过去之后。在这一系统中"have+（V）-en"不被视为一个单独的时态，而是作为现在时的一种，表示过去事件所导致的结果的现在状态，称为完成时态。Curme（1931）

将"have（has）/had/shall（will）have+（V）-en"放进自己的"六时"时态体系中，分别称为现在/过去/将来完成时。Reichenbach（1947）的时态系统建立在三个时间点和两种关系的基础上，三个时间点是事件发生时间（E）、说话时间（S）和参考时间（R），两种关系是"同时性"（"X，Y"）、"先后性"（"X-Y"即 X 先于 Y）。这一时态系统包括9种基本时态，其中现在完成时在这一系统中称为先事现在时（anterior present）。

20世纪七八十年代后，随着英语体范畴系统的逐步建立，"have+（V）-en"开始被归为体的范畴，通常称为完成体（perfective/perfect aspect）（Comrie，1976；Quirk et al.，1985；Leech，1971；等）。Comrie（1976：42）认为完成体和其他体之间的差别在于，它不直接说明情状本身，而是把某一状态和先于它的一种情状联系起来，概括地说，完成体表示某一过去情状和现在持续关联。它传达着两个时点间的关系，即由前面的情状引起的状态的时间，以及前面那个情状的时间。在Comrie（1976）建立的完整体/未完整体框架中，他虽然没有明确说明完成体属于完整体，但倾向于认为两者之间存在紧密联系。而Quirk et al.（1985）将完成式等同于完整体。他认为，与一般过去时相比，现在完成式往往与现在时刻相关。

还有一些研究者认为，"have+（V）-en"既不属于时态范畴，也不属于体范畴。Joos（1964）、Palmer（1974）将其归为一个完全不同的语法范畴——"时段"范畴（phase），与时态和体范畴平行。Palmer（1974）认为，在这一范畴中，英语基本动词短语可以分为完成（perfect）或非完成（non-perfect）两类，而完成形式就是包含"have+（V）-en"的形式。易仲良（1989）认为"have+（V）-en"总是表示一个双义交融的混合概念——动作或状态先于一时点并与那个时点有联系，并提出使用"式态"（formula）这一概念来表明行为或状态是否与某时点有双重关系，即先联关系。

（二）现在完成式的意义和特点

完成式的特点在于，它传达着两个时点之间的关系，即由前面的情状引起的状态的时间，以及前面那个情状的时间（Comrie，1976：42）。但英语完成式不和表过去情状的时间表达成分一起使用，即不能说"I have got up at five o'clock this morning"，因为"at five o'clock this morning"明确指称时间点，和完成式不相容。此外，不同动词出现在完成式中时表达的意义也存在差别。如何理解完成式表现出的各种意义？不同意义之间存在什么联系？时间副词与完成式意义之间具有什么关联？围绕完成式引起的各种问题和困惑，研究者从传统语法、逻辑语义和认知语言学等视角展开了广泛研究。这些理论和观点可以归纳为四类（Binnick，1991）：（1）ID 理论；（2）EB 理论；（3）CR 理论；（4）XN 理论。其中后两个理论的影响最为深远。

（1）ID 理论认为，完成式是一种不定过去式（indefinite past），与有定过去式（definite past）对立。其表达的意义就是过去时表达的意义。不同之处在于，前者所涉及的时间是无定的，而后者所涉及的时间是有定的，是无定时间序列中的一个点。

（2）EB 理论将完成式视为嵌入（embedded）另外一个时制范围内的时制，是一种相对时制，因此将其排除在体范畴之外。在这一理论中，现在时和过去时可以自由地在另一个时制范围内出现，句子最外层的时制在形态上映射为表层的时制语素，而嵌入时制被转换为"have+V-en"或"be+V-ing"形式。根据这一理论，现在完成式是一种复合结构，是将过去时嵌入在现在时中。这种纯粹从句法角度进行的分析完全抛开了完成式所表达的各种意义，也未能解释完成式用于将来式或非限定结构中的现象。

（3）CR 理论即"现时相关性"（current relevance）理论，表示"某个过去发生的情状持续地与现在关联"（Comrie，1976：56）。这是关于完成式的研究中历史最久、最为广泛接受的一种理论，但具体什么是"与现在相关"，有各种解释，McCoard（1978）对此进行了详细的归纳。但总体上，这一理论倾向于认为，完成式与过去时在语法意义上没有本质区别，任何差别都是语义内容之外的，即语境和语用的。Bryan（1936：369）认为"现在关联不是附着于特定动词形式上的固定语义内容，而只是部分基于某种时态形式的、可能附着于句子上的不同含义的总称"，因此，"任何有关结果或后果的概念都不是现在完成体所暗含的，而是从动词的意义或特征，或上下文，或整个语句中推理出来的"（McCoard，1978：64-65）。这一理论虽然在一定程度上解释了现在完成式的语义特点，但不能解释下面句子为什么不能接受：

(1) a. *Chris has left York Yesterday.
　　b. *Chris has been dead.

（4）XN 理论，即"延展的现在"（extended now）理论，认为现在完成式不仅要求参照时间（RT）是"现在"，而且要求这个"现在时间"是包含事件时间（ET）的片段的最后时刻。这个条件不参照过去事件发生的时间，而只是表明参照时间与说话时间重合，有别于将现在完成式当作现在时的做法；另外，它并不实质性地以现在时刻为参照时间，而只表明事件发生在参照时间之前，因此也有别于将现在完成式视为体的做法（Binnik，1991：268）。因此，这一"延展的现在"理论是从语义角度对现在完成式进行分析，但同样不能解释为什么例（1）无法接受，也不能用于解释过去完成、将来完成和非限定完成结构在句子中的使用。

三　作为未完整体标记的进行时

（一）进行体的定义和性质

Comrie（1976）将英语的未完整体分为惯常体和持续体，持续体又进一步分为非进行体和进行体。进行体通常被视为未完整体最常见的表现形式（Dahl，2000：18）；Smith（1997：171）也认为，进行体是未完整体的主要表现形式。

英语进行时由助动词 be 和动词的现在分词形式构成，其是否表示"体"概念在语言学界曾经有过争议。在英语体研究早期，一些学者，如 Zandvoort（1945：145）认为英语进行时不是体，因为在斯拉夫语言中未完整体是无标记的，而英语的进行时有形态标记。但是后来的绝大多数学者倾向于将其看作进行体，为未完整体的主要表达方式之一，如 Leech（1971）、Comrie（1976）、Smith（1991）、Olsen（1997）等，因为这一结构与斯拉夫语中的未完整体具有类似语义特征：持续性、进程中的行为、非结束性。Brinton（1988）甚至认为，如果说英语中存在体这一范畴的话，进行体就是这一范畴中最明确、典型的表现形式。

进行体的基本意义是什么？虽然关于这一问题有种种答案，但总体上这些答案都围绕其动态性特征。Bybee & Dahl（1989：55）将进行体定义为"情境在参照时间内处于发展之中"。换言之，进行体是"（非惯常体的）未完整体与动态性语义的结合"（Comrie，1995：1245）。Ljung

(1980:27) 将进行体视为"一种特殊的未完整体形式,这一形式允许我们从内部看待一个动态的非状态谓词,并保持其动态性特征"。因此原型进行体只用来指动态性情境。但是,进行体在当代英语中的意义得到极大扩展,已经不再局限于表达原型意义(Kranich,2010)。例如,根据 Quirk et al.(1985),进行体表示在某一时间段正在发生的事件,可以表达三种含义:(1)事件具有持续性;(2)事件持续的时间有限;(3)事件不一定完成。前两个含义结合起来表达"暂时性"(temporariness)这一概念。

值得关注的是,英语进行体除了表达"动态性""持续性""非完成性"含义外,还有一些其他用法,与进行体的一般定义"进行"似乎并不相符。例如,"She's always buying far more vegetables than they can possibly eat"和"She always buys far more vegetables than they can possibly eat"相比,前者似乎只是加入了更多的感情因素(Comrie,1976:30)。这些用法说明英语进行体的意义超出了最初把进行体定义为持续义和非静态结合的范围。这些意义是应该被视为英语进行体基本意义之外的各种附属意义,还是属于其基本意义的一部分?一些研究者认为,进行体的基本意义是表示一种临时性(contingent)情状。Comrie(1976:30)认为,这可能是英语进行体历时发展的方向,但这一功能尚未完全充分地成为英语进行体的典型特征。也有些研究者认为,进行体意义上的扩展使其更适合被视为一般性未完整体(Williams,2002),而非典型的进行体。

(二) 进行体与情境特征

基于各个研究者的观点,Kranich(2010)对进行体所表达的各种意义进行归纳和总结。他认为,使用进行体的情境中,以下四种特征被认为与进行体相关:

1. 持续性。一些研究者认为,进行体的使用与事件(实际上的或概念化的)持续性之间存在紧密联系。如 Palmer(1988:36)强调,当一个情境中使用了进行体,注意力就会关注这一事实,即这个情境具有持续性。而惯常体(一般现在时形式)和非惯常体(进行时形式)之间,相关的概念就是持续性。Van Ek(1969:582)认为这种将所有进行体用法都归于持续性的观点过于极端。一些进行体用法中,"关注情境的持续性"这一解释并不能令人信服。如:

(2) a. I wonder whether he'll come.
b. I'm just wondering whether he'll come.

例（2）中，例2b似乎表达一种比例2a更具暂时性的意义。

基于此，还有一些研究者提出进行体表达"有限持续性"（limited duration）的观点，如Buyssens（1968）。根据Biber et al.（1999：473），进行体一般情况下很少出现在表达无限制持续状态的动词用法中，如"believe"。但当这一动词用于进行体时，事件表达的是一种"有限持续"意义。这时的进行体被Joo（1964）称为"短暂体"。Leech（1987：19）则指出，进行体给予"事件动词"持续性，而当其用于状态动词时，状态动词所表达的持续性得到"压缩"。

Ljung（1980：28）认为，"持续"意义或"有限持续"意义取决于事件的发展。有些事件从开始到结束进展较快，因此很自然地将其与"暂时性"联系起来；但也有些事件进展很慢，因此具有较长的持续性。

2. 静止/动态。目前为止，进行体的定义一般包括两个方面：首先，进行体涉及情境的内部状况，不考虑其终点；其次，进行体涉及一个动态性情境。关于前者，一些传统的体研究以及基于真值条件的进行体定义都曾提及。而动态性这一特征通常被认为是将进行体和未完整体区分开来的必要特征。研究者关于这一特征存在两个相互矛盾的观点。一种观点认为，进行体将状态情境转化为动态情境。这一观点在进行体功能的研究中具有较大影响力。例如，Smith（1997：77）指出，进行体用于具有动态性的事件中时为无标记用法，当其用于表示状态的句子中时就继承了前者的动态性特征，使状态句子的进行体为有标记用法，表达了事件的动态性。Chilton（2007：110）也认为，进行体的使用将状态动词类型转化为过程动词类型。例如：

(3) a. Peter is believing in ghosts these days.
b. John is being polite.

另一种观点认为，进行体将动态情境转化为静态情境。这一观点不仅用来解释进行体的一些特殊用法，而且用于解释其在动态情境中的一般性用法。Vlach（1981：274）最早提出，进行体算子的功能是产生静态句子。

Mittwoch（1988：231）在提出进行体的真值条件时，将进行体看作特殊状态句的一种次类。进行体与状态事件之间的共同点主要在于子时段（subinterval）特征上。在时间 i 到时间 k 这一间隔时间内"约翰爱玛丽（John has loved Mary）"蕴涵着在时间 k 上"约翰爱玛丽"，因此，在时间 i 到时间 k 这一时段内"约翰在跑步（John has been running）"也蕴涵着在时间 k 上"约翰在跑步"。

3. 施事性。Biber et al.（1999：473）基于语料库的研究发现，常见的使用进行体的动词典型地以人作主语，为施事，能够积极地控制动词所表示的动作（或状态）；相反，那些极少使用进行体的动词，主语为人时，是经历者（experiencer），不控制动词所表示的动作或状态。

4. 显性/隐性情境。显性情境指的是那些可以被感知的情境，如能够被看见或听见，而隐形情境则指不能在客观世界中被观察到的情境。例如：

(4) a. Paul is playing tennis.
　　b. Peter is believing in ghosts these days.

Hatcher（1951/1974）在研究中发现进行体与显性情境存在关联，但同时发现，进行体也可以出现在隐形情境中。Ljung（1980：50）发现，虽然情感动词（如 like）和感知动词（如 taste+形容词+to 经历者）通常不使用进行体，但这两类动词偶尔出现在隐性情境中，并将这一用法视为进行体的"非正常"用法，认为此类用法表现了说话者的主观性解释。

（三）进行体与使用者的态度和情感

无论是传统的时态研究（Jespersen，1931）还是后来从体的视角进行的研究（Pürschel，1981；Rydén，1997），研究者都普遍注意到，进行体的使用似乎和使用者的态度与情感表达有关。Storms（1964：62）认为进行体与非进行体之间的差别可以概括为主观与客观之间的差别，认为进行时中的主观因素可以解释所有赋予这一形式的意义，进行时和一般时的使用根据说话者的情感成分而定。虽然这一观点过于夸大主观性在进行时使用中的作用，但不可否认，进行时的很多用法都受到情感因素的影响。

根据 Kranich（2010），一些动词的进行时在使用中往往与 always 等副词共现，这一用法有时带有负面态度或情感。在一些语境中，这一形式带有一点不赞成的意味（Palmer，1988）。Huddleston & Pullum（2002：167）进一步指出，"always"在进行/非进行体中有不同的解释，在进行体中，这个词可以解释为"总是"（constantly），而在非进行体中应该理解为其基本意义"在任何情况下"（on all occasions）。例如：

(5) a. Paul always sleeps at our apartment.
b. Paul is always sleeping at our apartment.

在句 b 中，"always"表达了一种"持续性"，具有夸张的作用（Kranich，2010）。与此相近的还有"forever"等。

一些动词的进行体句子中虽然没有"always"，但同样可以表达主观情感，如强调。Leisi（1974：237）认为，相比逻辑性，进行体的使用更加感性：它用来表达想象和情感，因此偶尔可以用于强调。Pürschel（1981）通过分析无线电广播节目发现，当说话者想要强调或者表达一种间接判断时，通常使用进行时。在一些特殊语境中，说话者还使用进行时来吸引对方的注意。

进行体主观性用法中还包括一些被称为具有解释性意义的用法：句子前半部分常以 when-从句的形式出现，描述一个情境的实际状况，使用简单时；句子后半部分使用进行时，提供说话者对前面现象的主观解释（Ljung，1980：68-96）。例如：

(6) But you know, when you ask me to get my wife, to whom I'm very much attached, to divorce me, and ruin my career by marrying you, you're asking a good deal. (Maugham, The Painted Veil)

从体的角度上来说，英语进行体表达动态性、（有限）持续性和未完成性（Brinton，1988：7），虽然这一形式也可以用来表达使用者的情感和态度，但这些主观用法也是基于这一形式的体特征（Van Ek，1969）。总体来看，进行体符合未完整体的定义特征，因此本书将其作为未完整体的主要表现形式。

第三节　汉语词汇体研究

汉语研究中通常使用情状一词来指语言中事件表示的状态和方式，是静止还是活动，持续还是瞬间，以及是否具有内在终结点等。不同研究者在情状分类时所涉及的分类对象的语言单位各不相同，最小的局限于动词本身，最大的涉及包括时制和时态语法标记的整个句子。

不同研究者对动词本身的分类在分类方法和类型数量方面的差别较大，一些研究者也或多或少地受到了英语动词分类研究的影响。

邢公畹（1979）是最早对汉语动词情状特点进行研究的学者之一。他将动词分为结束性动词和非结束性动词，结束性动词不能带"着"但能带"了"，而非结束性动词能带"着"。但在具体操作中，这一标准很难运用。

马庆株（1981）根据动词带时量宾语时表现出的语法和语义特点来分析动词的时相结构。他利用［+状态］、［+持续］、［+完成］这三对语义特征，将动词分为四类：V_a、V_{b1}、V_{b21}、V_{b22}。其中，V_a类动词为非持续性动词，通常后面不能加"着"，如"死、知道、看见"等，后面跟时量宾语时，总是指动作完成以后经历的时间，例如，手表已经丢了两天了。V_b类动词能够表示可以持续的动作，后面加时量宾语时表示动作行为持续的时间，例如，足足等了三天。V_b可进一步分为V_{b1}和V_{b2}，区别是：V_{b1}是强持续性动词，不能表示瞬间完成的动作行为，例如，等了三天了。而V_{b2}能表示瞬间完成的动作行为。后者又可以进一步划分为V_{b21}、V_{b22}，这两者既能表示瞬间完成的动作，又能表示持续的动作行为，后接时量宾语时，在时量宾语的所指问题上会产生歧义。例如，"看了一年了""挂了一年了"可以表示动作持续了那么长时间，也可以表示自动作结束后经过了那么长时间。这两者之间的区别在于，V_{b21}不能表示状态，后面加"着"时，只能表示动作行为的持续，例如，看着书。而V_{b22}可以表示状态，加"着"时既能表示动作行为本身的持续，又能表示动作行为造成的状态的持续，例如，正挂着画，他来了。墙上挂着一幅山水画。

戴浩一（1984）以 Vendler（1957）的分类为参照，对现代汉语动词进行考察。他发现情状类型与动词的分类具有一致性，并将现代汉语动词分为动作、状态和结果三种情状，达成类动词归为动作类，因为汉语动作动词不包含结果（attainment）。例如：

(7) a. 我昨天画了一幅画，可是没画完。
  b. *I painted a picture yesterday but I didn't finish it.

戴浩一认为例7a句在汉语中可以成立，但例7b句在英语中不成立，因为英语中一个动作动词（如paint）有了宾语便包含了结果，但在汉语中没有类似的含义。他的这一分类受到了后来研究者的普遍质疑，如邓守信（1986）。

郭锐（1993）对汉语动词的过程结构进行了全面分析。动词的所指有一个随时间展开的内部过程，由起点、终点、续断三个要素构成。这三个要素的有无和强弱形成不同的过程结构类型。依据这六条标准：~了、~时量、~着、在/正在~、~过、φ~φ(D)（不能带以上五种成分，但可以表示在持续中），郭锐（1993）将汉语动词的过程结构分为五大类十小类。无限结构（Va）的最大特点是无起点、无终点，续段极弱，例如，是、等于、以为、记得等；前限结构（Vb）的特点是有起点，但无终点，续段很弱，例如，认识、知道、熟悉等；双限结构（Vc）的特点是有起点、有终点、有续段。根据起点、终点、续段的强弱不同，此类过程结构又可分为五小类。后限结构（Vd）的特点是有续段和终点，但没有起点，根据是否能够带"着"，此类动词又可以分为两类：Vd1，如变化、消失；Vd2，如放松、解放。此类动词的共同点是带有变化意义，即动作结束时产生某种性质的突变；但在达到这个突变之前，可以带有一个渐变的续段过程。点结构（Ve）的特点在于其瞬时性和变化性，总表示某种性质的突变，例如，毕业、到达、丢等。

郭锐（1993）与以往关于动词情状类型的研究相似，都考虑到了动作的起始和持续，所不同的是，动词情状类型倾向于把动词的时间特性的分类归结为一些非此即彼的意念特征的有无，各类之间截然分明，而郭锐（1993）的研究将动词的过程结构看作一个系统的变化，将一些处于过渡中的中间类型也加以归纳。

还有一些分类显然受到了Smith（1997）分类的影响，如顾阳（2007）将汉语句子的情状分为5类：状态、活动、成就（achievement）、达成（accomplishment）和单活动体（semelfactive）。

另外一些学者在对情状进行分类时，更多地考虑到动词所在的句子的情状特点。邓守信（1986）将 Vendler（1957）对动词情状四分法运用在汉语研究中。不同的是，他认为唯有在整句的范围内（即他所说的语境），才能系统地将汉语的时间结构加以规范化。他将汉语时间词分为三大类，即时段、时点、时频，并使用这些词对不同情状进行鉴别。

陈平（1988）也是以句子为单位对汉语中的情状类型（陈平称之为时相结构）进行深入细致的分析，因为他认为几乎所有的句子成分的词汇意义在决定句子的时相结构方面都发挥作用。按照所起作用的大小，这些成分可依次排列为：动词、宾语和补语、主语、其他句子成分。动词的词汇意义决定了它所在的句子能够表现哪些种类的情状，而其他句子成分则决定了该句实际表现哪一种特定的情状类型。不同于前面所提及的四分法，陈平（1988）将汉语的情状分为五类：状态、活动、结束、复变、单变。其中结束相当于 Vendler（1967）的达成（accomplishment）。复变（complex change）具有动态、完成和非持续的语义特征。从语义结构上看，复变情状由一个动作同指示该动作结果的行为或状态结合而成，如"农科院正在改良稻种"。单变（simple change）情状具有动态、非持续、非完成的语义特征，其发生和结束都是一瞬间的事。从定义上看，单变情状相当于 Vendler（1967）的成就情状。

第四节　现代汉语语法体研究

一　现代汉语研究关于"时""体"的争论

从本质上来说，语言中的时间系统是一个语法范畴。汉语界学者通常将时与体称为"时制"和"时态"（后者也称之为情貌或体貌）。由于汉语没有显性的固定形态作时标记，而存在相对丰富的体标记，因此关于汉语是否存在时制以及时制与时态（即时与体）之间的关系存在广泛争议。这些争议主要分为四种。

（1）有体无时论。持此观点的学者主要有王力（1985）、高名凯（1986）、石毓智（1992）、戴耀晶（1997）、龚千炎（1995）、尚新（2007）等。高名凯（1986：189）认为，汉语语法构造，没有时间，而有"体"。戴耀晶（1997）认为，因为汉语的时间概念通过词汇手段来表达，而所谓范畴必须通过形态形式而不是通过词语形式来表达，因此

"时制"在汉语中不存在,这一观点比较具有代表性。

(2)有时有体论。持此观点的学者往往以英语时体系统为参照,认为时和体在汉语中有各自的标记系统(黎锦熙,1992;吕叔湘,1982;李临定,1990;龚千炎,1995;等)。黎锦熙(1992)认为汉语有时制,主要依靠时间副词和"着、了"以及"来着"等助动词。吕叔湘(1982)全面讨论了汉语的时制,强调词汇手段在表达汉语时制中的作用。李临定(1990)认为汉语中的词汇手段与动词的零形式一起构成时制,前者通过和时间相关的助词、副词等来显示时间关系,后者主要通过动词本身。

(3)时体混合论。持此观点的学者倾向于认为汉语的时制和时态混合在一起,时态标记同时就是时制标记(张济卿,1996,1998;李铁根,1999;陈立民,2002;于秀金,2013;等)。张济卿(1998)认为汉语的时制以将来时与非将来时的对立为基础,因为汉语中只有将来时的句子才肯定有时间标志,过去时和现在时的句子不一定有时间标志。他将汉语时体形式分为15种,"将、会、要、在、了、过、着"等语法标记既用作体标记也用作时标记。陈立民(2002)将汉语的时间分为现在、过去1、过去2、将来四个时域,"了、过、来着、在"等语言形式既表体的意义,也表时的意义。

(4)无时无体论。持此观点的学者较少,主要有徐烈炯(1988)等。徐烈炯(1988)认为汉语中通常被认为表达体意义的"着、了"等词语除了可表达进行体和完成体意义外,还可表达其他情态意义,因此不存在一一对应的关系。

由于汉语界对是否存在时制范畴存在广泛争议,也由于本书主要关注的是体在各个层面的表现,因此此处我们重点对与体有关的研究进行分析和归纳。

二 汉语语法体研究概况

现代汉语对体的研究主要建立在借鉴西方语言理论的基础之上。和在西方语言学研究中的境遇一样,"体"在汉语研究中也一度存在术语混乱定义不清的问题。

黎锦熙效仿英语语法,在《新著国语文法》(2000/1924)中首次系统地研究了白话文语法。他把"着""了"视为附着在动词后的助动词、黏着的形态成分,本身没有固定含义。他认为"了"表达动词的"Perfect"，包括现在完成、过去完成和未来完成，"着"则表达的是"动词的continuous"。此外，黎锦熙还归纳了"来、起来、去、下去"的语法意义，认为它们表达的是"方开始的持续"。

在黎锦熙研究的基础上，尤其是在欧洲语言理论的影响下，汉语研究在20世纪四五十年代出现了一些影响深远的语法研究成果，以王力、吕叔湘、高名凯等人的研究为代表，这些研究都关注到了"体"在现代汉语语法中的作用。王力在《中国现代语法》中将"体"称之为"情貌"：凡时间的表示，着重在远近、长短及阶段者，叫作情貌（王力，1943：159）。他认为情貌表示事情的状态，包括事情的开始、继续、正在进行和完成，或瞬间发生等。他还进一步将情貌分为七类：（1）用情貌成分者，包括进行貌、完成貌、近过去貌、开始貌、继续貌、短时貌；（2）不用情貌成分者，即普通貌。

王力所归纳的情貌类型和各类语法的表现形式与同时期的其他归纳相比更具合理性和概括力，为后来的很多学者所接受。他对体的这一定义是从时间的角度来规定情貌，戴耀晶（1997）认为，虽然体与时间密切相关，但从时间方面给体下定义并不合适，因为这样容易使体范畴与时范畴混淆不清。

吕叔湘在《中国文法要略》（1942：228）中把"体"称为"动相"，将其定义为"一个动作过程中的各种阶段"，这各个阶段被归纳为方事相、即事相、起事相、继事相、先事相和后事相六种。其中"方事相"相当于现在所说的进行体和持续体，词后用"着"表示；"即事相"相当于完成体，词后用动相词"了"；"起事相"相当于起始体，用"起来"表示；"继事相"相当于继续体，动相词为"下去"；"先事相"表示预言动作之将有，动相词用"去"或"来"；"后事相"则指一个动作已经有过，以"来着"为动相词。吕叔湘（1942）认为这些动相词无实际意义，类似于词尾，在这一点上他的观点和黎锦熙相同。

高名凯在《汉语语法论》（1948）中首次提出了"体"这个概念，并首次将体看作语法范畴。他认为体"着重于动作或历程在绵延的段落中是如何的状态。……动作或历程的绵延是已完成抑或正在进行，方为开始抑或已有结果等等"（高名凯，1944：188）。高名凯将体分为六类：进行体或绵延体、完成体或完全体、结果体、起动体、叠动体、加强体。进行体或绵延体在口语中用"着""在""正在"表示；完成体或完全体的标记包含了动补结构中的补语,如"了、过、好、完"等;结果体的标记,除了"着",还包括"住、得、到、中"等;起动体的标记大多是副词,如"刚刚、才、方、恰"等;加强体即"连用意义相似的两个动词"。显然,相比前面的学者,高名凯(1948)对体的定义和体标记的范围都明显宽泛,一些时间副词也被视为体标记,而他提出的加强体通常并不被普遍认为是一种体。

早期对体的研究普遍注意到"着、了、过、下去"以及动词重叠等表达的体意义,为后来的研究奠定了坚实的基础。但这些研究同时也普遍表现出两个特点:对体、相、时制这三者的本质和相互之间的关系认识不清;受西方形态学的影响普遍较深,将"着、了、过"等体标记视为词尾。

赵元任借鉴结构主义语言学理论对汉语进行的研究对后世产生深远的影响。他在《中国话的文法》(1968)中提出,汉语的体标记,如"着、了、过",是形态类型中的后缀。他区分了后缀的"了"和助词"了",认为后缀的"了"表示"完成态",在动词表过去而其宾语有数量修饰时,完成态的后缀"了"必不可少。在对进行态"着"的研究中,他首先区分了补语"着"和表进行态后缀的"着"。总体来看,他没有确立体的语法范畴,而是将体看作动词的一个子类。

Li & Thompson(1985)从功能语法的角度深入探讨了汉语语法体。他们首次区分了时制与体,认为时制指情状发生的时间跟谈话时间的相对关系,汉语中没有时制标记;体指情状本身如何从其内在结构加以了解,分为存在完成貌、持续貌、经验貌和暂时貌。在赵元任研究的基础上,两位学者进一步对"了"的用法进行全面深入的分析和归纳,分为"了1""了2"。"了1"作为体标记,通常出现在一个有界事件中,而"了2"的众多意义之一表达强烈的状态相关性,当它表达"现在相关"时,就翻译成英语中的现在完成时。

龚千炎的《汉语的时相时制时态》(1995)是第一部对汉语时体系统进行全面、综合论述的专著。在对时间的三维结构和三个子系统(时相、时制、时态)之间的关系进行论述的同时,他重点深入考察了汉语的时态(即体)结构。他将汉语时态(即体)分为八种:完成、实现时态;经历时态;近经历态;进行、持续态;起始时态;继续时态;将行时态;即行时态。在此基础上,他对句子的时相、不同时态和"着、了"等助词之间的联系进行了深入分析。

国内首次系统研究语法体的著作是戴耀晶的《现代汉语时体系统研究》(1997)。他认为，范畴是通过形态形式而不仅仅是通过词语形式来表达的，因此现代汉语里没有时范畴，但是有体范畴。体作为一个语法范畴，必须包含某种抽象的语法意义，而不是词汇那种具体的语义，因此，汉语中以"完、好、尽"等为补语的动词都不能被视为汉语完成体的标记。受 Comrie（1976）和 Quirk et al.（1985）等研究的影响，他将体定义为：体是观察时间进程中的事件构成的方式。虽然表述相近，但这一定义相比 Comrie（1976）意义模糊的情状说更加具体，也不同于 Quirk et al.（1985）从动词动作角度对体意义的规定，因为"将体看作是属于动词的一个范畴，是不完善的。考察体的意义必须结合句子，句子是表述'事件'的，而事件的发生与存在又必然地要同时间发生联系。而体反映的就是语言使用者（说话人和听话人）对存在于时间中的事件的观察"（戴耀晶，1995：5）。

和 Comrie（1976）一样，戴耀晶将现代汉语里表示体意义的形态形式分为两大类：（1）外部观察法：完整体。句子表达一个完整的不予分解的事件。完整体可进一步分为以"了"表示的现实体、以"过"表达的经历体，和重叠动词表示的短时体。（2）内部观察法：未完整体。句子表达一个非完整的可分解的事件。未完整体可以进一步分为以"着"表示的持续体、以"起来"表示的起始体和以"下去"表示的继续体。

除了上面所提及的研究外，自 20 世纪 90 年代起，出现大量论文对汉语体范畴标记进行研究。这些研究或讨论几种体标记，尤其是"了、着、过"作为体标记的使用，如石毓智（1992）等，或专注于研究某一个体标记，如刘勋宁（1990）、金立鑫（1998）等。

三 现代汉语语法体分类

现代汉语对语法体在第一层级上是二分还是三分，以及组成每个大类的第二层级体的数量和定义方面都存在争议。

早期研究者在汉语语法体第一层级上的分类方面无论是类型数量还是名称都各不相同。如王力（1943）的七分法，高名凯（1948）、吕叔湘（1942）的六分法，龚千炎（1995）的八分法等，且绝大多数分类只有第一层级，没有第二层级。

受 Comrie（1976）对英语语法体研究的影响，后来的研究者倾向于第一层级的二分法。如戴耀晶（1997）将汉语语法体分成完整体和未完整体两大类。具体如图 2-2 所示：

```
                      语法体
              ┌──────────┴──────────┐
            完整体                未完整体
         ┌────┼────┐           ┌────┼────┐
       现实体 经历体 短时体      持续体 起始体 继续体
```

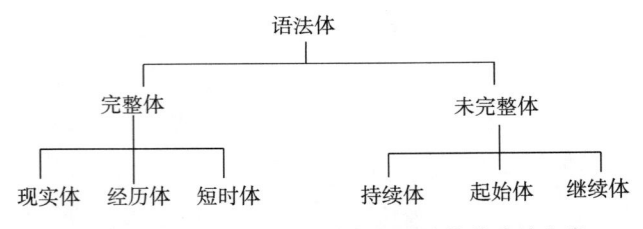

图 2-2　戴耀晶（1997）对汉语语法体范畴的分类

戴耀晶（1997）的研究是首次系统研究汉语语法体的著作，具有深远的影响，后来的学者也多倾向于二分法，如陈前瑞（2008）等。但这一语法体分类体系也存在一些缺陷（尚新，2006：122）：首先，这一系统关注范畴的上、下层级之间的纵向关系，没有涉及同一层次范畴之间的横向关系，如持续体、起始体、继续体三者之间的关系；其次，没有涉及有标记成分与无标记成分之间的关系，那么汉语中大量的无标记成分与有标记的完整体和未完整体之间存在什么关系？

主张汉语语法体第一层级三分法的主要是 Smith（1991）。她认为，在视点体（语法体）分类方面，不同语言参数不同，英语、俄语视点体存在完整和未完整之分，但有的语言，如汉语，视点体可以分为完整体、未完整体和中性体，中性体句子没有清晰的体标记。在此基础上，尚新（2006：135-137）认为，汉语不同于英语，体标记的使用往往具有隐性特征，为汉语体系统设立中性体这一范畴不仅是可取的，而且是必要的。从理论体系的构建来说，把无标记形式分为中性体更能体现系统的完整性。具体来说，汉语体标记的观点对情状的内部时间构成进行观察主要有三种方式：（1）对情状的结尾进行观察构成完整体，包括接续体"了"和间断体"过"；（2）对情状的核心进行观察形成未完整体，包括进行体"在"和持续体"着"；（3）依靠语境语用条件方可确定完整性与否的无标记形式，即中性体。

本书对汉语体范畴的分类接近尚新（2006）的分类，但同时结合其他研究者的观点，这主要是考虑到，在实证分析和量化研究中，汉语中大量存在的无体标记现象无法忽视，因此我们需要为这一用法提供归类。

四 现代汉语的体标记

（一）完整体标记

学界普遍认为，完整体的显性标记手段有两个：标记"完成""结束"的"了"以及标记经历体的"过"。

1. 作为完整体标记之一的"了"

现代汉语的"了"，按照使用位置通常分为两种：出现在动词词尾的"了"和出现在句尾的"了"。前者通常称为"了1"，后者通常称为"了2"。关于这两种"了"是否具有相同的语法意义，汉语界长久以来存在争议。黎锦熙（1924）、赵元任（1968）、朱德熙（1982）、王力（1985）等主张"了1""了2"分开，而高名凯（1948）、石毓智（2000）等认为这两种"了"实质上是处于不同句法位置上的同一个词。我们倾向于认为，区分这两种"了"很有必要，因为无论是从方言还是从历时的角度来看，"了"处于不同位置上时语法功能也不相同（刘勋宁，1990；孙英杰，2007：182；等），但同时也要注意到这两种用法具有重合之处。

词尾"了"

汉语界对词尾"了"的语法意义的讨论可谓旷日持久，基本观点可归纳为三种："完成"说、"实现"说和"现实"说。

最早研究"了"的语法意义的著作认为动词后的"了"表达"完成"的意义。黎锦熙（1924/2000：232）认为，"了"表示"完成"，是"国语中动词的 perfect"，可以表示现在完成、过去完成和假设的完成。吕叔湘（1980）、高名凯（1948）、朱德熙（1982）、赵元任（1968）以及金立鑫（1998）等也都认为，"了"的语法意义可以概括为"完成"。

随着汉语界对"了"的探讨日趋深入，传统的"完成"说开始受到质疑。刘勋宁（1988）认为，词尾"了"应当看作动词"实现体"的标记，它的语法意义是表明动词、形容词和其他谓词形式的词义所指处于事实的状态下，"完成"意义仅是特定语境中的偶发现象。支持这一观点的证据是：（1）否定副词"没"不与"了1"同时出现；（2）实现的事实可用"了1"，未实现的事实不可用"了1"。支持"实现"说的还有竟成（1993）等。

"实现"说在学界产生了较为广泛的影响和争议。王还（1990）认为"实现"与"完成"其实是一致的，它们之间的主要区别在于状态和动作，动作可以说是完成与实现，但状态不能，状态往往是动作完成后的结果。金立鑫（1998）认为"了1"是"完成—延续"体的标记。潘文国（2003）认为"了"并非表示"实现"义的必要与充分条件，更主要的是，无法从理论上解释汉语中为什么需要"实现"这样一个体范畴。

除了"完成"说和"实现"说，戴耀晶（1997：35）等认为"了1"是完整体中的现实体标记，表达的是一个现实的动态完整事件。现实体的三项主要语义内容是：动态性、完整性、现实性。首先，句子表达的事件涉及变化，"了1"指明变化到达了某一个点。"了1"具有点特征，因此这是一个动态事件。其次，句子观察事件构成的方式选自外部角度，对事件不作分解，表达一个完整事件。最后，现实性指的是相对于某个参照时间来说，句子所表达的事件是一个已经实现了（realized）的现实事件。也就是说，这种现实性，是指在关系时间中的现实性，只要它相对参照时间（不是发生时间）而言是实现了的，就是现实事件。

总之，不论词尾"了1"表达的是"完成""实现"还是"现实"的意义，一般来说它都被视为完整体的标记（宋绍年、李晓琪，2001；孙英杰，2007；尚新，2006）。相比之下，句尾"了"（即了2）所表达的语法意义相对复杂得多，需要根据具体语境确定。总体上来说，句尾"了"的用法可分为三类。

（1）作为语气词。"了2"的一种常见用法位于形容词谓语句后，而且谓语中总是有程度副词"太、最"伴随。这时候"了"通常作为语气词（金立鑫，1998）。如：中文太难了。东西太贵了。

（2）"了2"的另一种常见用法是出现在祈使句中。如：上课了！开饭了！刘勋宁（2002）认为，这种句型都是要说明即将进行的一个行动。显然，它不表示任何时体意义，在意义和语法功能上都和词尾"了"没有联系，因此可以归为"了2"。

（3）句尾"了"还可以表达时体意义。但具体是何种时体意义研究者之间也存在分歧。一种观点认为，句尾"了"表达"状态的变化"（吕叔湘，1980；朱德熙，1982；刘月华，1983；刘勋宁，2002；等）。例如，吕叔湘（1980）将句尾"了"解释为："用在句末，主要肯定事态出现了变化或即将出现变化，有成句的作用。"刘勋宁（2002）指出，句尾的"了"表示本句所说是一个听话人前所未知的新事态，是过去时的标志。

如果句子表达的是某一具体事件的发生和变化,那就是"了1",这时它和词尾"了"的语法意义是重合的。如:

(8) a. 小王吃了三碗饭了。
　　 b. 不知不觉三个小时过去了。

另一种观点认为,句尾"了"可以表达完成体。Li & Thompson(1981)、Li(1982)认为,句尾"了"的基本交际功能是表示"某一事件的结果在其他情境中仍具有效力的相关性",即与当前情境相关(current relevant state)。这一解释和英语完成体的意义非常接近。望月圭子(2000)认为,汉语完成体根据基准时间的绝对时式的不同可分为现在、过去和将来完成体,但无论何者都可以用句尾"了"表示。根据Comrie(1976)对英语完成体的分析,她进一步将汉语完成体分为四种:(1)结果完成体;(2)经历完成体;(3)持续完成体;(4)近过去完成体。其中,句尾"了"可以用于表达前三种完成体。

2. 作为完整体标记之一的"过"

在汉语研究中"过"通常被视为经历体标记。戴耀晶(1997:57)认为,经历体同现实体一样,也是着眼于外部来观察时间进程中的事件构成,反映事件不可分解的整体性质。不同的是,现实体强调句子所表达事件的现实性,而经历体强调的是句子所表达事件的历时性,在现代汉语中往往用动词后的"过"来标记。

在现代汉语中"过"可以用为实词,也可以用作虚词。作为实词,"过"通常表达"经过某地""度过某个时间段"等含义,作为虚词时,"过"有"完毕"的意义,强调"曾经"的历时意味。将"过"作为体标记的研究自20世纪中期才逐渐受到重视。

Chao(1968)、Li & Thompson(1981)、Yeh(1996)等很多学者认为,"过"的主要功能是标注过去发生了至少一次的不定事件。Li & Thompson(1981)把"过"称为"经历体标记"(experiential aspect marker)。Smith(1995)认为,"过"有两种功能,一是表现过去某一特定时间,而另一个是表现过去某一不定时间。Pan & Li(2004)基本同意Smith(1995)的观点,并进一步指出,"过"的主要功能是表现"从某一状态中转换出来"。比如说"她年轻过"可以说,但"她老过"就不能说。另外,"过"还可以表示部分完成的事件。比如"他喝过那杯水"与"他喝了那杯水",我们对前一句的理解是那杯水没有喝完,而对后一杯水的理解是那杯水喝完了。

戴耀晶(1997:58)认为,与现实体形态"了"一样,"过"作为经历体形态在句子里表达的事件也具有动态的性质,因为该事件在历史上发生并已终结,自然也就经历过变化。但是与现实体不同的是,当静态动词充当谓语的时候,"了"的动态性表现在指明进入某种静态的变化,即起始的变化。而"过"的动态性表现在指明某种静态的变化,即终结的变化。由于"过"具有终结动态性的特点,因此,有些与终结语义不相容的静态动词不能带"过",如认得、认识、认为等。其次,"过"还表述一个不予分解的完整事件。但与现实体不同的是,这一完整事件是经历上的,并非现实的,是一种历时整体性,即在历史上曾经发生并已终结的事件,蕴涵着"目前已非如此"的语义。再次,虽然"过"表达的事件是完整的、历时终结的,但句子表达的事件却可能不止一次地重复发生。因此在实际使用中,有些不能表示多数意义的动词不能带"过",如"他去年长大过"。再次,"过"还表达一种历时性(或叫曾然性),指的是相对某个参照时间而言,句子所表述的事件是一个在参照时间之前发生并与参照时间脱离的事件,即它是一个经历上的事件。

(二) 汉语未完整体标记

未完整体是从事件内部观察事件构成,将所观察的事件分解成几个部分,对其中某个部分进行观察,如事件的起始或持续等,并用特定的语言形式来标记。汉语界关于表达动作进行或持续的体的概念名称多种多样。吕叔湘(1942)将"着"表达的动作持续称为"方事相",王力(1943)称之为"进行貌",其意义范围包括进行和持续。高明凯(1948)称之为进行体或绵延貌,在口语中通常用"着、在、正在、正在……着"等表示。方梅(2000)将未完整体称为"不完全体",戴耀晶(1997)在Comrie(1976)体的分类基础上将其称为未完整体。这些概念虽然名称不同,但几乎都关注"着"这一体标记词所表达的体意义,部分研究还包括"在、正在"等。

这些概念在范围和意义上也有所差别。进行体(貌)和未完整体之间存在什么关系?对这一问题各研究者观点不一。戴耀晶(1996)将未完整体分为三类,即持续体、起始体、继续体,没有进行体这一概念。还有一些研究者用进行体来包括用"着"和"在"表示的动作的进行或持续（王媛，2011）。在陈前瑞（2008）的汉语四层级体貌系统中，进行体被视为边缘视点体，即语法化程度相对较低的视点体，多采用迂回的手段来表达，在汉语中的标记手段是"在"；而未完整体被视为核心视点体，即语法化程度相对较高的视点体，在汉语中的标记手段是"着"，以及用无标记手段来表达惯常、规律等意义。这两者统称为内部视点体。

汉语界对进行体的意义范围也各不相同，在这一概念的使用上存在很大的随意性。石毓智（2006）将"正、着、在"等都归为进行体标记，也就是说，进行体范畴包括动作的进行和持续，如果有持续体，它也是属于进行体的一种。钱乃荣（2000）认为进行体、持续体、存续体这三个概念属于平行关系，并试图将这三者区分开来。

本书基于英汉比较而采用未完整体这一概念，与完整体相对。为了避免混淆，本书将进行体视为未完整体的一种主要表现方式，体标记包括"着"和"正、（正）在"等，而对未完整体中的其他体，如起始体和惯常体等，则不予考虑。

关于表达进行体的汉语体标记手段一直存在很多分歧，可以概括为三种：（1）单标记说，将"着"视为唯一的进行体标记。持此观点的主要为早期的语言学家们，如王力（1943/1985）、赵元任（1958）等。（2）双标记说，主要包括"在、着"，但这两个标记词具有不同的分布和意义（吕叔湘，1944/1956；Li & Thompson，1981；Xiao, R. & Tony MacEnery，2004；尚新，2006；王媛，2011）。（3）多标记说，虽然在具体数目上各研究者不尽相同，但概括起来主要包括"在、正、正在、着、呢"等（吕叔湘，1980；龚千炎，1985；石毓智，2006）。本书采用目前大多数研究者的观点，将"在、正、正在、着"视为表达进行体的体标记手段，而将"呢"视为语气词，不包括在内。

1. 作为进行体标记的"着"

对"着"所表达的体意义，总体来说汉语界主要有"持续"和"进行"两种观点。如《现代汉语八百词》中列出"着"的四种意义为：（1）表示动作正在进行，用在动词之后，动词前可加副词"正、在、正在"，句末常有"呢"；（2）表示状态的持续，可用在动词、形容词后；（3）用于存在句，表示以某种姿态存在；（4）用于"动1+着+动2"结构中，构成连动式。吕叔湘（1942）把"着"称为"方事相"，表示动作正在持续之中。王力（1943）将"着"称为进行貌，包括进行与持续；高名凯（1948）把"着"称为进行体或绵延体。木村英树（1983）、房玉清（1992）等研究者索性将"着"分为"着1"和"着2"，前者表示动作在进行，后者表示状态持续。

表达事件的持续性通常被视为"着"的最显著意义，因此有的研究者将其视为持续体标记。Smith（1991：363）认为现代汉语的"着"主要表达未完整体的观察点，其焦点是显示某一事件的结果状态。这一观点后来被戴耀晶（1997）等继承。"它不反映事件的起始或终结，也不反映事件的整体。它对事件的观察着眼于内部，因而具有非完整性和持续性"（戴耀晶，1997：80）。戴耀晶（1997）进一步将"着"表示的持续体包含的主要语义因素归纳为三项：非完整性、持续性、动态/静态二重性。非完整性指的是句子表达事件局部构成的性质，反映了语言使用者对已作分解的事件所进行的内部观察。由于持续体的非完整的性质，时间词语、动量词语、动结式词语都不与"着"同现，因为它们都会破坏"着"观察事件内部构成的非完整性。关于持续性的特点，"着"指明了句子所表达的事件正处在连续不断的过程之中，指的是事件过程的连续性。但另一方面，由于"着"的持续性特征的影响，当"着"附着在静态动词或动作性不强的动词之后，其所在的句子往往显现出静态的性质。

石毓智（2006）列举了"着"的十种主要用法，主要包括：表达动作结束后留下的状况；用于存在句中；表示动作发生后所引发的另一种性质；形容词之后，由"着"表示结果状态的用法引申而来；"V+着"短语中，表示动作发生后的结果状况；表示从现在到将来的长期的、静态的持续过程等。从这些用法来看，"着"主要用于表达静态的持续意义。

但不可否认，"着"也可以表示进行意义（吕叔湘，1944；王力，1945；赵元任，1968；潘允中，1982；等）。这种用法往往理解为行为动作的持续，即一种动态的持续（陆俭明，1999）。事实上，当一个动作延续一定时间时，我们既可以说其正在进行，也可以说这一动作具有持续性。戴耀晶（1997）关于"着"的动态/静态二重性也反映了"着"可以表示动作进行这一意义。陆俭明（1999）认为，"着"的这种动态的持续包括两种情况：一种是指处于行为动作从开始到结束的过程中，一种指从开始到结束的过程极短的行为动作反复进行，主要是单次体动词，如"敲着"。

也有研究者坚持"着"不表示"进行"意义。钱乃荣（2000）认为，进行体的意义是"正""呢"等词表示的，并非"着"所能体现；这两者的区别在于前者是表现动作在时间上进行，后者是描写动作在状态上的持续。但事实上，这两种意义之间到底有何差别很难解释得清。我们认为，"着"也表示动作的进行，只是其在用法上与"在、正"存在差别。

2. 作为进行体标记的"在"和"正/正在"

多数汉语研究者将"在、正在、正"视为进行体标记。就共同点来说，"正在、在、正"作为体标记，其主要功能是修饰其后的 V 或 VP，表明一个动作或事件正在进行，语义指向均为其后的 V 或 VP（郭风岚，1998）。肖溪强（2002）认为，不具动性或动性不强或不含"进行"义素的动词，一般都不能受"正在、在、正"的修饰。

虽然这三个体标记词往往被认为用法和意义上非常接近，并常被放在一起分析，但三者之间还是存在一些差别。由于"正在、正"通常被认为更加接近，"正在"有时被看成"正"的双音节形式（郭风岚，1998），因此，此处我们重点对"在"和"正（在）"加以区分。首先，"在"与"正（在）"在表达时间的持续性/延续性方面存在差异。石毓智（2006）认为，"在"表达的是一个时间区间，"正"表达动作开始和结束之间的某一时间位置上的进行，其时间位置为说话这一时刻，即所表达的是一个时间点。肖溪强（2002）认为，"正（在）"强调动作的正在进行，具有"点"的性质，可刻画为 [-持续]，一般不能与表示时段的时间词共现；而"在"强调动作的持续，具有"段"的特点，可刻画为 [+持续]，常常与表示时段的时间词共现。郭风岚（1998）基于语言事实分析，将"在"与"正"的语义特征模式化为："在"具有时量上的延续性，即在实际语言环境中，"在"的意义侧重表明动作行为进行或动作行为、状态持续的时间的长短、量度，具有可延续性语义特征；同时，"在"的时量意义不是封闭的，而是开放的。而"正"具有时位的非延续性，即在语言运用中，"正"强调动作行为进行或持续的时间的早晚、位置，这一时位往往是以"正"句子的前后语句中主体的动作行为的时间视点为参照的。

其次，在句法使用条件上两者也存在不同。石毓智（2006）认为，由于"正"表示动作变化在开始和结束之间某一时间位置的进行状况，因此在"正"出现的句法环境中，往往有其他时间词语表示动作行为进行的参照点，一般不能独立成句。郭凤岚（1998）用自足性语句和非自足性语句来概括这两个体标记词在句法使用条件上的差异。"在"语句与其周围语句的关系是松散的，不受周围语句的牵制，具有自足性。而"正"强调动作行为的时位，需要有另一动作行为的时间时点作参照，因此其所在的句子与其周围语句的关系是互相依赖、相互牵制的关系，为非自足性语句。

再次，由于这两个体标记词在时量/时点上的差别，句子中用于修饰动词的副词也不相同。由于"还、常常、一直、仍旧、总、老"等时间副词具有时量上的延续性意义，因此常常和"在"一起出现（郭凤岚，1998），而"正"表示某一具体时点动作的进行，因此与"一直""经常"等表示反复进行和长期持续的副词相排斥（石毓智，2006）。

最后，"在"与"正"语义上的不同对二者的语句重音位置也有很大影响（郭凤岚，1998）。"在"句子中，句子的表述焦点一般不是"在"，而是"在"前后的词语；而"正"语句中对时间位置的强调则较为突出，其表述焦点常常是"正"的时位义，所以重音位置常常在"正"本身。

"在（正在、正）"和"着"都是未完整体的标记，但也有诸多不同。从体的角度看，"在（正在、正）"和"着"都可以表示持续义，但学界普遍认为，"着"偏于表持续，"在"偏于表进行，换句话说，"着"偏向于表静态，而"正在、在、正"偏向于表动态。

3. 其他表达未完整体的手段

现代汉语中体标记手段具有比较漫长的发展演化过程，其中一些体标记已经语法化为专门表示某一体范畴的手段，如"了1"通常用来标记完成体，"过"通常标记经历体，但还有一些形式虽然可以表达某种体范畴，却仍然在很大程度上保留了原来的实词意义，如"起来""下去"等词。汉语界对这些词是否为体标记大体有两种观点。一些研究者不认为"起来""下去"属于体范畴讨论的范围，如高名凯（1948）、李讷（1983）等。还有一些研究者虽然承认它们可以表达一定的体意义，但对它们的性质有不同看法。王力（1944）认为"起来""下去"都是借用使成式的末品补语为情貌记号，就语法上看，开始貌的情貌没有进行貌和完成貌那样纯粹。赵元任（1968）认为"起来"读成轻声时表示"开始态"，"下去"表示"继续态"。戴耀晶（1997：95）主张把"起来""下去"表示体意义的用法同其他实词用法分离出来,将他们视为独立的形态标志,前者表示起始体,后者表示继续体。

Smith（1990）将汉语中的"起来""下去",英语中的动词 start、continue、stop 等都称为超词词素（super-lexical morpheme）,它们的主要功能是构成有标记的情状类型。陈前瑞（2008）认为,这些超词词素的语法化过程很不一致,汉语中的趋向补语"起来""下去"语法化程度高于动词"开始、继续",但又明显低于助词"了、着"。英语中的动词 start、continue、stop 等虽然也表示动作的阶段,但在文献中一般称为体动词,而很少称为体标记。

由于英语体研究中一般不包括 start 等一类的动词,因此我们为了研究上的对等,也不将汉语中的"起来""下去"包括在汉语体标记范围内。

综上所述,"体"这一概念在英汉语法中都具有丰富的内涵,语言学界围绕这一概念也都开展了广泛深入的研究。总体来看,英语中的"体"既涉及动词所表现出来的时间上的特征,也涉及语言使用者观察句子所表征的事件的视角(即语法体)。汉语"体"研究虽然在术语的使用上不尽相同,如使用"情状"一词来指动词表示的状态和方式,"体貌""动相"等术语指语法体,但在基本概念的意义上大体相同。本书对英汉"体"概念在动词和句子层面的研究以及各种语法体标记的研究进行了概述,为后面基于语料库的分析打下基础。为了便于比较,在后面的研究中,我们统一使用"词汇体"或"事件性特征"来指动词在时间上表现出的状态和方式,如"瞬时性/持续性""终结性/非终结性"等,而用"语法体"来指句子层面上观察事件内部时间结构的不同方式,主要包括完整体和未完整体。

第三章 事件结构理论

进入 20 世纪以来，事件成为很多领域的研究热点。哲学、心理学、神经科学、语言学等学科从不同视角、运用不同方法对事件加以研究。通常所说的事件有两种：一种是指现实世界的事件，是现实中实际发生的事件，另一种是语言事件，即前一种事件在语言中的表征或词汇化。语言学研究中的事件一般指的是后者。换句话说，语言学所研究的事件不是客观世界的时间实体，而是自然语言中的时间实体（Tenny，1994：131）。在这一章中，我们将重点介绍事件结构理论的主要概念和核心内容，作为后面研究的分析框架。

第一节 事件结构理论的起源和发展

事件具有内部时间结构，包括事件的起始、持续、终结等，这被称为事件结构（event structure）。事件结构理论是一种新兴的句法—语义界面理论，研究事件的时间结构特性和内部构成关系对谓词句法表现的影响，为解释语义—句法之间的联系提供了新视角。

一 事件结构分析的体模式

对事件结构进行的研究最早从研究动词体特征开始。从体的视角对事件结构的研究主要包括两个方面：一是对动词的内部语义特性进行分析，二是从体的角度研究语义论元向句法位置投射的机制。

体作为动词的内部语义特性，尤其是动词的时间性特征，被称为 aktionsart，后来也称为词汇体或情景体（Smith，1990）。人们很早就发现，动词的意义包含一定的时间结构。这一问题起初是哲学领域的研究对象。

第三章 事件结构理论

亚里士多德最早在《形而上学》一书中就基于动词的事件类型将动词分为终结性和非终结性动词；Kenny（1963）根据语义蕴涵将动词分为状态、活动和完成动词。Vendler（1967）对动词的四分法将之带入词汇语义学领域，对后来的研究产生重大影响。在 Vendler 的研究中，动词根据终结性、持续性和同质性等特征被分为状态、活动、成就和完成类。这四种动词类型也被称为事件类型。此后的研究者围绕这一分类提出了各种归纳和修正，如 Smith（1990）提出了第五种事件类型：单活动体。"事件"这一术语最早用来指非静态动词，但近年来学者们普遍使用这一概念来指所有这五类动词。

事件结构的体模式研究的主要内容是对动词所表征的不同事件类型的内在时间特征以及动词与句子其他成分之间的互动关系进行分析。研究者们（Verkuyl，1972；Krifka，1998；Tenny & Pudtejovsky，2000；Rothstein，2004）发现，对体的研究只看动词的时间特征是不够的，而是应该看动词短语甚至整个句子的体特征，尤其是在事件的终结性/非终结性这一体特征上。事件的终结性具有组合型的特点，依赖于动词和句子其他成分之间的相互作用。有无直接宾语、直接宾语的性质、状语的使用等，都可能影响到终结性。关于这一部分内容，本书将在下文详述。

最近三四十年来，语法学家们开始将动词体特征与动词的论元实现联系起来，考察句法实现中体的作用。Hopper & Thompson（1980）最早提出，决定及物性的语义成分中就包括体特征。Grimshaw（1990）提出的事件结构理论中，语义论元向句法位置的投射是事件角色和题元角色共同决定的；但在题元层级外，还存在一个规范语义论元向句法位置投射的致使层级，包括致使原因和被影响者两个体角色，前者永远比后者显著。由于致使原因是致使层级中最突出的论元，因此总是被投射为句子的主语。Grimshaw（1990）的理论可以有效地解释心理动词中语义论元向句法位置投射中的题元颠倒现象，如在动词 frighten 的致使层级中，客体具有最高的体显著性，因此投射为主语。

将体特征与论元实现系统、明确地联系起来的研究当数 Tenny（1994）。在《体角色与句法—语义界面》一书中，她提出，语义论元向句法位置的投射完全由体角色决定。在语义和句法界面关系中起作用的语义因素是"界定"（delimitedness），即事件在时间上所表现出的清晰、明确的内在终点。它与"度量"（measuring out）这一体特征直接关联，而

"度量"在词汇语义向句法的映射中起着核心作用。句法这一端联系着三个论元：外论元、内部直接论元和内部间接论元。联系体特征和这三种论元类型的是三条联接规则：对内部直接论元的量度限制（Measuring-Out Constraint）、对内部间接论元的终点限制（Terminus Constraint）、对外部论元的非量度限制（Non-Measuring Constraint）。

Tenny（1994）认为，内部直接论元是"度量"动词所指事件的论元。直接内部论元能够"度量"事件的动词有三种：渐生体旨（incremental theme）动词、状态变化动词和"路径"动词。渐生体旨动词主要包括 eat、drink 等消费类动词和 build、write 等创造类动词，它们所带的直接论元称为渐生体旨，是因为此类动词直接论元的变化往往与事件的进展同步，如 eat an apple 中苹果被消费的程度体现了"吃"这一事件的进展程度，因此，苹果"量度"了"吃"这一事件。状态变化动词的论元也可以"度量"事件。如 ripen the fruit 中，水果越来越成熟，直到整个成熟事件结束。此类动词的意义中包含有内在的状态变化。"路径"动词中作为宾语的路径也"度量"事件，不同于前两类动词的是，"路径"作为宾语在事件中不经历变化或移动。如 Bill climbed the ladder 中，"爬"这个事件是由梯子度量的，梯子的尽头就是"爬"事件的终结点。

内部间接论元通过为动词所指的事件提供终点而参与到体结构中。对一些"界定"意义模糊的句子来说（如 walk the trail for an hour/in an hour），终点或目标的出现可以使句子具有明确的"界定"含义（如 walk the trail to its end *for an hour/in an hour）。

和上面的两种内部论元不同的是，外部论元不能参与到体结构中，这就是外部论元的非量度限制：外部论元不能参加动词所指事件的量度或事件界限的界定。它不能是量度、路径或终点。由此，Tenny（1994：2）提出体界面假设（Aspectual Interface Hypothesis）：

> 题元结构和句法论元结构之间的普遍映射原则受到体特征的制约。体特征与句法结构中的直接内部论元、间接内部论元、外部论元相联系，对体特征的限制制约了能够出现在这些位置的事件参与者的种类。只有题元结构的体特征才是普遍联接原则可见的部分。

Tenny（1994）虽然明确了体特征与句子论元实现之间的关系，但体界面假设在多大程度上适用于动词句法—语义界面分析，还存在很大疑问。如英语状态变化动词表现出独特的论元实现特征（Levin，1993；等），具体来说，这一类动词的受事论元，即发生状态变化的事物，必须成为句中的直接宾语，不能省略，不能用间接格表达，而且出现在直接宾语位置的论元只能是受事。但该类动词却没有统一的体特征：当状态变化动词后接单数定指宾语时，这些动词可以是终结性的（如 freeze 等），也可以是非终结性的（如 widen 等）；此外，状态变化动词既表现出瞬时性（如 explode 等），也表现出持续性（如 cool 等）。这显然违背了 Tenny（1994）提出的"体界面假设"。Levin（2000）认为，终结性和其他体概念与论元实现之间不一定存在确定的联系。事实上，Tenny（1994）也承认，在她的框架和理论下，能够在句法和词汇语义之间的映射上发挥作用的只有较小范围的体特征，主要是动词终结性，不包括瞬时性（持续性）等其他体特征，且这一理论只适用于特定的动词种类，即渐生体旨动词和"路径"动词。

二 事件结构分析的词汇分解模式

继 Vendler（1957）关于动词分类的论文发表之后，出现大量关于动词意义结构的研究。这些研究的主要观点是：决定论元实现的语义因素是从动词的语义中派生出来的，因此需要对动词的语义进行分解；动词的意义可以被分析为动词所指事件的结构表征，这被称为事件结构分析的词汇分解模式。

对动词进行分解的方法最早来源于生成语义学中的词义分解。谓词解构将动词意义分解为若干基本动词，并将其表征到句法树中。如在 Mc-Cawley（1968）的研究中，谓词被认为是由 CAUSE、BECOME 和 NOT 等初始谓词（primitive predicates）构成的。按照这一观点，他将 KILL 的语义分析为 CAUSE TO BECOME NOT ALIVE，如图 3-1 所示。

Dowty（1979）在生成语义框架内对词汇语义解构做了进一步研究。他注意到了 Vendler（1957）提出的不同事件类型之间的关系，将状态动词作为基本成分，加上 DO、CAUSE、BECOME 这三个基本算子来表征其他三种事件类型。

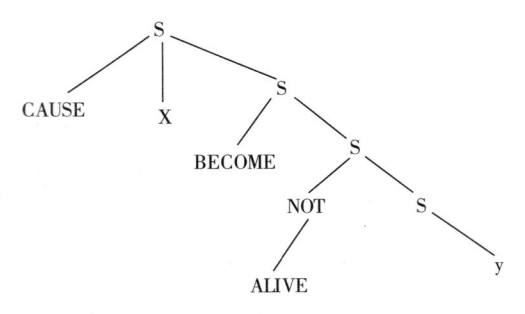

图 3-1　McCawley（1968）的谓词分解方法

状态：$\lambda e[P(e)]$

活动：$\lambda e[(\mathbf{Do}(P))(e)]$

成就：$\lambda e[(\mathbf{Become}(P))(e)]$

完成：$\lambda e\,[\,\lambda e_1\,[\,\exists\,e_2\,[\,e=^s\exists\,e_1\cup e_2)\,\wedge\,(\mathbf{Do}\,(P)\,)\,(e_1)\,\wedge\,\mathbf{BECOME}\,(e_2)\,\wedge \mathrm{INCR}\,(e_1,e_2,C\,(e_2)\,)\,]\,]\,]$

在此基础上，他将 John broke the window 的语义表达为：

[[DO (α₁, [π_n(α₁, …, α_n)])] CAUSE [BECOME [ρ_m (β₁, …, β_m)]]]

在词汇语义解构的基础上，Dowty（1979）进一步把致使句拆分为致使和结果两个次事件。如上面的句子 John broke the window 由致使次事件 John did something 和结果次事件 the window broke 组成。这一分析方法后来被普遍接受。

在 Dowty（1979）研究的基础上，Pustejovsky（1991）明确提出将事件结构纳入语法研究中。她对事件结构的研究建立在动词语义分解基础上。动词的语义不仅仅由一系列语义特征组成，而且具有高度结构性，因此对动词语义的描述涉及该动词的事件结构。她的事件结构理论包括三部分：词汇的基本事件类型、事件构成规则和从词汇结构到句法结构的映射规则。她提出三种事件类型：状态（state）、过程（process）和变化（transition）。"状态"和"过程"表达单一事件，相当于 Vendler（1967）分类中的状态和活动，"变化"事件表达复杂事件，由过程和状态组成，包括 Vendler（1967）的成就和完成。她认为，一种语言中的谓词往往表达一种默认的特定事件，但这些基于动词语义划分的事件类型同时也适用于短语或句子。

上面提到的三种事件的结构表征如图 3-2 所示：

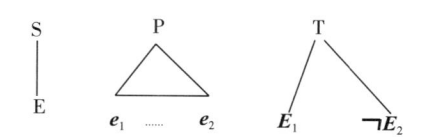

图 3-2 **Pustejovsky（1991）事件结构表征图示**

Pustejovsky（1991）运用以词汇分解为表现形式的词汇概念结构（lexical conceptual structure，LCS）作为词汇语义表征，与 Dowty（1979）、Jackendoff（1983）等所用的表征形式类似，她称之为 LCS'，在词汇概念结构和事件结构（ES）之间，表达事件类型的转换。例如，对 John closed the door 这一句的事件结构和词汇概念结构表征为：

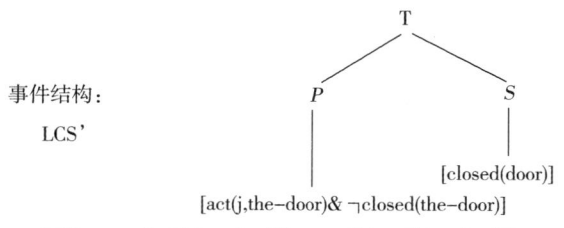

事件结构：
LCS'

[act(j,the-door)& ¬closed(the-door)]
[closed(door)]
LCS: cause([act(j,the-door)],become([closed(the-door)]))

图 3-3 **Pustejovsky（1991）词汇概念结构**

Pustejovsky（1991：44）认为，句子的事件类型并不完全由动词决定，动词和句子中的宾语、副词、介词短语等成分互动关联，共同确定句子的事件类型，这就是事件构成。她重点分析了除动词外对句子事件类型具有明显影响的介词短语（如：Mary ran for an hour/Mary built a chair in an hour）和结果构式（Mary hammered the metal flat）。通过分析句子的事件构成，她还进一步解释了一些含有时间状语和副词（如 almost，rudely 等）的歧义句产生的深层原因。

在对动词语义以及事件构成进行分析的基础上，Pustejovsky（1991）提出，事件结构中的语义参与者与论元结构表征中的论元之间存在联系，事件结构的参与者通过映射规则投射到句子的论元结构中。和 Grimshaw（1990）一样，她认为，致使者和外论元与事件结构中的初始事件的参与者相关联。

Levin & Rappaport（1998）认为动词是对外部世界发生事件的特点的词汇化和概念化，因此提出词汇语义表征对动词语义进行分解，这一表征又称为事件结构表征。他们的语义分解法在表征动词意义的内部结构方面具有广泛影响。

在句法—语义界面研究中，一些研究者试图将动词的语义加以区分：与语法结构相关、在句法层面上表现活跃的那部分词汇语义称为语义结构（semantic structure）；在句法层面表现不活跃的那部分词汇语义被称为语义内容（semantic content）（Grimshaw，1998）。Levin & Rappaport（1998）将前者称为语义变量，后者称为语义常量，或者词根（root）。在他们的事件结构理论中，动词的结构意义由 ACT、CAUSE、BECOME、STATE 等基本谓词和谓词的论元构成的事件结构模板来体现，动词的词根则按照本体类型的不同表示活动方式、工具、地点和状态等。按照这个理论，活动、状态、成就、完成的事件结构模板表达如下：

a. [x ACT$_{<MANNER>}$]（activity）
b. [x<*STATE*>]（state）
c. [BECOME [x<*STATE*>]]（achievement）
d. [[x ACT$_{<MANNER>}$] CAUSE [BECOME [y <*STATE*>]]]（accomplishment）
e. [x CAUSE [BECOME [y<*STATE*>]]]（accomplishment）

词根与事件结构的联系有两种方式：一种是词根作为基本谓词的论元出现，如上面例 b、c、d、e 中的 STATE，另一种是词根作为基本谓词的修饰语出现，如上面例 a、d 中下标内的 MANNER，都用斜体表示，放在尖括号内。结构意义相同的动词具有相同的事件结构模板和相同的句法表现，属于同一语义类型的动词之间的区别在于词根意义。

第二节　事件的复杂性与论元实现

一些研究者认为，事件的内部结构与动词的论元实现之间存在密切联系。Pustejovsky（1991，1995）、van Hout（1996，2000）等人最先提出"事件复杂性"这一概念。基于 Vendler（1967）等人对动词的分类，Pustejovsky（1991）认为存在三种事件，即状态、过程和转化，转化包括成就和完成事件，为复杂事件，包含过程和状态两个子事件。在她看来，事件的复杂性指的是事件引发的状态的改变，等同于终结性（culmination）。对事件内部结构的分析可以比较合理地解释一些副词在表达完成事件的句子中的歧义现象，比如带 almost 的完成事件句子可以有两种解读，而在非完成事件的句子只有一种解读。例如：

（1）a. John almost built a house.
　　　b. John almost ran.

例 1 这两个句子都可解读为一种未实施的行为，但例 1a 还可以解读为这一行为已经开始但没有完全结束。这是因为例 1b 只有一个过程事件，而例 1a 包含两个次事件：一个是过程，一个是状态，当 almost 修饰不同次事件时，就产生了不同的意义。

事件结构与句子论元之间存在映射关系。Pustejovsky（1991）认为致使性、施事性等概念一般与事件结构中的第一个次事件相联系，事件结构中的第一个次事件的施事性参与者被映射到词汇结构的外论元的位置（相当于深层结构中的主语）；每个次事件必须与词汇结构中至少一个论元位置相联系。比如在下面的句子中：

（2）a. Mary laughs herself silly.
　　　b. John hammered the metal flat.

例 2 的句子都包含两个次事件，第一个次事件表达致使性和施事性，由于每个次事件必须与至少一个论元位置相联系，因此句 a 中出现一个假自反代词，以满足这一映射条件。

Rappaport & Levin（1998）认为，论元实现的模式反映了事件的复杂性，并明确提出了关于子事件对论元数量要求的条件：与事件结构每个子事件对应的句法结构中必须至少有一个论元。由于复杂事件往往都是致使性事件，包含两个次事件，因此表达致使关系的句子中的动词必须带两个论元。这一假设可以解释英语表面接触类动词（如 wipe、rub、scrub、sweep）和状态变化动词（如 break、dry、open）在论元数量上的差异。例如：

（3）a. Leslie swept（the floor）.
b. Kelly broke the dishes.
c. *Kelly broke.

表面接触类动词的句子表达的是简单事件，虽然可以带两个论元（施事和表示平面的名词），但在非惯用法的语境中可以只带一个结构论元，另一个论元不表达出来（例 3a）。相比之下，外因状态变化动词表达复杂事件，包含两个次事件，因此必须带两个论元（例 3b、例 3c）。也因此，表面接触类动词可以出现在结果构式中，这时句子表达的是复杂事件，因此需要增加一个论元表达结果次事件，而状态变化动词由于满足了"一个事件必须与至少一个论元相联系"这一条件，因此不能增加论元。例如：

（4）a. The child rubbed the tiredness out of his eyes.
b. *The clumsy child broke the beauty out of the vase.

关于每个子事件对论元数量的条件还可以解释为什么英语中有的动词需要一个反身代词作为直接宾语：

（5）They yelled themselves hoarse.

Levin & Rappaport（1999）、Rappaport & Levin（2001）等进一步的研究还发现，定义复杂事件的条件除了致使性关系外，还有次事件之间在时间上的联系。通过对结果构式中的光杆 XP 结构进行分析，他们认为，事件是简单还是复杂还应该考察次事件的时间段是否重合。例如：

（6）a. The clothes steamed dry.
b. Terry yelled himself hoarse.

虽然例 6a 存在两个事件：蒸汽烘衣服和衣服变干，但这两个事件在时间上同步发生，是一个简单事件。例 6b 中也存在两个事件：Terry 喊叫和嗓子变哑，但前者在后者之前发生，因此是两个事件。根据子事件对论元数量要求的条件，例 6a 只要求一个论元，例 6b 则要求两个论元。根据时间性的要求，像 read、eat、drink 这样的渐生题旨动词虽然被 Pustejovsky（1991）等人视为表达复杂事件，但由于这些动词和书的阅读、饮料的消耗在时间上同步，因此 Levin & Rappaport（2004）认为它们不表达复杂事件，且它们可以只带一个论元，如：John read/drank。

第三节　不同事件类型的语义分析

一　影响句子事件特征的因素

Vendler（1957）将动词分为状态、活动、成就和完成四类，这一分类对语言研究产生重大而深远的影响，但由于同一个动词引导的不同动词短语可以有不同体特征，因此这一分类仅适用于动词，还是适用于动词短语（VP）或者是整个句子存在众多争论。Verkuyl（1972）、Dowty（1979）等认为，这一分类应该适用于动词短语范围。例如，build 是否表达终结性取决于它所带的直接宾语的特点，通常情况下 build 所带的动词短语表达终结性，可以用 in α time 来修饰（见例 7a），但如果直接宾语为光杆复数名词或抽象名词时，则表达非终结性，可以用 for α time 来修饰（见例 7b）；活动动词后的直接宾语的性质虽然不影响动词短语的非终结性，但加上一个表示距离的短语后就变成终结性（例 8）。

（7）a. Mary built two houses *for an hour/in an hour.
　　　b. Mary built houses for a week/*in a week.
（8）a. John pushed the cart for an hour/*in an hour.
　　　b. John pushed carts for an hour/*in an hour.
　　　c. John pushed the cart a mile/to the edge of the park *for an hour /in an hour.

基于此，Verkuyl（1972，1993）认为，终结性/非终结性这一语义特征的最小适用范围是动词短语（VP）。实际上，这是句子层面的语义特征，因为除了宾语和副词短语外，主语也可以决定句子的终结性。例如：

(9) a. John discovered the secret room in a few weeks.
    b. Children have been discovering that secret room for generations.

Rothstein（2004）将影响动词体特征的各种因素总结为五种：（1）VP的体特征由直接宾语的内在结构决定，主要包括完成动词和活动动词。（2）VP的体特征取决于是否具有修饰语或非次范畴宾语。如活动动词后没有接直接宾语，而是接补语或结果构式，就转变成完成类VP。（3）语境的影响。有些情景中，语境会使一个动词具有不同的体特征。例如：Last Sunday Jan ran in 2 hours and twenty minutes. 这句话的语境是，Jan是马拉松赛跑选手，且上周日在阿姆斯特丹有一场马拉松比赛。Run通常为活动动词，但在这个例子中，由于上下文的影响，run变成了一个终结性动词，表示"跑了特定距离"，因此可以与终结性修饰词in α time同现。（4）主语为复数时也会影响动词的分类。如当主语为复数时，成就类动词可以转换成活动类动词。例如：

(10) a. *John discovered this village for year/all summer.
     b. Tourists discovered this village all summer.

（5）其他情况，包括语法体的运用。如状态类动词和成就类动词出现在进行体中会转变成活动动词（如例11a、例11b）。

(11) a. John is resembling his father more and more recently.
     b. I think I am understanding you.

基于以上现象，一些语言学家倾向于认为，不同类型的动词之间不存在真正的差别。Verkuyl（1993）认为，体的分类的最小单位应该是VP，即便可以从体的角度对动词进行归类，这一分类对解释句子的体特征并没有意义。也有语言学家认为对动词本身的体分类具有一定作用。如Krifka

(1998) 认为，对活动和完成类动词从体的角度进行明确区分是可能的，虽然这两类动词之间存在转换。不同类型的谓语动词与修饰语之间的互动方式也不相同，动词的体分类可以帮助人们预测哪种修饰语会影响到 VP 的终结性，活动动词和完成动词之间的区别并不在于前者是非终结性、后者是终结性，而是在于前者没有一个由动词与论元之间的关系决定的终结点，而后者可能具有这样一个终结点。

Rothstein（2004）认为，动词可以根据体特征进行分类，这一分类反映了动词所指示的事件的特征，可以用来预测特定类型的动词与论元和修饰语之间互动的方式，因此"状态""活动""成就""完成"是动词的特征，而终结性/非终结性是 VP 的语义特征，也就是说，终结性不是动词的特征，如 build a house 和 build houses 分别具有终结性和非终结性。

二　不同事件类型的语义特点

Rothstein（2004）认为，Vendler（1967）的动词分类基于两个基本特征：阶段性（±stages）和终结性（±telic），在此基础上，这四类事件类型的语义特征可以描写为：

状态事件：[-终结性，-阶段性]
活动事件：[-终结性，+阶段性]
成就事件：[+终结性，-阶段性]
完成事件：[+终结性，+阶段性]

下面我们基于 Rothstein（2004），对这四种事件类型以及后来 Smith（1997）提出的单次体事件的语义特点进行详细分析。

（一）状态事件的语义特点

状态事件具有累积性、同质性以及非动态的特点，即 [-终结性，-阶段性]。累积性的意义是：如果约翰在 1970—1980 年和 1980—1990 年这两个时间段相信来世，那么我们可以说，约翰在 1970—1990 年这个时间内都相信来世。由于在这一状态持续的时间内没有发生变化，我们无法对这一状态划分出阶段，因此状态事件是非动态、无阶段性的。

此外，状态事件具有高度同质性。同质性可以定义为：

> 如果一个谓语动词具有同质性，那么 *x P-ed for y time* 蕴涵着"在 y 时间段内的任一时间，*x P-ed* 都是成立的"。

例如，这一命题"John loved Mary for twenty years"（约翰爱了玛丽二十年）蕴涵的意义是：在这二十年里的任何时刻，约翰都爱玛丽。因此，状态事件具有绝对的同质性。这一同质性特点除了导致［-终结性］外，还决定了状态事件无法分为不同的阶段，因为就动词 P 来说，一个间隔内的每个时刻和其他时刻都相同，因此无法确定这一间隔内的变化和发展。

一些用来识别状态事件的方法包括：
1. 状态事件通常情况下不出现在进行体中。如：

（12） a. *John is knowing the answer.
　　　 b. John is running.
　　　 c. John is building a house.

2. 状态事件的一般现在时具有一种非频繁、非惯常的含义。例如：

（13） a. John knows the answer.
　　　 b. John runs.
　　　 c. John builds a house.
　　　 d. John reaches the top of the mountains/arrives on time.

例（13）中，除了例13a，其他句子都表达惯常含义。

由于大部分状态事件都具有非施事性，因此具有以下四种特点：状态动词一般不作为 force、persuade 等动词的补语、不出现在祈使句中、一般不和 deliberately、carefully、willingly 等表达施事性的副词同现、不出现在假拟分裂句中。

（二）*活动事件的语义特点*

活动事件与状态事件都具有［-终结性］的特点，但是与后者不同的是，活动事件还具有动态性，可以分为不同阶段。

活动事件同样具有累积性。Rothstein（2004）称之为单一累积性(S-cumulativity)。例如，如果玛丽从下午4点至5点、5点至6点这两个时间段都在跑步，那么我们可以认为下面这一论断是正确的——存在这样一个事件：玛丽从下午4点到6点都在跑步。因此，run 这个不及物动词具有累积性，因此也具有非终结性。但对及物动词，情况就有些复杂了。Ramchand（1997）发现，两个"push the cart"事件相加后可以是两个事件，也可以是一个事件，取决于这两个事件中出现的是否是同一个"cart"。

单一累积性可以用来区分活动事件和完成事件。首先，如果直接宾语保持不变，累积性效果出现在活动事件中，而不是完成事件中。"Push the cart"（推购物车）可以用来指两个独立但连续的"玛丽推一辆购物车"事件，但"John read the book"（约翰读了这本书）一般不能用来表示两个独立而连续的"约翰读了同一本书"事件。如果约翰读完了一本书，然后在未加停止的情况下又读了这本书，我们不能说"约翰花很长时间把这本书读了一遍"，而应该说"约翰把这本书读了两遍"。

其次，如果对活动动词和完成动词所带的 VP 中的不定宾语加以比较，在谓语动词是否能够将宾语分配给带有不同实体的不同事件上，有些语言使用者可能会发现一些差异。例如：

(14) a. Yesterday I minded a baby all day. In the morning I minded John's baby, and in the afternoon I minded Bill's baby. （昨天一整天我都在照看一个孩子，上午我照看约翰的孩子，下午照看比尔的孩子。）

b. *Yesterday I wrote a letter all day. In the morning I wrote to John and in the afternoon I wrote to Mary. （昨天一整天我写了一封信。上午我写信给约翰，下午我写信给玛丽。）

例 14a 中，"照看一个孩子"可以理解为两个"照看一个孩子"事件的相加，这两个事件中"一个孩子"指的是不同的实体。而例 14b 中则不能作这样的理解。

同质性是状态事件的语义特征之一，是不是也是活动事件的语义特征？从表面来看是如此。如果约翰跑了两个小时，那么"约翰跑步"在这两个小时内的任何时刻都是对的。Dowty（1979）将活动事件的蕴涵关系解释为：

如果 P 是活动谓词，那么 $x\ is\ (now)\ P\text{-}ing$（x 正在做某事 P）

蕴涵 x has P-ed（x 已经做了某事 P）。

因此，"约翰正在跑步"蕴涵着"约翰已经跑了步"。一个事件已经开始意味着这个事件的一部分已经完成，而完成的这一部分就被包含在谓词的含义之中。

但 Dowty（1979）、Taylor（1977）、Rothstein（2004）等认为，活动事件只有在以间隔（interval）为最小单位的情况下才具有同质性。以"走"为例。"走"这个动作可以分解为几个步骤，包括抬腿、跨步、落脚等，这些步骤本身不能称为"走"，但它们是这个事件的必要组成部分。一些语言学家认为，至少要跨一步才能称之为"走"（有的语言学家，如 Dowty，认为至少需要两步，即两只腿轮流跨步）。如果以一步为最小单位，那么这一步所需的时间称为"间隔"，由时间的最小单位"瞬间"（instant）组成。Dowty（1979）认为，最小活动事件其实就是最小的状态变化。因此，一个活动谓词 P 意味着一系列 P 类最小事件。因此，从最小事件为单位的层面上，活动谓词才是同质的。因此，Rothstein（2004）将上面 Dowty（1979）关于活动事件的蕴涵关系修正为：

如果 x 正在做某事 P（x is P-ing）在时间 y 上成立，且 P 是活动谓词，那么在包括一个非最小 P 事件的 y 的任一子区间内，"x 已经做了某事 P"（x has P-ed）成立。

在这个意义上，"约翰正在走路"蕴涵着"约翰已经走路"，当且仅当使"正在走路"成立的事件大于一个最小的"走"事件。

因此，虽然状态事件和活动事件都具有［-终结性］的特点，但两者在［±阶段性］上存在差异。状态事件在事件持续时间的每一瞬间都是同质的，因此不能用［+阶段性］进行划分，而活动事件只在最小事件层面上具有同质性，一个活动事件包括一连串最小事件，也即一系列状态变化，正是这一点使得活动事件具有［+阶段性］和［+动态性］的语义特征。

（三）完成事件的语义特点

和状态事件、活动事件不同的是，完成事件具有终结性；同时，它和活动事件一样，具有阶段性。例如：

（15）a. John ate a sandwich.

b. Mary mended the chair.

c. Jane worked out the solution to the problem.

d. Bill painted the house.

完成事件可视为具有终结点的活动事件。由于它没有累积性，因此不能成为一个同一类型的更大事件的一部分。在例15a中，三明治吃完，这个事件就随之结束。如果约翰接着再吃另一个三明治，这两个事件加起来就不能用"吃了一个三明治"（eat a sandwich）来描述，而是"吃了两个三明治/吃了一些三明治"。

因此，完成事件的终结性可以由非累积性表达出来。状态和活动事件可以在同一表述中延伸或重复，但完成事件不可以。完成事件也不具有同质性："吃了一个三明治"这个事件的一部分不能用"吃了一个三明治"来描述，因为整个三明治还没有被吃掉。

完成事件和活动事件一样具有阶段性。测试阶段性的一个重要的手段就是一个事件是否可以和进行体自然搭配。例如：

（16）a. John is eating a sandwich.

b. Mary is building a house.

c. Bill is running.

进行体还可以帮助我们运用未完成体悖论（imperfective paradox）来区分完成事件和活动事件。例如：

（17）a. "John is running"蕴涵"John has run/ran"。

b. "Mary is building a house"不蕴涵"Mary has built/built a house"

（四）成就事件的语义特点

成就事件和完成事件一样具有终结性，它不具有也不可能有同质性，因为没有内在结构。它也不具有累积性：两个"约翰认出一个朋友"的连续事件相加起来不能等于"认出一个朋友"这一个事件。

Dowty（1979）、Pinon（1997）将成就事件视为"瞬间性状态变化"。如"死"这一事件就是从"活着"到"不活"的状态变化，这一转化在瞬间发生，其内部结构无法描述。完成/成就事件和状态/活动事件这两对事件之间的区别可以用时间副词加以区分：

(18) a. 约翰花了多长时间读《战争与和平》? How long did it take John to read *War and Peace*?
 b. 约翰花了多长时间认出玛丽？(How long did it take John to recognize Mary?)
 c. *约翰花了多长时间做矮个子的人？（*How long did it take John to be short?）
 d. *约翰花了多长时间去推购物车？（*How long did it take John to push carts?）

时间副词可以修饰前两个时间，但通常不能用于修饰后两者。但使用同样的时间副词，成就事件和完成事件的含义并不相同。例18a表示这个事件持续了多长时间，而例18b只能理解为：在这一事件发生之前经过了多长时间。

Vendler（1957）指出，成就事件使用现在完成时来表达正在发生，因为此类事件是瞬时性的，一旦发生就是已经发生。例如：

(19) a. 现在他找到它了。(Now he has found it.)
 b. 现在她注意到了新窗帘。(Now she has noticed the new curtains.)

显然，由于成就事件为瞬时发生，不能进行时间上的分割，所以此类事件不具有阶段性，也因此这一事件一般情况下不能使用进行体。但是Verkuyl（1989）、Smith（1991）、Rothstein（2004）等指出，事实上，进行体经常出现在成就事件中，但其含义与在完成事件中不同。

（五）单次体事件的语义特征

有些研究者认为，动词事件类型不止四类，还有第五类——单次体事件。例如：

(20) a. John kicked the door.
　　　b. Dafna winked.
　　　c. Mary coughed.

Smith（1991）认为，"kick、wink、cough"这些动词所表征的事件既具有成就事件的瞬时性语义特征，同时看上去也有非终结性语义特征。其瞬时性语义特征表现在它可以和 at α time 共现。例如：

(21) John coughed/winked at 10. p. m.

另外，与成就动词 die、arrive 等不同，单次体动词中没有显性的状态变化，因此表现出非终结性特征。很多研究者将其视为活动动词，而不列为独立的一类，因为它和活动动词一样，可以用 for α time 修饰，还可以出现在进行体中。例如：

(22) a. John kicked the door for half an hour.
　　　b. Mary coughed for the ten remaining minutes of the lecture.
　　　c. John was kicking the door.
　　　d. Mary was coughing.

此类动词使用进行体时，和活动动词一样蕴涵着一般过去时，即"John was kicking the door"蕴涵着"John kicked the door."

根据 Rothstein（2004），反对"动词五分法"的研究者主要有两个论据：首先，基于语义特征的动词分类与"五分法"不一致。如果使用两个语义特征［±终结性］、［±阶段性］对动词语义进行描写，最终能够得到四类动词，但如果使用三个语义特征，最终能够得到八类动词。其次，如果用上面的［±终结性］、［±阶段性］这两个语义特征描述的话，单次体事件的语义特征应为：［-终结性］、［-阶段性］，这样一来，单次体事件与状态事件就无法区分开来。

第四节　渐进性与终结性

对事件结构的研究中，渐进性与终结性是两个重要的语义特征，下面我们分别对这两个特征进行分析。

一 事件的渐进性

渐进性（incrementality）是完成事件的一个主要语义特征，通常和完成动词中的渐生题旨动词（incremental theme）联系起来，主要是指 eat、drink 等消费类动词和 build、write 等创造类动词，这些动词所带的直接论元称为渐生题旨。

在对不同事件类型的动词进行研究中，研究者发现（Verkuyl, 1972; Krifka, 1992; Tenny, 1994; Dowty, 1991），不同类型的动词与直接宾语之间的关系存在差别。例如：

(23) a. Mary built the house * for a year/in a year.
　　 b. Mary built houses for a year/ * in a year.
(24) a. John pushed the cart for an hour/ * in an hour.
　　 b. John pushed carts for an hour/ * in an hour.
(25) a. John ran for an hour.
　　 b. John ran a mile in an hour.
　　 c. John ran to the store in ten minutes.

上面的例子中，完成动词 build 引导的 VP 一般具有终结性（例23a），但当其直接宾语为光杆复数名词或抽象名词时，就变成了活动动词（例23b），也就是说，完成动词引导的 VP 的终结性取决于直接宾语的性质；而对活动动词，不论其直接宾语为何种形式，都依然是活动动词（例24a、例24b），活动动词引导的 VP 的终结性不受直接宾语性质的影响（例25a、例25b、例25c）。这说明，动词和直接宾语之间的关系对完成动词表达的事件类型具有决定性作用。

首先提出渐生题旨一词的是 Dowty（1991），Dowty 注意到有些动词所表征的事件的进展可以通过观察直接宾语的变化来了解。例如，要知道"Mary ate the sandwich"这一事件的进展，可以观察三明治的变化；同样，"Jane mowed the lawn"表达的事件的进展可以通过观察草地的变化而得到。

Krifka（1992）最早对这一类论元加以研究，他重点关注完成动词引导的 VP 的终结性与直接宾语之间的依赖关系，并提出两个重要概念：渐进性（gradually/incrementality）和量化特征（quantization）。如果题旨（theme，即动词的直接宾语）的所指与其所参与的事件的进展之间存在同步性，那么动词就具有渐进性；也就是说，题旨的变化和事件的发展成正比。例如，"eat an apple" 中 "吃" 这一事件是通过直接宾语 "苹果" 来进行的，随着 "吃" 这一事件的进展苹果越来越少，苹果被消费的程度体现了 "吃" 这一事件的进展程度。

量化特征被定义为：如果 x 和 y 都在量化谓词 X 所定义的事件内，那么 x 和 y 互不为对方的一部分。名词短语或限定词短语可以用这一特征来描述。就终结性来说，一个具有渐进性特征的动词与题旨之间的关系是这样的：题旨的特征能够影响到 VP 的性质，使得直接宾语的量化或非量化特征决定着 VP 的量化或非量化特征，并进而影响这个 VP 的终结性。运用量化特征和渐进性这两个概念，Krifka（1992）将直接宾语空间上的特征与动词时间上的特征联系起来。渐进性是终结性的必要条件，渐进性和具有量化特征的题旨一起导致 VP 的终结性。

Rothstein（2004：97）认为，Krifka（1992）关于终结性事件的同步性理论存在一些缺陷。首先，一些 VP 中，如 peel an apple，决定事件进展的不是动词题旨的发展，而是题旨的某个方面的进展，即决定事件进展的是苹果的外皮部分。其次，有的事件包含一些和动词题旨的发展没有直接关联的步骤，如在 "build a house" 这一事件中，搭建和拆卸脚手架等步骤显然和房子的进展没有直接关联。对此，Krifka 的解释是，虽然严格来说此类事件没有明确的渐进性，但可以理解为存在一个理想化的抽象事件，其具有严格的渐进性的特点。但是 Rothstein（2004：98）认为，这一解释并不能解决 Krifka（1992）理论中存在的问题；题旨的渐变性并不是完成事件的渐进性的根源。首先，一些动词虽然可以引导终结性 VP，但事件的进展并不由题旨的进展来决定。例如：

(26) repair the computer   solve the Rubik's cube
　　 spice the soup   close the suitcase
　　 wash the clothes/shirt   close the door
　　 dry the clothes   lock the door
　　 prove the theorem   paint the picture

convince the student of the truth of the argument

　　上面的事件都具有终结性或内在的终结点，但题旨的进展并不能决定哪里才是终结点。例如，locking the door 这一事件中所涉及的并不是门，而是锁的活动。

　　其次，题旨如何能够决定事件的进展或终结点？例如，在"John sang the baby asleep"这一事件中，孩子身体的大小并不能影响"sing her/him asleep"这一事件的进展，影响事件进展的可能是其他一些因素，如孩子的疲劳程度等。

　　由此，Rothstein（2004）认为，题旨本身的渐变性不足以解释完成动词与其题旨之间的关系，决定事件进展的是发生在题旨上的某种变化的进展。她认为，一个完成事件包括一个活动事件 e，以及一个伴随活动事件发生的、具有渐进性的 BECOME（变化）事件。这一伴随事件称为渐进性过程（incremental process）；完成事件的终结点就是这一渐进性过程中最后的最小事件。完成事件中的 BECOME 事件具有渐进性的含义是：这一事件包含众多可区别的部分，每个部分有一个明显的上限，这些部分具有自然的内在顺序，而这一顺序取决于我们对 BECOME 事件实际蕴涵的内容的了解，是我们所了解的真实世界知识的一部分。

　　在这个意义上，活动事件和完成事件的区别在于：活动事件没有内在结构，也就是具有同质性；而在完成事件中，没有内在结构的活动事件因为与一个 BECOME 事件相连，因而被赋予了一个渐进性结构。完成事件中的活动事件部分既可以包括一系列重复性的"最小"的活动事件，如 read，也可以是一个包含一系列相关任务和事件的过程，如 build。以 read 来说，作为活动事件，read 这一过程由一系列"最小的阅读活动事件"构成，这一最小活动事件就是在大脑中将一个看到的符号（一个单词或字）与意义联系起来的过程。这一活动没有任何内在结构或顺序，如儿童随意认读一本书中的词（或字）。下面的句子表述的是活动事件：The child read for an hour.

　　而作为完成事件的"read a book"则具有内在的顺序，这一顺序通常情况下由给定的书本决定。例如，read the story of Rapunzel 这个动词短语描述的事件不仅包括一系列最小阅读活动，而且这些阅读活动必须遵从一定的顺序，使得这一阅读活动成为一个阅读某个特定故事的事件——开头部分先读，然后是中间部分，最后是结尾。当这一渐进性过程所决定的事件结束，也就是说，当这一故事读完，这个完成事件所涉及的活动也就随之结束。Read 作为活动事件和 read the story of Rapunzel 作为完成事件可以描述如下（Rothstein，2004）：

作为活动事件的 Read：
$\lambda e. \exists y [READ(e) \wedge Ag(e) = x \wedge Th(e) = y]$
作为完成事件的 read the story of Rapunzel：
$\lambda e. \exists e_1, e_2 [e =\ ^S(e_1 \cup e_2 \wedge READ(e_1) \wedge Ag(e_1) = x \wedge Th(e_1) = $ THE STORY OF RAPUNZEL $\wedge$ BECOME-READ $(e_2) \wedge Arg(e_2) = Th(e_1) \wedge INCR(e_1, e_2, C(e_2)))]$

在上面的表达式中 C（e）表示渐进性链（incremental chain），每个渐进性链由事件 e 的一系列部分组成，且满足这些条件：（1）C（e）中的最小事件是 e 的开始部分；（2）对 C（e）中的每个 e_1、e_2 来说，$e_1 \subseteq e_2$ 或者 $e_2 \subseteq e_1$；（3）$e \in C(e)$。

上图中的 INCR 表示渐进性关系（incremental relations）：设 e_1 为活动事件，e_2 为 BECOME（变化）事件，C（e_2）为 e_2 的渐进性链，INCR（e_1，e_2，C（e_2））成立（即 e_1 就渐进性链 C（e_2）来说与 e_2 之间存在渐进性关系），当且仅当存在一个从 C（e_2）到 e_1 部分（即 e_1 的组成部分的集合）的、由语境确立的一对一函数 μ，且对 C（e_2）中的每个 e 来说，ι（e）= ι（μ（e））。

因此，渐进性过程（incremental process）就是一个具有内在进展的 BECOME（变化）过程，这一过程由许多可区别的部分组成，这些部分以线性顺序排列，组成一个渐进性链。渐生题旨就是渐生性过程的论元。构成完成事件的不一定是题旨受影响程度的渐次性，而是这一事实：影响题旨的渐进性过程具有可识别的阶段，这些阶段按照过程所决定的顺序进行排列。

Rothstein（2004）的理论旨在为一些完成事件中的动词与题旨之间的关系寻求解释。对消费/创造类完成动词来说，事件进展与渐生题旨的进展之间存在同步性，但对很多其他动词及其直接宾语，无法用同步性来解释。

二 事件的终结性

空间和时间是客观世界的两个基本要素。物体占据空间，在人们的认知中具有"有界"（bounded）和"无界"（unbounded）之分；事件具有时间性，同样具有时间上的"有界"和"无界"之别。这两种特征并非客观世界的物体和事件固有的特性，而是人们用来描述客观世界的物体和事件特征的概念（Krifka，1998：207），因此在一定程度上反映了人们对客观世界的认知。

表达终结性这一概念的术语很多，包括 delimitedness（Tenny，1994）、telicity、culmination（Moens & Steedman，1988）、boundedness（Jackendoff，1990）、definite change（Dowty，1979）、culmination 或 set terminal point（固定终点）。虽然术语使用不同，但表达的含义基本相同。如此多的语言学家对此进行研究也突显了这一体特征在语言研究，尤其是句法语义研究中的重要性。对终结性的讨论最早起源于亚里士多德对动词的分类。他根据动作是否具有终结性最早将动词分为动作动词（kinesis）和能量动词（energia）：前者朝着一个终点运动，终点的性质由事件来决定，后者一旦开始就可以无限期地持续下去，因为事件本身的性质没有明确动作的终点。Kenny（1963）和 Ryle（1949）将他的分类介绍到现代语言学研究中，并在此基础上建立了各自的动词分类，这些分类都将事件是否存在终结点纳入考虑的范围内。

Vendler（1957）基于事件的两个语义特征将事件分为四种类型：事件是否具有动态性（即阶段性），以及事件是否具有自然终止点（即终结性）。通常认为，状态和活动事件具有非终结性，而成就和完成事件具有终结性。Vendler（1957）的划分主要是基于动词的语义特征，但 Dowty（1979）等认为，终结性这一特征应该是描述动词短语（VP）的，而不是动词本身。例如，完成动词 build 是否具有终结性取决于其直接宾语的性质：通常情况下 build 引领的 VP 具有终结性，但当直接宾语为复数或抽象名词时，VP 具有非终结性。Verkuyl（1972）进一步指出，动词短语（VP）是这一特征的最小适用范围，而有足够的证据表明，终结性是句子的语义特征，因为有些句子中，决定终结性的是句子的主语，而不是 VP 中的宾语。

判断英语动词短语是否具有终结性主要有两个标准：（1）动词短语

可以和"in α time"共现，后者可以确定动词短语的终结点，因此不能与非终结性 VP 同现；（2）终结性 VP 存在"未完整体悖论"（imperfective paradox）。即 John is eating a banana. ≠ John has eaten a banana. 存在这一悖论是因为，如果 e 在 VP 内，e' 是 VP 的终结点，那么 e 的任何部分如果不同时也包括终点 e'，就不能出现在 VP 中。

对终结性的研究往往与完成动词的研究紧密结合。Verkuyl（1972）首先发现，这两者之间存在密切联系，VP 的直接宾语决定 VP 是否具有终结性。例如：

(27) a. Mary ate bread/sandwiches for an hour. （atelic）
b. Mary ate the/a sandwich in an hour. （telic）
c. Mary ate three sandwiches in an hour. （telic）

从上面的例子我们可以看出，当直接宾语为抽象名词或复数名词时，VP 是非终结性的，而当直接宾语为单数可数名词或有数量限定词的名词短语时，VP 具有终结性。活动动词则不存在这种现象。

关于终结性的特征，不同研究者的观点各不相同。Verkule（1972，1993）将动词按照是否具有［+ADD-ON］（即动态性）这一特征将动词分为两类，并将名词短语也按照［+SQA］（Specified Quantity，确切的数量特征）的特征也分为两类。当动词具有［+ADD-ON］特征，且论元具有［+SQA］特征时，该动词短语就具有终结性。按照 Verkule（1972，1993）的理论，"push the cart"这一 VP 应该具有终结性，因为 push 和 cart 分别具有［+ADD-ON］、［+SQA］特征。但事实上，这一 VP 具有非终结性。对此，Verkule 的解释是，push 包含一个具有［-SQA］特征的直接宾语，具有"give pushes to"的含义，因此它在 VP 中的表层直接宾语不会影响到这一短语的非终结性。

Krifka（1989，1992）将累积性（cumulativity）和量化特征（quantization）视为非终结性和终结性动词的关键特征。如果一个谓词 P 包含两个不同部分 x、y，对任何 P 内的 x、y，它们的和也在 P 内，P 就具有累积性。可以描写为：

X 具有累积性，当且仅当：

$$\exists x \exists y[X(x) \land X(y) \land \neg\, x \subseteq y \land \forall x \forall y[X(x) \land X(y) \rightarrow X(x \cup y)]]$$

"Run"具有累积性的特征，因为两个"running"事件相加后的和依然在"run"的意义范围内，而"eat three apples"不具有累积性，因为两个这样的事件相加后得到的不是一个"eat three apples"事件，而是"eat six apples"事件。

Krifka（1989，1992）认为，终结性谓词的核心特征是量化特性，并将其定义为：如果 x 和 y 都在量化谓词 X 所定义的事件内，那么 x 和 y 互不为对方的一部分。即谓词 X 具有量化特征，当且仅当：

$$\forall x \forall y[X(x) \land X(y) \rightarrow [x \subseteq y \rightarrow x = y]]$$

也就是说，如果 e 是量化谓词 X 所定义的一个事件，那么 e 的任何组织部分都应该具有相同的起点和终点。例如，"eating three apples"这一事件的一部分就不能再用"eating three apples"来表示，因此这个事件就是量化的终结性事件。

Krifka（1989，1992）提出，在完成事件中，题旨角色与事件之间存在一种同步关系（homomophism），即作为直接宾语的渐生题旨（incremental theme）的进展决定着事件的终点。由于只有完成事件中存在这种同步性，因此渐生题旨的特征只会影响到完成动词引导的 VP 的终结性：对一个具有累积性特征的论元，VP 会表现出累积性、非终结性特征，而对一个量化的论元，VP 表现出量化和终结性特征。

Rothstein（2004：150）对 Krifka（1989，1992）的量化特征予以反驳。她认为，非终结性谓词的累积性特征应该进一步限定为单一累积性（S-cumulativity），即一个谓词 P 中两个不同部分 x 和 y 之和不仅在 P 内，而且还能够构成一个单独的新事件，即 X 具有单一累积性，当且仅当：

$$\exists e \exists e'[X(e) \land X(e') \land \neg\, e \subseteq e' \land \forall e \forall e'[X(e) \land X(e') \land R(e, e') \rightarrow X^s(e \cup e')]]$$

其中 R 表示关系（relation），上标 s 是从总数中形成一个单一个体的算子。

Rothstein（2004）指出，累积性和非量化特征并不是非终结性 VP 的特征，事实上，很多终结性 VP 中的限定词短语（determiner phrase）具有累积性特征和非量化特征。终结性首先与动词所指的事件的特征有关。状态和活动动词不具有终结性，而成就和完成动词具有终结性，是因为后者包括一个变化（become）事件。成就动词涉及从 ¬φ 到 φ 的最小变化，不占据时间。Ter Meulen（1983）认为，这种瞬时性特征使成就动词表达的事件具有原子性（atomic），因为这一事件不能被分解为更小的单位。成就动词表达的事件也不具有同质性，因为这一变化的任何部分要么是 ¬φ 成立，要么是 φ 成立。

完成动词中的变化持续一定时间，即从 φ 到 φ，其中 φ 是一个包括 ¬φ 的状态。按照 Ter Meulen（1983）对原子性的定义，完成动词所表达的事件不具有原子性，因为这一事件中的变化可以分为更小的单位，使事件从 φ 状态发展到 φ 状态。例如，"write a book"表达的事件涉及从无书的状态到书通过写作而存在的状态，事件的终点就是书完成的一刻。因此使成就和完成动词表达的事件具有终结点的是这些事件中的变化：变化发生，事件就结束。

Rothstein（2004：157）认为，终结性与事件能否被个体化为原子事件（individuate）有关，如果一个 VP 能表达出将原子事件个体化的标准，那么该 VP 就是终结性的。不同事件类型动词短语中，其原子性的确立方式不同。成就动词具有天然的原子性，因此具有终结性，完成动词包含变化事件，其终结性取决于变化事件的原子性，而后者的原子性取决于变化事件中的论元是否具有原子性。对于活动和状态动词所构成的 VP，例如 push the cart、run、love，如果原子事件个体化的标准是由路径论元（如 to the store）或表示衡量方式的短语提供（如 a mile，for α time），那么这一 VP 就具有终结性。

Rothstein（2004：164）进一步将原子性定义为：

> 如果在语境 C 条件下不存在 x 是 y 的一部分且 y 为 P 的原子，那么 x 在语境 C 条件下为 P 的原子。

在此基础上，她提出了终结性原则（Telicity Principle）：

如果一个 VP 表达一个具有原子性的事件集合 X，或是一个具有原子性的集合的复数，那么这个 VP 就具有终结性。

综上所述，事件结构理论研究事件的时间结构特性和内部构成关系对谓词句法表现的影响。本章介绍了这一理论的历史和核心内容，分析了主要事件类型的语义特点，并深入解释了两个重要的事件性语义特征：渐进性和终结性。在此基础上，本书将对几类英汉基本动词的句法和语义进行分析，并试图运用事件结构理论来解释动词语义—句法行为之间的关联。

第四章 英汉状态变化动词语义—句法界面比较研究

状态变化（change of state，在下文中有时简写为COS）是指事物从一种状态转变为另一种状态。语言学中的状态变化动词指的是用于描述某一物体形状或外表变化的动词，此类动词属于语言中的基本动词类型，数量众多，因此在语言学界受到广泛关注和研究。在这一部分我们将首先对英汉语言学界关于状态变化动词的语义和句法特征的研究加以概述和归纳，然后结合语料库，对英汉状态变化动词的词汇体—语法体、语义—句法之间的联系进行研究。

第一节 英汉状态变化动词研究概述

一 英语状态变化动词研究

（一）英语状态变化动词的句法特点

Fillmore（1970）最早对状态变化动词进行研究。在比较了 break 和 hit 的句法实现后，他发现，虽然这两个动词都是及物动词，都可以带主语和宾语，但在动词句法行为的很多方面上都表现出不同。首先，这两个动词在能否进行使役性转换（causative alternation）上存在差别。所谓使役性转换是指一个动词可以作为及物动词，表达使役意义，具有主语和宾语，这一用法也称为使动用法；但这一动词也可以作为不及物动词使用，这时及物用法中的宾语成为不及物用法中的主语，这一用法也称为起动用法（inchoative）。例如：

(1) a. The boy broke the window with a ball.
　　b. The window broke.
　　c. The boy hit the window with a ball.
　　d. *The window hit.

其次，Break 和 hit 这两个动词之间的差异还表现在"占有者提升"句式上，后者允许将宾语中表示占有者的代词置于宾语位置，被占有物以介词宾语的形式出现，而前者不允许。例如：

(2) a. I broke his leg. / *I broke him on the leg.
　　a. I hit his leg. / I hit him on the leg.

由此，Fillmore（1970：125）认为，这是因为动词的某些语义特征，如是否表示状态变化，可能和动词的句法表现相关。在此基础上他区分了两类动词：一类是状态变化动词，即动词所表示的动作使它们的宾语表示的事物从一种状态转变为另一种状态，包括 break、shatter、bend 等动词；另一类称为表面接触动词，动词所表示的动作虽然对宾语表示的事物发生作用，但不使其发生状态转变，包括 slap、strike、bump 等动词。

更多的研究表明，状态变化动词表现出独特的论元实现特征。在论元选择上，此类动词表现出严格的选择限制（Fillmore，1970，1977；Levin，1993；Rappaport & Levin，2002）：句子的受事论元，即经历变化的主体，不能省略，且必须充当直接宾语，如例 3a、例 2b；不能做旁格（oblique），如例 4a、例 4b；不能出现在非次范畴化的名词短语结果结构中，如例 5a、例 5b；也不能用 out-作为前缀，如例 6a、例 6b。

(3) *a. Pat broke/dimmed.
　　b. Pat broke the vase.
(4) a. Alex broke the vase/ *Alex broke at the vase.
　　b. Sam dimmed the lights/ *Sam dimmed at/from the lights.
(5) *a. My kids broke me into the poorhouse.
　　*b. The stagehand dimmed the scene dark.
(6) * a. The two-year old outbroke the three-year old.

＊b. The stagehand outdimmed the director.

除此之外，英语状态变化动词的另一特点是：该类动词虽然具有比较统一的论元实现，但并没有统一的体特征（Rappaport & Levin，2002），当状态变化动词后接单数定指宾语时，这些动词可以是终结性的（如 freeze、explode、break、dry 等），也可以是非终结性的（如 widen 等）。对终结性状态变化动词来说，有些表现出瞬时性（如 explode、break、crack 等），有些表现出持续性（如 cool、dry、freeze 等）。这显然违背了 Tenny（1994：2）提出的"体界面假设"，即题元结构和句法论元结构之间的普遍映射原则受到体特征的制约；只有题元结构的体特征才是普遍联接原则可见的部分。

（二）英语状态变化动词语义和句法之间的联系

自 20 世纪 70 年代以来，语言学家们发现，动词语义和表层句法之间存在一定的规律性联系，句法结构在很大程度上取决于动词的词汇特点。其中最著名的是 Perlmutter & Postal（1984：97）提出的"普遍联系假说"：语言中存在着各种普遍语法规则，能从动词的语义预知在这一语句中出现的每一个名词所具备的初始语法关系。这一假说可以理解为：语言中存在制约论元实现的各种普遍原则，这些原则针对的是语义上具有一致性的各类动词，语义相近的动词在论元实现方面具有相似性（沈园，2007：63）。由于英语状态变化动词在句法实现上表现出的高度统一性，因此此类动词成为研究动词语义与句法关系的一个比较好的突破口。

自从作格动词（在一些文献中也被称为非宾格动词）被提出以来，语言学家们逐渐注意到，英语状态变化动词具有明显的作格动词特征。作格动词最早是由 Perlmutter（1978）在关系语法框架下提出的。他的"非宾格假设"（The Unaccusative Hypothesis）认为：不及物动词分为两种：非宾格动词[①]（unaccusative verbs）和非作格动词（unergative verbs）。这两类动词分别和某些句法结构相联系：非作格动词句子的深层结构中有主语，没有宾语；而非宾格动词句子的深层结构中有宾语，没有主语，可以表示为：

[①] 在状态变化动词中，我们将"unaccusative"统一称为作格动词，而在存现动词研究中，我们将其称为非宾格动词，因为这两类动词在句法特征上存在显著差异。

a. 非作格动词：NP [$_{VP}$ V]
b. 作格动词：__ [$_{VP}$ V NP/CP]

Perlmutter（1978）运用关系语法中的一些普遍规则说明，在论元结构上，非作格动词拥有一个外论元，但没有直接内论元，而作格动词拥有一个直接内论元，但没有外论元。

自"非宾格假设"提出以后，研究者对不同语言中的语言现象进行分析，试图验证这一假设。Burzio（1986）对意大利语的研究证明，非宾格动词的单论元可以出现在表层结构的直接宾语的位置上，如词缀 ne-适用于及物动词的宾语和非宾格动词的唯一论元，但不适用于非作格动词的唯一论元。在此基础上，他提出"Burzio 原则"（Burzio's Generalization）：只有那些能够指派主语名词"施事论元角色"的动词才能够指派宾语名词为"宾格"。

Levin & Rappaport（1995）的研究也支持 Perlmutter 的假设，即非宾格动词的句法形式是由语义决定的。Van Valin（1990）认为，决定作格和非作格区分的动词语义因素分别是"状态改变"和"活动"，因此英语状态变化动词被视为原型作格动词（Fillmore，1970；Levin & Rappaport，1995），学界对此类动词的研究也主要集中在对作格动词的研究上。Levin & Rappaport（1995）对英语作格动词的句法—语义联系的研究发现，英语作格动词的诊断式主要有两种，一是结果结构（resultative construction），这一结构表示动词所表示的动作施加于名词的所指时引起的结果。例如：

(7) a. The river froze solid.
    b. The prisoner froze to death.
    c. The bottle broke open.

作格动词的结果结构中，表示结果的短语通常修饰动词后的直接宾语，不能修饰主语或旁格补语，这被称为直接宾语限制（Direct Object Restriction）。这一结构所表达的结果状态被视为动词短语所表达的事件的一部分（van Valin，1990），它使得活动事件转化成完成事件，后者通常包括一个活动事件和一个由这一活动事件导致的状态事件。

Levin & Rappaport（1995）认为，从体的角度来看，结果结构使一个事件具有终结性，其作用类似于 push、pull 类动词中表达目标的介词短语。所不同的是，结果结构不是表达一个最终位置，而是表达一个达到的状态。对一些具有内在终结性的动词来说，结果结构使这一最终状态更加具体化，例如：

（8） a. The river froze solid.
     b. The climbers froze to death.

Van Valin（1990）试图用动词行为类型（Aktionsart）来解释结果结构的体特征。他认为，作格动词句子中的直接宾语确切地说应该称为"体验者"（undergoer），结果结构中表达结果的短语总是修饰动词语义结构中谓语 BECOME（STATE）的论元。由于只有成就动词和完成动词的语义结构中存在 BECOME（STATE）这一次结构，因此结果结构只在这两类动词的句子中出现。而典型的非作格动词都为活动动词，其语义结构中不存在"状态"（STATE）这一语义成分，缺少一个结果结构修饰的"体验者"，因此不能出现结果结构。

英语作格动词的另一诊断式是使役性交替现象，即这些动词用作及物动词时的宾语可以充当它们用作不及物动词时的主语，如：

（9） a. Pat broke the window. / b. The window broke.
（10） a. Antonia opened the door. / b. The door opened.
（11） a. Tracy sank the ship. / b. The ship sank.

在这一转换中，及物动词的宾语和不及物动词的主语具有相同的语义角色。Levin & Rappaport（1995：80）认为，一些原型英语作格动词，如状态变化动词，都具有使役性转换用法。事实上，这一用法被认为是状态变化动词的标记性特点，而一些原型非作格动词，如 laugh、play、speak 等，都不具有这种转换用法。除了英语，法语、意大利语和俄语中都是如此。因此，如果一个动词具有使役性转换用法与这个动词归属于作格动词之间存在相关性的话，那么，通过了解具有使役转换用法的动词和不具有使役转换用法的动词之间在语义上的差别，我们就可以知道作格动词在语义上的特点。

  Levin & Rappaport（1995）将作格动词的这一语义特点归结为"自主性"（volition），以区别内部致使事件和外部致使事件。对施事性动词 play、speak 来说，导致事件发生的是动作执行者的意志或自主性，但当一个不及物动词表达一个内部致使事件时，导致事件发生的是动词所带论元的某个内在特性；但是内部致使动词不一定需要有施事性，比如 blush、tremble 这样的动词，虽然其论元是有生命但无施事性的人或动物，但表征的是内部致使事件。相比之下，外部致使动词意味着存在一个外部使因，直接导致动词所表征的事件的发生。这一外部使因可以是施事者，也可以是工具、自然力量和环境等因素。一些外因致使动词，如 break，可以用作不及物动词，外部使因不表达出来，但是对世界的认知告诉人们，没有外部使因，动词所表述的事件不可能发生。一般来说，具有及物用法的不及物动词通常为外部致使动词，而不具有及物用法的不及物动词通常为内部致使动词。以 break、laugh 为例，具有使役性转换的不及物动词和不具有使役性转换的不及物动词的语义结构表征如下（Levin & Rappaport, 1995: 94）：

  break：[[*x* DO-SOMETHING] CAUSE [*y* BECOME *BROKEN*]]
  laugh：[*x LAUGH*]

  B. Levin（1993）对各种动词类型进行分析后认为，所有的外因致使动词都具有及物用法，但并不都具有不及物用法，如 murder、sterilize 等。此类动词要求主语是有生命的、有意志力和自主性的施事者。例如：

  （12）The terrorist assassinated/murdered the senator.

  相比之下，使役转换动词表达的变化可以在没有具有意志力的施事者的干预下发生。因此，自然力量或使因、工具等可以成为使役转换动词的主语。例如：

  （13）The vandals/The rocks/The storm broke the window.

关于作格动词的使役性转换用法，哪一种用法为动词的基本用法？在这一点上语言学界存在争议。Brousseau & Ritter（1991）、Lakoff（1968，1970）等认为作格动词的基本用法为一价动词，其致使性用法是在一价的基础上增加一个论元，即经历了一个使役化过程。但 Levin & Rappaport（1995：83）认为，具有使役转换用法的作格动词的基本用法为致使性动词，具有内在的致使性，但在特定情形下经历了一个去及物性的过程。支持这一观点的证据之一是，就选择限制来说，作格动词的及物用法中宾语的范围往往大于其不及物用法中主语的范围。此外，形态学的研究也可以为这一观点提供佐证。Nedjalkov（1969）对60种语言中 break 和 laugh 等动词的致使性和非致使性用法的形态联系进行分析后发现，在大部分语言中，break 的致使性用法在形态上没有标记，而其非及物用法或者和及物用法形式相同，或者从及物用法中派生而来。

在句式上，英语作格动词有三种诊断句式：结果式、使役转换以及方位倒装结构，但对方位倒装结构是否为作格动词的诊断式还存在争议（Levin & Rappaport，1995）。就状态变化动词来说，结果结构和使役转换现象通常被视为原型作格动词（即状态变化动词）的标志性用法。

（三）外因状态变化动词和内因状态变化动词

使役性转换动词中的核心动词是状态变化动词，即描述某一实体的物理形状或外表发生变化的动词。但不是所有的状态变化动词都具有致使性用法；同样，也不是所有具有及物用法的状态变化动词都具有不及物用法。一些状态变化动词并不具有及物用法，无论其外部论元性质如何（Levin & Rappaport，1995）。例如：

(14) a. The cactus bloomed/blossomed/flowered early.
　　　b. The gardener bloomed/blossomed/flowered the cactus early.
　　　c. The warm weather bloomed/blossomed/flowered the cactus early.

因此，Levin & Rappaport（1995：89）将状态变化动词分为内因状态变化动词和外因状态变化动词：内因状态变化动词定义为"命名某一实体内部自然发生的状态变化的动词"，如"flower、bloom、blossom、decay"；而外因状态变化动词意味着动词所描述的状态变化事件存在一个外部使因，包括施事、工具或自然力量等，如"break、explode、redden"等。内因状态变化动词表示的事件只包含一个次事件，拥有一个参与者，而外因状态变化动词所表示的事件包含两个次事件，拥有至少两个参与者。内因状态变化动词的数量和范围远远小于外因状态变化动词。

基于 Rappaport & Levin（1998）的定义，McKoon 和 MacFarland（2000）对内因和外因状态变化动词的语义结构表达式分别为：

  a. 内因状态变化动词的语义结构表达式：(BECOME (X < STATE>))
  b. 外因状态变化动词的语义结构表达式：((a) CAUSE (BECOME (X <STATE>)))

内因状态变化动词表示的状态变化不涉及外部使因，只有一个参与者，因此只包含一个次事件，即状态变化事件（BECOME），而外因状态变化动词表达的事件包含两个次事件，一个是致使次事件，表达事件的外部使因（a），另一个是结果次事件，表达状态变化（BECOME），两者由表达使役的 CAUSE 相连接。

对于语言中哪些是外因状态变化动词，哪些是内因状态变化动词，人们通常可以依赖直觉进行判断。前者可以有及物用法，而后者只有不及物用法。但 McKoon & MacFarland（2000）基于大型语料库的研究发现，这种基于直觉的判断有时并不准确，很多通常被视为典型的内因状态变化动词也具有及物用法，如 bloom、corrode、rot、erode 等。例如：

  (15) a. It blooms white flowers in summer.
    b. Dr. Love's administrative incompetencies have severely deteriorated the quality of education for all children⋯

但是虽然内因状态变化动词也有及物用法，它们的主语与外因状态变化动词的主语存在差别。McKoon & MacFarland（2000）基于语料库发现，内因状态变化动词用作及物动词时的主语表示的大多是自然实体。例如，corrode 和 rot 用作及物动词时的主语通常是 water、rain 这样表示自然力量的名词。Levin & Rappaport（1995：107）认为，外因状态变化动词一般不对主语进行限制，主语可以是施事、工具、环境或自然力量，这是因为此类动词没有将致使事件进行具体化，被具体化的是结果状态。McKoon & MacFarland（2000）的研究也证实了这一点。

（四）英语状态变化动词分类

英语状态变化动词可以根据不同的标准进行分类，最常见的是根据导致变化的使因将此类动词分为外因和内因状态变化动词（Levin & Rappaport，1995；McKoon & Macfarland，2000）。Levin（1993）根据主体以及状态变化的特点将英语状态变化动词分为六类：

1. Break 类动词，包括 break、crack、crash、shatter 等。这些动词是单纯的状态变化动词，指的是导致某个主体的完整性发生变化的行为或动作，但不包括导致变化发生的方式。此类动词的突出特点是具有使役转换用法和中动转换用法。

2. Bend 类动词，包括 bend、fold、wrinkle 等。和 break 类动词不同，这类动词表示某个主体的形状变化，但这种变化不破坏其完整性。在句法上，此类动词和 break 类动词一样具有使役转换和中动转换用法。

3. 烹饪类动词，包括 bake、boil、steam、roast 等。这些动词描述不同的烹饪方式，很多既表现出状态变化动词的特点，也表现出创造—转化类动词特点（如 build 类动词）。此类动词的主要用法特点是具有使役性转换和中动转换用法。

4. 其他具有使役转化的状态变化动词，包括：表达颜色变化的动词（如 blacken）、以 -en、-ify、-ize、-ate 为后缀的动词（如 lengthen、solidify、carbonize、ameliorate 等），以及其他不能归入上面两种的动词，如 close、explode 等。这类动词数量众多，范围较广，都表达外部使因变化，很多来源于形容词。此类动词具有使役性转换用法，并且允许工具作主语。

5. 与具体主体相关的状态变化动词。这些动词描述某一特定主体的状态变化，因此在论元选择上受到较大限制。这类动词所描述的状态变化通常不是由外因直接导致，而是主体内部发生的，如 bloom、decay、wither 等。此类动词通常不具有使役性转换和中动转换用法。

6. 状态变化具有可测定性的动词。这些动词所涉及的主体本身具有一个可衡量的属性，动词描述某个标量（scale）的正向或反向变化，例如：decline、decrease、drop、fall、increase 等。句子可以以属性为主语，也可以以主体为主语，不具有使役性转换和中动转换用法。

从这一分类可以看出，英语状态变化动词的句法行为在一定程度上取决于变化使因的性质和主体属性的特点，主要表现在是否具有使役转换用法方面。

二　汉语状态变化动词研究

汉语界关于状态变化动词的专门研究较少。如果根据上面的英语状态变化动词（如 break/open/straighten）的汉语对应译法（打破、打开、伸直），那么此类动词在汉语中属于动结式结构。从语义方面来说，动结式是汉语中表达使役用法的结构，由于致使的基本语义就是在某种使因的作用下发生状态改变或导致某种结果，因此和状态变化动词表达的语义一致。

（一）动结式的定义和范围

动结式是汉语中非常重要的结构，也常常被看作最具有汉语特点的结构之一，"最能体现汉语结构简练而寓意丰富的特点"（李临定，1986：198）。汉语界关于动结式的研究文献极其丰富，主要包括对动结式结构的定义和分类（王力，1943/1985；吕叔湘，1980；朱德熙，1982）、动结式的句法语义特点研究（施春宏，2008），以及从语言类型学角度对汉语动结式的研究（罗思明，2009）等。动结式历来在汉语研究中有多种术语。这一术语首先由吕叔湘（1980：11）提出，"……主要动词加表示结果的形容词或动词，可以叫作动结式"。王力（1943/1985：81）将"叙述词和它的末品补语构成因果关系"的结构称为"使成式"。朱德熙（1982：125）称之为述补结构（predicate-complement construction）。国外研究者则通常将这一结构称为使役复合词（causative compound）、结果复合动词（resultative V-V compound）或结果复合词（resultative compound）。

汉语动结式类型众多、范围广泛。"无论是在共时平面还是在历时平面，动结式都是由不同的类型构成的有层次的系统"（施春宏，2008：5）。朱德熙（1982）从述语和补语组合的紧密程度将述补结构分为黏合式述补结构和组合式述补结构。前者中补语直接黏附在述语后面，如"煮熟、抓紧"，后者中补语和述语之间用"得"连接，如"看得见、抓得紧"等。广义来说，凡是黏合式述补结构都可看作动结式，包括带结果补语的述补结构和带趋向补语的述补结构。狭义的动结式主要是指表示动作和结果的语义关系的黏合式述补结构。

但是即便是狭义的典型的动结式,其内部的述语与补语之间的组合关系和紧密程度也存在着千差万别。就内部组合关系来说,一类动结式的述语动词的宾语和补语动词的主语所指相同,如"拉直、洗净、晒干"等,另一类动结式的述语动词的宾语和补语动词的主语所指不同,如"哭湿、读傻"等。从述语与补语之间的紧密程度来说,虽然组成动结式的这两个谓词性成分组成了一个整体,在语法功能上相当于一个动词(朱德熙,1982:126),但两者之间紧密程度不同。有些动结式由于其述语动词和补语动词的语义联系比较紧密、使用频率较高,因而其搭配组合相对固定,成为动结式复合词,也称述补式复合词,如"增强、缩小、降低、放大、拓宽、提高、改善"等。此类动词在内部语义构成和句法表现上和语言类型学中归纳出的词汇型致使结构没有实质性区别(施春宏,2008:12)。但是多数动结式的述语动词和补语动词之间的语义联系比较松散,很多动结式具有"临时凑集的性质"(吕叔湘,1981:11),因此不能构成复合词,而应视为短语,如"睡迷糊、买贵"等,还有的介于两者之间,可以看作短语词,如"唱红、染绿"等。根据动结式的凝定程度,各种类型的动结式构成一个从词到短语的连续统(施春宏,2008:294)。

汉语动结式能产性强,结构复杂。本书重点关注的是动结式复合词,此类动词属于典型的动结式,即述语动词的宾语和补语动词的主语所指相同。这是动结式中词汇化程度最高的一类,如"提高、降低、抬高、缩小、扩大、打倒、推翻、打破、打开、削弱、增强、改良"等。此类动结式的补语部分或为动词,或为形容词,以后者居多。由于形容词也归为动词一类,简洁起见,我们在下面的讨论中统一称为补语动词。由于专门研究动结式述补动词的文献相对较少,因此我们在下面的研究中简单介绍。

(二) 典型动结式的语义结构

自王力提出"使成式"这一概念以来,对汉语动结式的研究,不管是功能主义的研究范式还是形式主义的研究范式,都将其视作一个表示致使事件的句法结构。致使事件是一个复杂事件,由使因事件(causing event)和结果事件(caused event)这两个次事件组成,两者之间存在着一种致使关系或因果关系。现实经验中的这种事件结构及其关系经过概念结构映射到语言世界，形成语义结构，事件中各个成分及关系也映射在语义结构中，因此语义成分之间的关系反映了现实事件之间的关系。动结式作为致使结构的一种，其述语动词和补语动词所代表的事件之间最为典型的关系就是致使关系。

Comrie（1976）认为，致使事件及其成分关联的语言实现形式虽存在语言类型差异，但根据致使语义的形态表达基本上可分为三类：分析型致使结构、形态型致使结构和词汇型致使结构。它们构成一个从分析到综合的连续体。分析型致使结构的典型形式是致使表达和结果表达各有一个独立的谓词形式，表达致使行为的是强致使动词，如英语中的 cause、bring about 等。形态致使结构具有两个特点：首先，致使谓语通过形态派生与非致使谓语发生联系，如英语中的词缀 en-；其次，致使谓语与非致使谓语发生联系的方式具有能产性。词汇型致使结构指致使行为和结果由一个单纯词表达，如 explode、kill 等。

按照 Comrie（1976）的分类，动结式在形式上类似于分析型，而在整体句法功能上类似于词汇型（施春宏，2008：36）。典型动结式中的述语动词表示使因事件，补语动词表示结果事件，这两个事件整合成一个致使性的事件。在使因事件的作用下，结果事件的参与者发生了状态变化。在动结式语义结构中，致使关系的引发者称为致事，而致使关系的承受者称为经历者（也称为役事或变元）。汉语动结式的语义可以表征为：

[使因事件]　　CAUSE　　[结果事件]

[致事+致使方式]　　CAUSE　　[经历者+致使结果]

因此典型动结式所代表的一个完整的致使事件包括四个语义成分：致事、致使方式、经历者、致使结果。致事是致使事件的引发者，一般由述语动词前的名词性成分表示；致使方式是导致经历者产生状态变化的方式；经历者是述语动词所表示的动作的承受对象；致使结果是在使因事件的作用下，经历者所发生的变化。例如：

（16）那姑娘擦干了自己的头发。

在这个句子中，致事是"那姑娘"，致使方式为"擦"，经历者是"自己的头发"，而致使结果是"干"。

用词汇语义表达式可以进一步将上面的关系抽象为（施春宏，2008：35）：

$$[x \text{ CAUSE } [y \text{ BECOME } z]] \text{ BY } [x \text{ WIPE } y]$$

（三）动结式述补动词的作格动词特征

杨素英（1999）发现，能出现在使役转换结构中的动词有 4 种：引起状态变化词、空间置放词、状态词、身体状态词。这 4 种动词在用于不及物句中时都应看作非宾格动词。徐烈炯（1995：222）也指出，作格动词的语义特征是表示位置的变化或物理状态的变化。因此，在句法表现上，很大一部分状态变化动词都具有作格动词的特征。

曾立英（2009）指出，和英语作格动词一样，判断汉语作格动词的第一条标准是，这个动词有无"NP_1+V+NP_2"和"NP_2+V"同义句式的转换现象，也就是 Levin & Rappaport（1995）所说的使役转换用法；并且这一动词的论元结构有"[主体+动词+客体]"和"[客体+动词]"两种。第二条标准是：看该动词能否出现在使令句中，如果能出现在"使+NP+V"的句式中，就可能是作格动词，否则就不可能是作格动词。曾立英（2009：105）认为这一标准可以突出作格动词的致使意义，把"洗、打倒"等单纯的动作动词排除在作格动词范围之外，但事实上，"使+NP+V"结构主要是突出了作格动词的非自主语义特征，动作动词具有强自主性，因此不需要这种结构。第三条标准是，看该动词能否受"自己"修饰，能否出现在"NP2+自己+V 了"的句式中。这条标准主要是测试状态的"自行发生"，不需要外力介入。曾立英（2009）认为，这三条标准中，第一条必须满足，第二、三条是可选标准，为析取关系。这三条标准实际上是针对作格动词特有的语义特点而设定的，即此类动词既能由外界力量"致使"发生，又能自发发生。

（四）动结式的事件性特征

对动结式的事件性特征的研究主要围绕终结性和持续性这两方面。学界普遍认为，动结式在语义上都表达某种结果的实现或者状态的改变，因此具有终结性。吕叔湘（1999）、Tai（1984）、张伯江（1991）、沈家煊（1995）、施春宏（2009）等认为，结果补语通过词汇意义表示其前动词所表示的动作行为的结果，构成一个特定的有着内部终结点的情状，如

"推翻、打倒"等。

关于持续性，一般认为，动结式不能用于进行体，因而不具有持续性。如沈家煊（1997）认为，包括动结式在内的有界动词一般不能跟"着"或"在"连用，因为此类动词的有界性跟"在"或"着"的进行时或持续性是矛盾的。如：

（17）a. *他正在打破那个杯子。
　　　b. *他骑累着那匹马。

由此，一些研究者认为，汉语动结式表达完整体意义（Smith，1997：282），甚至认为动结式就是完整体标记（Xiao & McEnery，2004：160-165）。

但是也有研究者注意到，动结式结构多样、数量众多，很难用一个统一的体特征描述。李卫芳（2019）虽然认为总体上动补结构具有终结性，但也指出，在一些动补结构中，补语并不能给述语动词一个终点，如"提高、削弱、降低"等。这类结构的补语仅仅指明述语动词所指动作的方向，不能为动作设置一个确定的终结点，属于无界的动结式。王媛（2011）发现，郭锐（1993）在对汉语动词的过程结构进行分类时，根据能否与"着"或"在/正在"共现将动结式分为三类：后限结构的 Vd_1 和 Vd_2，以及点结构动词，这三类动词中只有点结构动词不能出现在进行体中。例如：

（18）a. 我们的生活水平正在逐步提高。
　　　b. 我正在说服人们，我明年在党的十三大时就退下来。
　　　c. *他正在看见一个人走进来。

陈平（1988）认为，动结式结构中动词所带补语的性质影响了整个句子的情状。他将动结式分为复变情状（complex change）和单变情状（simple change）。复变情状在语义结构上由一个动作同指示该动作结果的行为或状态结合而成，具有动态、完成和非持续的语义特征。作为动作，复变情状可以处于进行状态之中，但是动作一旦开始，便朝着它的终结点演进，以某个明确的情状变化作为动作的必然结果。此类动词包括部分动形结构动词，这些动词一般都表示状态变化，典型成分有"变、长、加、拉、缩、扩"等。这些词语可以和"在"共现，但不和"着"共现；可以把这类情状表现在一个正在进行之中的过程，但不能表现为相对稳定的持续状态（陈平，1988：412）。如：

（19）a. 农科院正在改良稻种。
b. *农科院正在改良着稻种。

陈平（1988）所说的单变情状的发生和结束都是一瞬间的事，具有动态、非持续、非完成的语义特征。此类情状句中的动词也包括部分动结构动词（例如打破、推倒、学会）和动形结构的动词（砸烂、切碎）。这类单变类情状的谓语动词，不能用在"V+着"或"在+V"结构的句子中，因为其时相结构决定了它不可能被表现为一个处于进行或持续过程之中的动作。例如：

（20）a. *他正在打破那个杯子。
b. *人们推倒着那堵墙。

由此，陈平（1988）认为，动补结构中，在句子的情状归类中起决定作用的一般是动词后面所跟的补语成分，补语成分与时间性相关的特征是造成复变和单变情状中动补结构之间语法差异的根本因素。

王媛（2011）认为，汉语动结式在词汇体上不是一个统一的类。汉语动结式的事件性特征（终结性和持续性）主要来自两个方面：（1）汉语动结式的终结性取决于相关论元 NP 所指称对象的某方面性质跟补语谓词 V_2 所指称的事件之间的同态关系。指称对象的性质包括单复数特征、抽象/具体对象，以及不同性质的选择（如指称对象的部分 vs 整体等）。（2）如果该终结性的获得需要一个逐渐发展的内部过程，那么动结式具有持续性，可以用在进行体中；反之，动结式不具有持续性，只表达瞬间的事件。

现代汉语中的动结式并不是一个同质（homogeneous）的句法结构（施春宏，2009：27），因此很难说，动结式所表达的都是终结性事件。考察动结式的事件性特征应该综合考虑补语的语义特点和相关论元所指称对象的性质。

以上我们对动结式中的动补结构的语义和事件特征进行简单分析。需要指出的是，虽然状态变化动词中的相当一部分表现为动补动词，但两者并不能等同。在表示状态变化的动词中，也有一部分单音节动词和非动补结构的双音节动词。

第二节　英汉渐变动词比较研究

事物从一种状态到另一种状态的转变可以在瞬间发生，也可以经历一个缓慢、渐进的过程，这种差别也反映在自然语言的动词中。本书将对这两种动词分别进行研究。这里，我们将表达瞬间变化的动词称为瞬时性动词，而把表达缓慢变化的动词称为渐进变化动词，简称渐变动词。

一　渐变动词定义

英语中表达渐进变化的动词称为程度成就动词（degree achievement verbs，后文简称 DA），是状态变化动词中比较特殊的一类。Dowty（1979：88）最早注意到，一些动词，如 dry、cool、widen、lengthen 等，虽然在语义和句法上与成就类动词接近，但却可以带表示持续时间的副词。例如：

(21) a. The soup cooled for ten minutes.
b. The ship sank for an hour (before going down completely).
c. John aged forty years during that experience.

这些动词虽然和成就动词一样表达了某种状态变化，但和表示持续的时间副词共现时并不矛盾，也不表示同样的状态变化反复发生。Dowty（1979）认为这些词就是语言学家们（Sapir, 1949；Bolinger, 1972）所说的"程度词语"（degree words）和哲学家们（Lewis, 1970；Kamp, 1975）所谓的"模糊谓词"（vague predicates），因为这些动词涉及的一些语义特征如"大、宽、高"等具有模糊性，脱离语境或比较的标准就无法确定其含义。Dowty（1979）将这些动词称为程度成就动词。

程度成就动词的最大特点在于其词汇体上的模糊性，有时我们无法确定其属于哪一类动词，它们似乎可以归为活动动词、成就动词，甚至是完成动词。

Rothstein（2008：190）指出，首先，这些动词具有成就动词的特点，因为它们可以表达瞬时性变化。例如：

(22) a. In an instant, the sky brightened.
b. When I dropped the ice in, the liquid cooled instantly (although not very much).

当这些动词被终结性时间副词修饰时，这一变化发生在时间副词所指的时间结束时。比如：

(23) The sky brightened in half an hour (= at the end of the half hour).

除了这一特点外，此类动词还可以表达延展性事件，根据事件是否达到某个具体的终结点而理解为活动事件或完成事件。例如：

(24) The soup cooled.

上面这句话具有歧义，可以理解为 the soup became cooler 或 the soup became cool。如果使用未完整体悖论，我们可以得到两个相互矛盾的蕴涵关系：当 cool 理解为 become cool 时，the soup was cooling 不蕴涵 the soup cooled；而如果 cool 理解为 become cooler，那么这一蕴涵关系成立。因此 cool 具有活动动词和完成动词两种意义，能够共现的时间副词也不同。例如：

(25) a. The soup cooled for hours.
b. The soup cooled in an hour.

由于历史的原因程度成就动词这一名称沿袭至今，但事实上，这些动词表现出成就动词、活动动词和完成动词的特征。在本书中我们称之为渐变动词。

二 渐变动词的体特征

对动词及动词结构的词汇体或事件性的分析，主要围绕两个特征：终结性和持续性。渐变动词具有［+持续性］特征，这一点毋庸置疑。但是对此类动词是否具有终结性，以及如何理解此类动词的终结性，还存在很大争议。一些研究者试图从派生出动词的形容词的语义来解释此类动词的终结性特征（Hay et al., 1999; Kennedy & Levin, 2002），还有一些研究者则认为，分析此类动词的终结性特征时应该考虑到动词语义的模糊性（Kate Kearns, 2005）。

Hay et al.（1999）认为，由于大多数英语渐变动词从等级形容词（gradable adjectives）派生而来，因此决定渐变动词语义特征的是派生这些动词的等级形容词的特征。这类形容词往往与量级（scale）这个概念相关联。事件在时间上的进展与受影响的论元在空间或属性上的变化同步，受影响的论元的变化幅度就称为量级。量级可视为按照一定顺序排列的点的集合的抽象表征，每个点代表一个等级特征的不同量度（Hay, 1998）。等级形容词可根据其量级的结构特点分为两类：封闭量级形容词（closed-scale adjectives, bounded-scale adjectives）和开放量级形容词（open-range adjectives, unbounded scale adjectives）。封闭量级形容词进一步包括最大量封闭量级形容词和最小量封闭量级形容词。两者的区别是，前者包含一个具有最大值的量级，如 straight、full、flat；而后者包含一个具有最小值的量级，如 empty、dry、quiet。开放量级形容词无法在量级上确定一个最大（小）值，如 long、wide、short 等。区别这两类形容词的一个有效方法是能否用 completely、absolutely 进行修饰。封闭量级形容词可以被此类副词修饰，而开放量级形容词不可以。例如：

（26）a. It is completely straight/flat/full/dry.
　　　b. *It is completely tall/wide/small.

从等级形容词派生来的英语渐变动词从形态上来看，往往以 -en 为后缀或零后缀。这类动词最基本的语义特点是，动词的论元在与形容词有关的某个特征上经历了变化，变化的特点与等级形容词的语义特点存在紧密联系。Hay et al.（1999）认为，从封闭量级形容词派生出的动词往往具有终结性，属于 Vendler（1957）分类中的完成动词，如 straighten 等；而从开放量级形容词派生出的动词往往没有终结性，属于 Vendler（1957）分类中的活动动词，如 lengthen、widen 等。前者所在的句子可以用 completely、absolutely 等用来明确指向事件终点的程度副词表示，如：They straightened the rope completely. 但后者不可以用 completely、absolutely 来修饰。如：

(27) * The snow has slowed completely。

研究者（Vendler, 1957; Dowty, 1979）用来诊断（非）终结性的常用方式主要有：未完整体悖论、for/in 引导的时间状语和使用 almost 修饰谓词。但 Hay et al.（1999）认为，这三种诊断方式并不能完全应用于渐变动词。根据未完整体悖论，非终结性谓词的进行体往往蕴涵完成体，而终结性谓词的进行体往往不能蕴涵完成体。这一诊断方式可以运用在渐变动词的鉴别上：从封闭量级形容词派生而来的动词表现出终结性特征，而从开放量级形容词派生来的动词表现出非终结性特征。例如：

(28) a. Kim is lengthening the rope. ⇒ Kim has lengthened the rope.（atelic）
      b. Kim is straightening the rope. ⇏ Kim has straightened the rope.（telic）

通常情况下，for 引导的时间状语可以修饰非终结性动词，但不能修饰终结性动词，而 in 引导的时间状语正好相反。如：

(29) a. Peter ran for an hour.（atelic）
      b. Peter destroyed the couch ? for an hour/in an hour.（telic）

同样，从封闭量级形容词派生而来的动词往往可以用 in α time 修饰，而从开放量级形容词派生来的动词往往可以用 for α time 修饰。但需要注意的是，很多渐变动词既可以用 for α time，也可以用 in α time 修饰，其中典型的是 cool：

(30) a. The soup cooled for an hour. （atelic）
b. The soup cooled in an hour. （telic）

第三种诊断方式，almost 修饰终结性动词时句子会产生歧义现象：一种理解是句子表述的事件已经发生，但还没有完成，另一种理解是，事件还没有发生。而 almost 修饰非终结性动词时，句子只能理解为第二种含义。但当这一诊断方式运用于渐变动词时，有些动词既表现出终结性特征，也表现出非终结性特征。例如：

(31) a. The tailor almost lengthened my pants.
b. The teacher almost lengthened the exam.

例 31a 中，lengthen 具有终结性，句子具有歧义，而例 31b 中 lengthen 具有非终结性，句子没有歧义。

上面讨论的这三种诊断（非）终结性的方式之所以在渐变动词中不能完全适用，很大程度上是因为，单个渐变动词的体特征容易受到语境的影响。上面的例 31a 中，根据我们对真实世界的了解，通常来说，裤子的长度放到一定程度就不能再放。这些背景知识给差值提供了一个区间和范围。因此，上面这个句子具有终结性：

(32) The tailor is lengthening my pants. ⇏ The tailor has lengthened my pants.

对表达渐进变化的动词，Kennedy & Levin（2002）提出变化程度（degree of change，简称为 d）这一概念来描述动词题元的一个可分级特征所经历的变化，认为变化程度与动词的终结性特征密切关联。对这一变化的度量可以作为句中的一个论元出现，称为变化程度论元，其语义值决定动词短语的终结性。当这一语义值具有 Krifka（1992）所说的量化特征（quantized）时，这一 VP 就具有终结性，否则就表现出非终结性。那么，决定变化程度论元的语义值是否具有量化特征（即 VP 短语是否具有终结性）的因素有哪些？Kennedy & Levin（2002）总结出四种。

（一）明确表示度量的短语。这种短语包括：①一些具有量化特征的度量短语包括：5 meters、40 fathoms 等。这样的短语或句子一般具有终结性。而包含具有非量化特征的度量短语的 VP，包括 a bit、a quantity、a part 等，通常具有非终结性。②表达量级的副词。表达最大化的副词可以明确指出量级上的某个点必须达到，在这种情况下，变化程度就具有量化特征，这时 VP 短语就具有终结性。例如，completely、totally、halfway。而表达最小化的副词表达的是变化不能超过量级上的某个点，这时，变化程度具有非量化特征，因此 VP 具有非终结性。这些副词包括 slightly，partially，somewhat 等。

（二）动词本身包含的变化程度。这取决于派生动词的形容词的特征。对封闭量级形容词派生的动词，变化程度的量化特征可以从量级的结构中推断出来，即到达量级的界点所需的变化程度。如：

（33）They are straightening the rope. ≠> They have straightened the rope.

开放量级形容词派生出的动词一般具有非终结性。例如：

（34）They are lengthening the rope. ⇒ They have lengthened the rope.

（三）从语境中推断出的变化程度。如果变化程度的量化特征能够从与动词题旨有关的背景知识中推断出来，那么 VP 就具有终结性。

（四）其他因素。如果排除以上三种因素，变化程度只与动词本身紧密联系，那么 VP 就具有非量化和非终结性特征。

Hay et al.（1999）、Kennedy & Levin（2002）等研究重点关注的是派生出渐变动词的形容词和渐变动词在语义上的关联，并引入变化程度这一概念来描述动词的可分级特征所经历的变化。Kearns（2005）对渐变动词的终结性分析不同于 Hay et al.（1999）。她认为，从状态形容词派生来的动词有两种终结性含义：成就意义和完成意义。第一种意义中，动词表达变化经历者从前一个状态向后一个状态的转变，后一个状态就称为终极状态，因此第一种意义又叫"become A-er"意义。从形容词派生的、包含非终结性含义的动词所表征的就是一个活动事件，它包括一系列表达这种"become A-er"意义的成就事件。第二种意义中，动词表达一个持续事件，事件的结束就是一个特定终极状态的起始，这一意义又叫"become A"意义。按照以往的文献，表达非终结性语义的渐变动词就是活动动词，而表达终结性的渐变动词就是完成动词。从形容词派生的动词可以理解为沿着某种特征量级的移动，因此"比较"是此类动词意义的基础，也就是说，从形容词派生的动词的基本语义是"become A-er"，这是形容词派生的动词的所有体意义蕴涵的终极状态（endstate）。例如，"The soup cooled"这个事件中的最小事件，无论是作为非终结性的活动事件的一部分，还是作为具有终结性的完成事件的一部分，都导致这样一种状态："the soup is cooler than it had been"（汤比前一刻更凉）。因此这一终极状态被称为比较终极状态（comparative endstate）。根据 Kearns（2005），所有从形容词派生的动词都具有终结性，因为所有动词都蕴涵比较终极状态"become A-er"。而变化经历者在事件结束时表现出的、以是否适合语境为评价标准的终极状态被称为标准终极状态（standard endstate），这一标准终极状态的起始意味着事件的终点（telos），这一终点被称为标准终点（standard telos）。

这两种终极状态——比较终极状态和标准终点状态——可以用于解释不同类型的渐变动词。类似于 Hay et al.（1999）所说的开放量级形容词派生来的动词，如 widen 等，只蕴涵比较终极状态（x is A-er），动词所表征的事件是由不断重复的最小成就事件组成的活动事件；而类似于 Hay et al.（1999）所说的封闭量级形容词派生来的动词，如 quieten、clear 等，这些动词所表征的事件既包含具有重复性的比较终极状态（x is A-er），也包含标准终极状态（x is A），后者不可重复，具有唯一性，也是这一状态变化完成事件的终点（telos）。

Kearns（2005）认为，由于从形容词派生的动词在语义上的模糊性和多义性，使得动词可以表达活动、成就和完成事件，因此可以和 in-、for-引导的时间副词共现。此类动词表达的事件与时间短语之间的关联如表 4-1 所示：

表 4-1　Kearns（2005）关于渐变动词表达的事件与时间短语之间的关联

活动事件	非唯一性终结状态（x is A-er）	反复发生的成就事件	in 引导的时间短语表达耽搁意义（不自然） for 引导的时间短语表达持续意义
成就事件	非唯一性终结状态（x is A-er）	一次性转变	in 引导的时间短语表达耽搁意义 for 引导的时间短语表达结果状态持续意义
完成事件	唯一性终结状态（x is A）	反复发生的成就事件+最终唯一性的转变	in 引导的时间短语表达动作持续意义 in 引导的时间短语表达事件耽搁意义 for 引导的时间短语表达结果状态持续意义

从以上分析可以看出，这两种观点在对此类动词的终结性特征的理解上存在比较明显的差异。

首先，这两个研究在对形容词所派生的动词的分类上存在差别。Hay et al.（1999）的分类基于派生动词的形容词：从封闭量级形容词派生的动词通常具有终结性，而从开放量级形容词派生的动词通常具有非终结性。Kearns（2005）的研究并没有明确动词的终结性与派生动词的形容词之间的联系，而是更多关注动词本身在意义上的模糊性和多义性：同一个动词可以表现出活动意义、成就意义和完成意义，因此可以和 in-、for- 引导的时间短语共现。

其次，这两者在对形容词所派生的动词的终结性的解释上存在差别。Hay et al.（1999）认为，封闭量级形容词派生的动词具有上限，包含形容词所表述的属性的最大程度，而开放量级形容词派生的动词没有上限。也就是说，从形容词派生的动词的默认体特征来自于形容词的体特征：封闭量级动词具有默认的终结性语义特征，为完成动词；而开放量级动词具有默认的非终结性特征，为活动动词。但 Kearns（2005）认为，虽然封闭量级动词包含的上限为事件提供了终结点（这一终结点为 completely 出现在此类动词的句子中提供了解释），但这一终结点不是 Hay et al.（1999）所认为的最大终结状态（maximal endstate）的起始点；此类动词的完成意义蕴涵着的是标准终结状态（x is A），而不是最大终结状态（x is completely A）。这从下面的例子可以看出：

(35) a. The room quietened in a few minutes but it wasn't completely quiet.

b. *The room quietened in a few minutes but it wasn't quiet.

最后，在对动词是否具有终结性的判断上，Hay et al.（1999）提出了比较具有操作性的判断标准，包括表示度量的短语、表示量级的副词等。而 Kearns（2005）的研究没有涉及变化差值等因素。

三 汉语渐变动词研究

汉语中并没有单独的词类称为渐变动词或程度成就（DA）动词，如果根据上面的英语程度成就动词（如 widen/lengthen/straighten）的汉语对应译法（拓宽、拉长、伸直），那么此类动词在汉语中属于动补结构动词。陈平（1988）关于复变动词的论述也比较接近英语的 DA 动词。"从语义结构上来看，复变情状由一个动作同指示该动作结果的行为或状态结合而成，因此兼具结束类（即 Vendler 所说的完成类）情状和单变类（即 Vendler 所说的成就类）情状的某些语义和语法性质，但同时又有自己的一些独特之处。作为动作，复变类情状可以处于进行状态之中，但是，动作一旦开始，便朝着它的终结点演进，以某个明确的情状变化作为动作的必然结果"（陈平，1988：411）。因此，复变类情状涉及的是一个"过程性"变化。陈平（1988）将此类动词分为两类：（1）表达变化的单个动词，如"变为、变成、成为、改良"等；（2）动补结构，包括动趋结构（如"跑来、走进、冲出"等）和动形结构（如"拉长、缩短、长大"等）。从这一分类来看，英语中的 DA 动词范围小于复变动词，相当于上面动补结构中的动形结构。陈平（1988）认为，用在这种场合中的形容词，一般是所谓的渐变成分（grade term），从语义性质来看，这种成分与其反义词构成对立的两级，但两级之间是一个逐渐过渡的连续统（continuum），不存在截然分明的界线。

四 基于语料库的英汉渐变动词词汇体—语法体关联比较研究

渐变动词具有独特的体特征，在本部分，我们将运用语料库，对英汉渐变动词词汇体和语法体之间的关联进行深入比较研究。

（一）英汉渐变动词的选择和抽样

本书采用语料库，对英汉渐变动词的词汇体—语法体之间的关联进行比较研究。英语中表达状态变化的动词较多（Levin, 1993），但渐变动词数量相对较少，几乎都是从形容词派生而来，多以 -en 为后缀或零后缀，或以-en 为前缀。由于渐变动词最特殊之处在于其在［+终结性］这一体特征上表现出的特点，虽然对这一体特征的理解尚存在争议（Hay et al., 1999；Kearns, 2005），但为了研究方便，我们首先按照 Hay et al. (1999) 基于派生动词的形容词的语义特征把本书中的英汉渐变动词分为两类：终结性动词和非终结性动词。本书结合 Hay et al. (1999) 的研究，将从与词汇体相关的动词的修饰语和动词所在的句子的语法体这两个方面对英汉渐变动词进行比较研究。具体来说，本书将试图回答这四个问题：（1）终结性这一语义特征是否影响到英汉渐变动词句子中表达变化程度的成分？（2）终结性是否影响英汉渐变动词所在句子的语法体？（3）在表达变化程度的句子成分方面和句子语法体上，英汉渐变动词之间存在哪些异同？（4）如何解释英汉渐变动词在表达变化程度的句子成分和句子语法体方面的异同？

本书确定 6 个英语渐变动词，包括 3 个非终结性动词 widen、lengthen、shorten 和 3 个终结性动词 empty、dry、straighten。在翻译对等的基础上，相应的汉语渐变动词包括 6 个非终结性动词——加宽、拓宽、拉长、伸长、加长、缩短，以及 6 个终结性动词——清空、倒空、擦干、晒干、伸直、拉直。语料来源于当代美国英语语料库（COCA）的小说子语料库和北京语言大学的现代汉语语料库（BCC）的文学子语料库。具体抽样数据如下表所示：

表 4-2　　　　　　　　英汉渐变动词语料抽样数据

语言 动词类型	英语		汉语	
	动词	检索数量	动词	检索数量
非终结性 渐变动词	widen	1024	加宽	42
			拓宽	42
	lengthen	433	加长	57
			拉长	453
			伸长	568
	shorten	395	缩短	491
小计		1852		1653

续表

语言 动词类型	英语		汉语	
	动词	检索数量	动词	检索数量
终结性 渐变动词	empty	677	清空	50
			倒空	73
	straighten	1854	伸直	444
			拉直	117
	dry	1533	擦干	550
			晒干	296
小计		4064		1530

(二) 语料分析

语料分析中，我们将动词在句中用作主干动词且具有体标记（包括无标记体）的情形视为合格用法，排除命令句和将动词用作形容词（汉语）及将动词的现在分词和过去分词用作修饰语的句子（英语）。

1. 表达变化程度的句子成分

渐变动词是表达缓慢、持续状态变化的动词。为了描述变化的"过程性"，Kennedy & Levin（2002）提出"变化程度"这一概念来描述动词题元的一个可分级特征所经历的变化，认为变化程度与动词的终结性特征密切关联，并总结了四种表达变化程度、决定 VP 短语是否具有终结性的方式。在本书中，我们将对渐变动词的终结性与部分表达变化程度的句子成分之间的联系进行分析。基于 Kennedy & Levin（2002），这些表达变化程度的成分可分为以下几种：（1）具有量化作用的度量短语。（2）具有非量化特征的度量短语，如 a bit、slightly、a little/一点儿等。Kennedy & Levin（2002）将 slightly 视为表达最小化的副词，但从柯林斯英汉词典释义"to some degree but not to a very large degree"来看，这一副词只是表达程度之小，并没有表达最小化的含义，因此此处将其视为和 a bit、a little 一样表达非量化特征的度量短语。（3）表达最大化的副词，如 completely/完全等。

（1）英语渐变动词的（非）终结性与表达变化程度的句子成分

对英语语料进行分析后，我们发现表达状态变化程度的句子成分在渐变动词的语料中使用情形如下：

①具有量化作用的度量短语只出现在非终结性渐变动词的句子中。

这种具有度量作用的短语可以表现为净增长（减少）程度，在英语中通常用 by 引导。例如：

(36) a. After the stay in that hot spring she said that her life would be lengthened by three years.
b. The 2004 Sumatra earth quake also shortened the day by 6.8 microseconds.
c. There was the time Fernandez decided that the three-foot powder room was too narrow and widened it a foot, taking the extra space…

②具有非量化特征的度量短语和副词，包括 a little、a bit 和 slightly 等，既可以出现在终结性渐变动词中，也可以出现在非终结性渐变动词中。例如：

(37) a. When they met my eyes they paused, for a moment. They widened slightly, almost imperceptibly…
b. Father Gregor straightened a bit. With his writing hand he smoothed his beard, …
c. After the mix dries a bit, the cell is capped with honeycomb wax. …
d. … she straightened her long legs slightly, leaning her slender torso fractionally backward into space.

③表达最大化的副词或短语，如 completely 等，通常只出现在终结性渐变动词的句子中。语料中表达变化程度之大的副词归纳如表 4-3 所示：

表 4-3　　　表达变化程度大的副词在英语语料中的使用

非终结性 DA 动词			终结性 DA 动词		
widen	shorten	lengthen	dry	empty	straighten

	非终结性 DA 动词		终结性 DA 动词		
appreciatively perceptibly	significantly considerably noticeably statistically appreciably	perceptibly enough	completely barely largely mostly partially	completely almost nearly half	to one's full length/height almost

从上表可以看出，completely 这个典型的表达最大化的副词可以修饰 dry, empty，但不用于修饰 straighten，因为英语中通常使用 straighten to one's full length/height 来表达 straighten completely 的含义。值得注意的是，上面这些表达变化程度之大的副词在非终结性和终结性动词的语料中并不互相重合："appreciably、perceptibly、considerably、noticeably"等通常用于修饰非终结性动词，而"completely、almost、nearly、barely"通常用于修饰终结性动词，这是因为后者的语义中包含一个终点，completely 强调达到终点，而"almost、nearly、barely"表示即将达到终点。同样，half 也只能用来修饰表示长度/容量具有限定性的动词。例如：

(38) a. Even a few days' sunbathing on a beach wouldn't appreciably shorten the average person's lifespan.
b. Her gracious smile froze for an instant before it totally collapsed. The eyes widened perceptibly.
c. It would not mention how Miel's hair had barely dried when the first green leaf of a rose stem broke through her small wrist.
d. Seeing that it was a big bucket, I emptied half a bottle into the hot water.

(2) 汉语渐变动词的（非）终结性与表达变化程度的句子成分

对汉语语料进行分析后，我们发现表达状态变化程度的句子成分在渐变动词的语料中使用情形如下：

①具有量化作用的度量短语只出现在非终结性动词的句子中。例如：

(39) a. 临近河堤时，三条狗道汇集在一起，狗道加宽了一倍。
b. 他都不免要侧身俯首，伛偻而行，把他的身长足足又缩短了一尺。
c. 因为他不顾市议会的反对，硬是把散步道拓宽了六尺。

②具有非量化特征的度量短语和副词，包括"一点点、略微"等，既可以出现在终结性渐变动词中，也可以出现在非终结性渐变动词中。例如：

（40）a. 以为再伸长一点儿就可以够着地面的错觉使得他不断向下抻，结果就更加难受了。
b. 我们之间看来好像在一点点缩短距离。
c. 不过我想如果您能把做自由泳姿势的右手再略微伸直一些，恐怕就尽善尽美了。

③表达最大化的副词或短语，如"彻底、完全"等，通常只出现在终结性渐变动词的句子中，而在非终结性渐变动词中往往使用"渐渐、逐渐"等副词加以修饰。结果如表4-4所示：

表 4-4　　　　表达变化程度的副词在汉语语料中的使用

非终结性渐变动词	加宽	加长	拉长	伸长	缩短	拓宽
	不断 渐渐	渐渐、逐渐 不断	逐渐	逐渐	逐渐、渐渐 不断	大大 彻底
终结性渐变动词	擦干	晒干	倒空	清空	伸直	拉直
	完全 彻底	完全、逐渐 快要	全部	彻底	完全、逐渐 勉强	完全 几乎

从上表可以看出，"彻底、完全"这样的副词可以修饰所有的终结性动词，但通常情况下不用于修饰非终结性动词。在所有非终结性动词语料中，只有"拓宽"动词语料中出现一例。例如：

（41）a. 趁这功夫说上几句谦虚的话，介绍一点客观情况，连腰都顾不上完全伸直。
b. 伦说得很急，像是要赶在自己变卦前，把该说的不该说的一股脑全部倒空。

c. 她抛撒了两把便停止了。撩起衣襟，彻底地擦干了脸。

和英语语料一样，"几乎、快要"等副词也只能出现在终结性动词语料中。值得注意的是，汉语语料中"逐渐、渐渐、不断"等强调变化过程的副词出现得非常频繁，引人注目。英语语料中则并不常见，只在非终结性渐变动词"lengthen、shorten、widen"中有少量例子。Pinōn（2000）发现，"gradually"这个词修饰的动词要求在某种度量方式上发生变化，并且通常和活动动词、完成类动词共现。汉语中"逐渐"一类的副词使用频率高于英语的一个主要原因可能更多的是出于韵律的需要。

另一方面，汉语中"逐渐"一类的副词多出现在非终结性动词的句子中，在终结性动词语料中虽也出现，但并不普遍，只偶尔出现在"晒干、伸直"这两个词中，而英语终结性动词语料中根本没有出现。这说明非终结性动词在使用中可能更加强调"渐进性"变化的过程，而终结性动词在使用中似乎更强调结果，而非过程。

（3）英汉渐变动词在变化程度成分上的比较

根据以上分析，我们可以发现，英汉渐变动词的句子中表达变化程度的成分在用法上存在很多共同点。首先，由于此类动词都具有［+持续性］这一事件性特征，表达过程性变化，因此具有非量化特征的度量短语和副词，包括 a little，a bit/一点儿等，既可以出现在非终结性渐变动词的句子中，也可以出现在终结性渐变动词的句子中。其次，［±终结性］这一事件性特征都影响到英汉渐变动词在表达变化程度的短语和副词上的选择。具有量化作用的度量短语通常只出现在非终结性渐变动词的句子中，而表达最大化的副词或短语，如 completely、entirely/完全、彻底等，以及 almost/几乎等和最大值相关的副词，通常只出现在终结性渐变动词中。这反映了英汉渐变动词语义和句子成分之间的普遍性联系。两种语言之间的差别较少，主要差别在于"逐渐、渐渐"等形容渐进性的副词在汉语语料的使用频率和范围上都显著高于英语，这可能是因为韵律的原因。

2. 英汉渐变动词词汇体—语法体之间的关联

渐变动词的终结性特征是否影响到句子的语法体？我们对语料中句子的体标记进行了统计和分析：

（1）英语渐变动词的终结性和句子语法体

在所有英语语料分析中，我们将英语中的一般过去时和现在完成时视为完整体标记，将进行时视为未完整体标记，一般现在时和将来时视为无标记体。语料分析结果如表 4-5 所示：

表 4-5　　　　　语法体标记在英语语料中的使用

动词	语法体	完整体 过去时	未完整体 现在完成时	未完整体 进行时	无标记体	总计
非终结性	widen	776（92.1%）	3（0.4%）	5（0.6%）	59（7.0%）	843
	shorten	136（66.7%）	1（0.5%）	9（4.4%）	58（28.4%）	204
	lengthen	198（71.5%）	4（1.4%）	20（7.2%）	55（19.9%）	277
	小计	1110（83.8%）	8（0.6%）	34（2.6%）	172（13.0%）	1324
终结性	dry	348（79.3%）	10（2.3%）	41（9.3%）	40（9.1%）	439
	empty	279（83.2%）	5（1.5%）	19（5.7%）	32（9.6%）	335
	straighten	929（92.7%）	0（0.0%）	11（1.1%）	62（6.2%）	1002
	小计	1556（87.6%）	15（0.8%）	71（4.0%）	134（7.5%）	1776

（由于四舍五入，部分数据相加的总和稍稍高于或低于 100%。以下各表均是如此。）

从上表可以看出，完整体在两种动词的句子中使用频率均最高（84.4% vs 88.4%），而未完整体最低（2.6% vs 4.0%）。使用卡方检验对这两组终结性和非终结性渐变动词的语法体进行计算后发现，终结性对英语渐变动词在完整体的使用上没有显著影响（loglikelihood = -1.41；P = 0.23>0.01），在未完整体的使用上，终结性动词虽然略高于非终结性动词，但这一差别不算显著（loglikelihood = -4.71；P = 0.029>0.01）。

（2）汉语渐变动词的终结性和句子语法体

同样，我们将汉语中的"了1"、部分"了2"以及"过"视为完整体标记，将"在/正/正在""着"视为未完整体标记，未使用任何体标记的视为无标记体。非终结性 DA 动词的语料分析结果如表 4-6 所示（在所有语料中，"过"作为完整体标记只有 1 例，因此表 4-6 中没有将其包括在内）：

表 4-6　　　　　　汉语渐变动词语料中语法体标记的使用

动词	语法体	完整体 了	未完整体 着	未完整体 在/正在	未完整体 小计	中立体	总计
非终结性	加宽	13（35.1%）	1（2.7%）	0	1（2.7%）	23（62.2%）	37
	拓宽	18（48.6%）	0	1（2.7%）	1（2.7%）	18（48.6%）	37
	加长	10（27.8%）	0	2（5.6%）	2（5.6%）	24（66.7%）	36
	拉长	173（46.5%）	20（5.4%）	2（0.5%）	22（5.9%）	177（47.6%）	372
	伸长	154（29.3%）	17（3.2%）	7（1.3%）	24（4.6%）	347（66.1%）	525
	缩短	110（24.5%）	3（0.7%）	10（2.2%）	13（2.9%）	326（72.6%）	449
	小计	478（32.8%）	41（2.8%）	22（1.5%）	63（4.3%）	915（62.8%）	1456
终结性	擦干	109（21%）	0（0%）	4（0.8%）	4（0.8%）	406（78.2%）	519
	晒干	54（27.4%）	0（0%）	0（0%）	0（0%）	143（72.6%）	197
	倒空	22（40.7%）	0（0%）	0（0%）	0（0%）	32（59.3%）	54
	清空	10（27.0%）	0（0%）	1（2.7%）	1（2.7%）	26（70.3%）	37
	拉直	24（21%）	2（1.9%）	0（0%）	2（1.9%）	79（75.2%）	105
	伸直	126（30.7%）	7（1.7%）	1（0.2%）	8（2.0%）	276（67.3%）	410
	小计	345（26.1%）	9（0.7%）	6（0.4%）	15（1.1%）	962（72.6%）	1322

由上表可以看出，在汉语非终结性/终结性渐变动词中，中立体的比例最高（62.8%、72.7%），其次是完整体（32.8%、26.1%），未完整体使用比例最低（4.3%、1.1%）。卡方检验结果表明，汉语终结性和非终结性渐变动词在完整体和未完整体的使用上均存在显著影响：非终结性渐变动词在完整体和未完整体标记的使用频率上明显高于终结性渐变动词（loglikelihood = 10.68；P = 0.00 < 0.01；loglikelihood = 27.34；P = 0.00 < 0.01）。语料分析结果显示，[±终结性]对汉语渐变动词语法体标记的使用具有影响。下面我们将对完整体和未完整体标记在汉语渐变动词语料中的使用分别进行分析。

在表达完整体时，无论是终结性还是非终结性渐变动词，几乎都不使用"过"，而使用"了"作为体标记。这可能是渐变动词的事件性特征与汉语语法体标记共同作用的结果。首先，"了"和"过"表达的意义不同。渐变动词表达渐进性、过程性状态变化，动词后使用"了"表达这一变化已经发生，强调的是事件发生的结果，这一结果往往用动形结构中的形容词表示。而"过"往往表达历时事件，即在历史上曾经发生并已终结的事件，而往往蕴涵有"目前已非如此"的语义取值倾向，并具有"不止一次地重复发生"的意义（戴耀晶，1996：61），与渐变动词所表达的事件特征不一致，因为除了极少数的例外，一般来说，这些动词所表征的事件不能多次发生。例如，道路拓宽后不可能变窄，然后重新拓宽。

其次，渐变动词的句子中常常出现表达变化程度的短语，句子一般为"V+了+变化程度"这一结构。表达变化程度的成分使句子具有了终结性，从而增加了"了"出现在语料中的频率。例如：

（42）a. 笨蛋和傻瓜将德拉克洛瓦的一幅画缩短了一大截，而将格罗的一幅画加长了一大段，这不可笑吗！
b. 因为他不顾市议会的反对，硬是把散步道拓宽了六尺……

由此可见，汉语完整体标记"了"的使用受到动词语义和句子结构的共同作用。

未完整体标记在终结性/非终结性渐变动词语料的使用中同样存在差异。汉语未完整体标记有"在/正在/正"和"着"这两种，语料分析显示，这两类未完整体标记在非终结性渐变动词中的使用频率均高于终结性动词。首先来看"在/正在/正"的使用。这一组标记往往表明一个动作或事件正在进行，用于修饰动性较强（进行）义素的动词（肖溪强，2002）。非终结性渐变动词更强调过程，而终结性动词更强调结果，因此，这一组标记在前者语料中出现频率更高。陈平（1988：412）认为，表达复变情状的词语（包括此处研究的渐变动词）有与其独特的时相结构相对应的语法特点，一般不能与"着"连用，但前面可以出现"在"，因为这类情状可以表现为一个正在进行之中的过程，但不能表现为相对稳定的持续状态。

其次，"着"在非终结性渐变动词中的使用频率也显著高于终结性渐变动词（2.8% vs 0.7%）。陈平（1988）认为"着"一般不能和复变情状的动词共现，但从语料分析结果来看，"着"不仅可以出现在此类表达"过程性"变化的动词的句子中，且使用频率高于"在/正在/正"等。如何解释"着"在此类动词中的出现？又如何解释"着"在非终结性渐变动词中的出现频率高于终结性渐变动词呢？

要回答这两个问题，需要了解"着"的语义和功能。学界发现，"着"有多种用法，有的研究者主张存在不同的"着"，称为"着1"和"着2"，有的虽然不主张把"着"分为两个，但认为它表达多种语法意义，其中主要的两种意义是动态的进行和静态的持续。首先，"着"可以表示进行意义（吕叔湘，1944；王力，1945；赵元任，1968；潘允中，1982；等）。这种用法往往理解为行为动作的持续，即一种动态的持续（陆俭明，1999；戴耀晶，1997）。在本书中，"着"的这一用法出现在一些非终结性渐变动词句子中。例如：

(43) a. 大火往东横冲直撞地蔓延了三天，其前缘在不断地加宽着。
b. 他完全没有必要自卑，双方的距离在以飞快的速度缩短着。
c. 起初室内一片寂静，蜡烛的烛芯慢慢地缩短着。

其次，"着"也可以表示静态的持续。这通常被视为"着"的最显著意义，因此有的研究者将其视为持续体标记。Smith（1991：363）认为现代汉语的"着"主要表达未完整体的观察点，其焦点是显示某一事件的结果状态。从功能上说，"着"的一个重要作用是用来描述伴随前景事件的背景动作或事件（杨素英，2013），刘宁生（1985）将这一功能称为"描写"，方梅（2000）称之为提供背景信息。这一功能和"着"表达"静态持续"这一意义紧密相关。在本书中，我们发现"着"的这一用法既出现在非终结性渐变动词句子中，也出现在终结性渐变动词语料中。例如：

(44) a. 他拉长着脸站在车房前，希望小野或山姆·道卜布勒或任何人过来跟他聊聊。
b. 坝上坡脸地里立站的人，都伸长着脖子往台子这儿看。
c. 怒气冲天的阿立沃父子立在他跟前，并且把他和观众相隔绝，拉直着嗓子威吓他并且辱骂他。
d. 在滔滔的海面上，她和它，都伸直着脖子往美国的所在观望着。

这些例子中"着"都用于描写背景动作或事件，并且往往出现在连动结构中。这里，"伸长着脖子""伸直着背"等并不表示延续性的过程，而是表示结果状态的延续，即"背"和"脖子"已经伸长/伸直并且保持着伸长/伸直的状态。

"着"的动态/静态二重性可以解释"着"为什么在非终结性渐变动词中的出现频率高于终结性渐变动词："着"表示行为动作正在进行时，只能用于非终结性渐变动词，而当其表示静态持续时，则这两种动词中都可以使用。Lin（2002）提出，能够跟"着"共现的只能是非终结性的动词结构。王媛（2011b：37）对此进一步解释为：能够跟"着"共现的谓词结构都具有均质性（homogeneity），这一特征可以描述为：谓词性结构P具有均质性，即对所有事件 e 而言，如果 P（e）为真，那么对所有子事件 e'，P（e'）也都为真。因此，传统认为的"着"的静态持续意义可能只是一种表现，根本的语义机制在于"着"对谓词结构的均质性语义的要求。但是本书结果显示，只有当"着"表示动作正在进行时，才可以出现于非终结性动词结构中，这时动作具有均质性；而在终结性动词结构中，"着"对谓词结构的均质性语义的要求主要体现在结果状态的持续上。

（3）英汉渐变动词词汇体与语法体联系比较

基于以上分析我们可以发现，就动词事件性特征与语法体之间的关系来说，英汉渐变动词之间存在的差异大于共同点。英语渐变动词中，终结性特征对句子的语法体，包括完整体和未完整体标记，没有显著影响。但在汉语渐变动词语料中，终结性特征对完整体和未完整体标记的使用存在显著影响。非终结性渐变动词在完整体和未完整体标记的使用频率上明显高于终结性渐变动词。

动词终结性与语法体标记之间的这种差异反映了两种语言在语法体标记使用方面的区别。这一差异是否具有系统性尚需要更多研究。

五　总结

虽然 Vendler（1957）将谓词的事件类型分为状态、活动、成就和完成四类，但鉴于客观世界中事件在时间特征上的复杂性，一些谓词并不能简单地归为某一类，渐变动词就是其中一种。此类动词表达渐进、缓慢的状态变化，可以表现出成就动词、活动动词和完成动词所具有的特征，因此受到广泛关注。英汉语中都包含有此类动词。本书选择部分典型英汉渐变动词，按照是否具有［+终结性］进行分组，然后进行基于语料库的语内和跨语言对比研究。研究发现，在同一种语言内，［+终结性］都影响到英汉渐变动词句子中表达变化程度的句子成分的选择。英汉之间不仅在这一点上存在广泛的共同点，且在表达变化程度的句子成分类型的选择上也大体相同。但在动词事件性特征和句子语法体的关系上，英汉渐进动词之间存在广泛差异：终结性特征对英语句子的完整体和未完整体标记的使用没有显著影响，但对汉语句子完整体和未完整体标记的使用具有显著影响。这一影响是否具有系统性还需要我们对更多动词进行研究。

第三节　英汉瞬时性状态变化动词比较研究

表达瞬时性状态变化的动词都是成就动词；同时，成就动词也通常被看作"瞬时性状态变化动词"（Dowty, 1979; Pinon, 1997），因为此类动词都涉及变化，如动词"死"所表达的事件是从"活着"这一状态到"不活"这一状态。这里的变化是一种广义的转变。本书侧重于狭义的状态变化，即外表发生状态变化的动词。在本节，我们将运用语料库对英汉成就动词在词汇体—语法体之间的关联进行比较研究。

一　英汉成就动词研究综述

（一）英语成就动词研究

1. 英语成就动词的核心语义

成就类动词的核心语义特点是［+终结性］、［-阶段性］（Vendler 1957）。Rothstein（2004：22）认为，这些语义特点决定了：首先，成就动词表征的事件不具有累加性，两个相邻的"约翰认出了一位朋友"事件相加后不能构成一个"认出一位朋友"事件。其次，成就动词表征的事件也不具有同质性，因为此类事件没有内部时间结构（ter Meulen, 1995：7）。由于这些语义特征，成就类动词不能出现在 how long 引导的问句中。例如：

(45) *How long did it take before John started/finished recognizing Mary?

各种时间短语常用于诊断不同类型的动词。由于成就动词表征的事件不具有同质性,因此表达同质性的时间短语"for α time"不能用于表达单一成就事件的句子中。例如:

(46) *John arrived for half an hour.

但当主语为复数形式,句子表达重复发生的事件时,则可以用"for α time"修饰。例如:

(47) Guests arrived for two hours.

但成就动词可以和表达具体时间点的短语"at α time"共现。例如:

(48) The guest arrived at midnight.

"In α time"短语为事件提供了一个时间框架,事件结束的时刻置于"α"时段之内。因此这一短语通常用于修饰终结性谓词,包括完成事件和成就事件。具有同等作用的还有"take α time"这一结构。

2. 成就动词与语法体

关于成就动词和英语语法体之间的关系,研究者比较感兴趣的是此类动词出现在进行体中的用法。由于成就动词表征的事件具有瞬时性,一旦开始就结束,具有[-阶段性]的特点,因此通常认为此类动词与进行体不相容(Dowty, 1979)。例如:

(49) *John is spotting the summit of the mountain.

但在实际运用中,确实存在此类动词和进行体共现的现象(Verkuyl, 1989; Mittwoch, 1991; Smith, 1991)。例如:

(50) a. The old man is dying.
　　　b. Jane is just reaching the summit.

　　成就动词的这一用法类似于电影中的"慢动作"镜头——一个现实世界中的瞬间动作在感觉上被拉长了（Zucchi, 1998）。围绕这一现象各研究者有不同的解释。Verkuyl（1989）认为，成就动词事实上属于完成动词，只是与后者相比，其活动时间极短，这一活动时段在进行体中被"激活"。Mittwoch（1991）认为，成就动词和完成动词是根本不同的两种类型，但成就动词所表达的事件在进行体中可以延长，从而可以解读为完成动词。Smith（1991）则认为，成就动词的进行体形式往往聚焦于动词所表征事件中相对独立的前期预备性阶段，如上面的"The old man is dying"。

　　Rothstein（2004）强调，成就动词虽然和完成动词一样可以运用于进行体中，但并不是完成动词的一种特殊类型，而是独立的动词类型。首先，虽然完成动词和成就动词都可以和 in α time 这一时间短语共现，但一些完成动词还可以和表达持续的时间短语共现，如 for α time, spend α time P-ing 等。这种用法使完成动词具有非终结性含义，蕴涵活动动词的意义。但表达单个事件的成就动词不能如此使用。例如：

(51) a. Dafna read a book for an hour.
　　　b. Dafna spent an hour reading a book.
　　　c. *The guest arrived for twenty minutes.
　　　d. *The guest spent an hour arriving.

　　这说明完成动词所表征的事件包含一个预备性的活动次事件，蕴涵在完成动词的意义中，但对成就动词来说，是否蕴涵活动次事件则可能需要从上下文推断。

　　其次，当出现在进行体中时，成就动词和完成动词之间存在明显差异。比如，只有部分成就动词能够出现在进行体中，且只能解读为"慢动作"含义，而完成动词都可以出现在进行体中，并且都表达正常的进行体含义。在将来进行时中，时间短语只能修饰完成动词中的活动部分，而不能修饰事件的终结点，但在成就动词中只能修饰事件的终结点。

例如：

(52) a. I am writing a book in six months.
b. We are reaching London in five minutes.

基于以上差异，Rothstein（2004）认为成就动词虽然可以出现在进行体中，但与完成动词的进行体用法并不相同。Landman（1992）在对事件语义的分析中将进行体看作 VP 上的算子（operator）：

BEING（VP）→λe. PROG（e, λe'. VP（e'）∧Ag（e'）= x）。
即：x is VP-ing 成立，当且仅当一个事件 e 正在发生，e 是事件 e' 的一个阶段，且 e' 为 VP 所表征的事件。

在 Landman（1992）的理论中，关键因素是"阶段性"关系。如果事件 e 是活动事件，那么事件的过程性阶段和事件具有相同的特征；如果事件 e 是完成事件，那么 e 的过程性阶段和 e 中所包含的活动次事件具有相同特征。这个理论可以用来解释未完整体悖论：由于活动事件 e 的过程性阶段和 e 具有相同特征，谓词 P 表征事件 e，那么 e 的一个阶段也在谓词 P 表征的范围内，因此 x is/was P-ing 蕴涵了 x has P-ed。但是如果完成事件 e 的阶段性过程只和事件 e 的活动次事件具有相同特征，那么 x P-ing 事件就只能包括 P 所表征的事件中的活动次事件部分，而不包括整个 P 所表征的事件。

基于 Landman（1992）的这一理论，Rothstein（2004）将成就动词的进行体用法解释为：当成就动词和进行体共现时，在进行体算子 PROG 的激发下，事件在体方面发生了类型转变（type shifting），成就意义被提升为"抽象的"完成意义，表达事件 e，e 包含一个活动事件 e_1，其特征未在词汇层面明确化，以及包含成就动词所指示的一个终结事件 e_2。其语义表达式为：

SHIFT（$VP_{PUNCTUAL}$）：λe.（BECOME）（e）→λe. $\exists e_1 \exists e_2$ [e $=^S$（$e_1 \cup e_2$）∧（DO（α））（e_1）∧（BECOME（P））（e_2）∧ Cul（e）= e_2]

在这一表达式中,关键之处在于:该成就类谓词的意义表达在终结事件中,但对活动事件在词汇层面上没有具体表达和限制,这体现在上面表达式中 DO 的补语是一个自由变量 α,即 DO 没有自己的论元。抽象的完成事件中的论元来自于动词,因此,抽象的完成事件的主语不一定具有施事性,例如:The pizza is arriving.

虽然成就类谓词出现在进行体中时可以理解为表达"抽象"的完成事件,但两者存在很大区别。进行体出现在成就谓词的句子中所受到的限制明显高于完成谓词,因为完成谓词具有显著的渐进性特征(incrementality),如"eat""read"的渐进性特征来自于动词与其论元之间的渐进性关系。这一特征是进行体的核心语义。从成就谓词的进行体形式派生出的完成事件不包含此类由词汇表达的渐近性特征,因此也不存在活动(或过程)阶段。不同的成就谓词的进行体形式要求接受者自己根据具体的事件,基于所获得的信息,建立一种表现相关活动与抽象的完成事件之间的渐进性关系。基于这种比拟性质的渐进性关系,成就谓词的进行体形式中动作持续的时间跨度很小。例如:

(53) a. Mary is walking to the station.
   b. Mary is arriving at the station.

出现在进行体中时,完成谓词表示的动作可以持续较长时间,但成就谓词的进行体形式只能表达一个极其接近终结点的事件阶段。此外,成就谓词的进行体形式中不能有时间上的中断。例如,在下面这一背景中,例 54a 可以接受,但例 54b 不能接受。

(背景:玛丽坐在田野上摘毛茛花。)
(54) a. Mary is walking to the station. She is just taking a rest.
   b. Mary is arriving at the station. She is just taking a rest.

因此,成就动词与完成动词是两种不同的类型,进行体出现在成就动词中所需要的条件和表达的意义都不同于它在完成动词中的使用,在具体分析时应该考虑到成就类动词的词义特点和动词所使用的语境。

(二) 汉语成就动词研究

成就动词的最显著语义特点是［-持续性］。对汉语成就动词的研究可以粗略地分为两类：一类研究主要基于 Vendler（1957）和 Smith（1997）的研究，对汉语动词或动词性结构进行类似分类，例如戴浩一（1984）、顾阳（2007）、杨素英（2009）等。另一类研究虽然没有基于英语动词的分类，但也都是基于动词所表示的动作的时间性或过程特征来进行分类。虽然在这些分类中使用的名称各异，但在意义上都具有［-持续性］这一核心语义特征。马庆株（1981）发现动词类型决定动词后时量宾语的所指，并根据动词后能否加"着"将动词分为两大类：不可以加"着"的为非持续性动词，可以加"着"的为持续性动词。非持续性动词，又称为"死类"动词，所表示的动作或变化是一瞬间就完成了的，动作变化的开始点和结束点重合，因此时量宾语只表示动作或变化完成以后经历的时间。例如：

(55) a. 手表丢（了）一天又找着了。
b. 手表已经丢了两天了。

郭锐（1993）根据动词所表示的动作或状态的内部过程可能具有的起点、终点和续段这三种要素对动词进行了穷尽性分类，分为无限结构、前限结构、双限结构、后限结构和点结构五大类。其中点结构的特点在于瞬时性和变化性，总是表示某种性质的突变，且在突变之前并不包含一个渐变的续断过程，动作一开始就结束，并产生一定的结果，从而从一种性质进入另一种性质，其起点和终点重合。此类动词后面可以带"了""过"和时量宾语，但不能带"着""在/正在"。这些动词包括"爆发、破裂、发生、发现"等。

陈平（1988）所提出的单变情状与成就谓词的特征比较接近，单变情状的发生和结束都是一瞬间的事，起点和终点几乎重叠。单变情状句中，最常用的谓语包括三类：（1）表示瞬时变化的动词，如"塌、垮、断、死、认出、发现"等；（2）表示瞬时动作的动词，如"坐、站、躺"等；（3）动补结构，包括动动结构（如"打破、推倒、学会"等）和动形结构（如"烧焦、砸烂、切碎"等）。这一分类有相互重叠的部分，第1、2类从意义的角度划分，而第3类从结构的角度划分，事实上第3类也表达瞬时变化，因此可以归为第 1 类。成就谓词相当于表达单变情状的瞬时变化动词。用来表示单变情状的谓语动词不能出现在"V+着"或"在+V"结构中，因为情状本身的时相结构决定了它不可能被表现为一个处于进行或持续过程之中的动作。"V+（了）+时量短语+了"这一结构出现在单变情状句中时，时量短语计量的是作为变化结果而存在的有关状态的持续时间。

以上这些分类都注意到了成就动词在语法体标记和时量宾语使用方面的特点。从文献可以看出，对英汉成就动词的研究呈现出不同的趋向。对英语成就动词的研究往往运用逻辑语义学为手段，对成就动词所表征的事件性特征进行描写，尤其关注成就动词出现在进行体中时表达的语义特征。而对汉语成就动词的研究往往基于对谓词的分类，主要关注此类谓词在语法体标记和时量宾语方面的使用。

二 基于语料库的英汉瞬时性状态变化动词比较研究

在这一部分我们将介绍英汉成就动词的选择、语料抽样、语料分析，并对英汉成就动词在词汇体—语法体方面的联系进行比较研究。

（一）英汉瞬时性状态变化动词选择和语料抽样

根据 Levin（1993）的分类，我们选取了 5 个英语瞬时性变化动词：break、crash、collapse、shatter、explode。这 5 个动词都具有使役性转换用法、中动用法，以及可以使用工具作为主语。基于这 5 个动词的汉语翻译，我们选取了词汇化程度较高的 5 个对应汉语动词：打破、倒塌、崩溃、断裂、爆炸。英语语料同样来自美国当代英语语料库（COCA）中的小说子语料库，汉语语料来自现代汉语语料库（BCC）中的文学子语料库。动词和语料检索结果如表 4-7 所示：

表 4-7　　　英汉瞬时性状态变化动词语料检索结果 *

英语动词	break	collapse	crash	explode	shatter	总计
	9486	1195	1135	1092	628	13536
汉语动词	打破	倒塌	崩溃	爆炸	断裂	3109
	1518	291	624	443	233	

（*需要说明的是，此处汉英动词之间并非精确对应，在意义上有的英语动词对应两个或两个以上的汉语动词，反之亦然。此处将其对应主要是便于检索结果制表。）

我们对所有语料进行了穷尽性分析,排除其中用作定语等修饰语的过去分词、现在分词以及一些和动词的字面意义关联较小的习惯性用法,但保留了和动词字面关联较紧密的隐喻用法,如"break one's heart"等。分析结果归纳如下。

(二) 英汉瞬时性状态变化动词的句子结构

语料分析结果显示,这 5 个英语瞬时性变化动词都具有使役转换用法。例如:

(56) a. Sometimes I cried about Paul. Sometimes I broke a dish or a glass.
b. The dam broke, and tears poured down her face.

(57) a. Then she collapsed the wheelchair and took it away under her arm, shutting the front door behind
b. I collapse on a footstool and put my head on my knees.

(58) a. ···his girlfriend crashed his car into a go-go bar at what turned out to be a very opportune
b. ···and when they crash and burn, every one of their employees will be out of work.

(59) a. "Yes. As you know, they explode such things in place. ···"
b. Then it'll explode with the energy of a three-megaton nuke and flatten all the trees···

(60) a. In the bronze elevator doors, her mask shattered and reknit···
b. I can't break a wing and fall three hundred feet, where I shatter all my bones and land as a big bloody stain to be spooned up later···

这说明,这 5 个英语动词都是作格动词。这一结果与 Levin (1993) 的观点一致。但是汉语的 5 个对应动词却并非如此。语料分析结果显示,除了"打破"具有使役转换用法外,其他 4 个动词都只有"NP2+V"这一结构。例如:

(61) a. 科举制度的最大优点是从根本上打破了豪门世族对政治

权力的垄断……

b. 这碗打破了,我儿子以后吃什么呀?

(62) a. 炸弹就在操场临时搭起的台下爆炸。

b. 他又向我露出了那要命的笑容,我的勇气立刻崩溃了,我赶紧逃离出去。

c. 在晚凉中我敲着一座小庙的门。这庙已经荒废倒塌了。

d. 桥已经断裂了,残木在水中漂开去,时沉时浮…

也就是说,这5个汉语动词的绝大部分不是作格动词。从词的结构来看,唯一具有使役转换用法的"打破"是述补式复合词,为及物动词,而其他4个动词都是并列式复合词,每个词由两个不及物动词构成。"当构成复合词的V1和V2都是不及物动词时,其后不可能出现宾语"(董秀芳,2013:115)。也就是说,这一复合词为不及物动词,因而不可能具有使役转换用法。从意义上说,这些动词都是内因状态变化动词。

(三)英汉语瞬时性状态变化动词的语法体

1. 英语瞬时性状态变化动词的语法体

这5个英语瞬时性状态变化动词在小说语料中的语法体使用分析结果如表4-8所示:

表 4-8　　　　英语瞬时性状态变化动词的语法体

动词\语法体	完整体		未完整体	无标记体	总计
	过去时	现在完成时	进行时		
break	1848(71.8%)	45(1.7%)	118(4.6%)	564(21.9%)	2575
collapse	653(81.9%)	6(0.8%)	19(2.4%)	119(14.9%)	797
crash	568(83.2%)	2(0.3%)	24(3.6%)	89(13.0%)	683
explode	599(75.0%)	5(0.6%)	24(3.0%)	171(21.4%)	799
shatter	341(82.6%)	3(0.7%)	0(0%)	69(16.7%)	413
总计	4009(76.1%)	61(1.2%)	185(3.5%)	1012(19.2%)	5267

从上表可以看出,同样,总体上完整体在所有动词中的使用频率都远远高于未完整体和无标记体(77.3% vs 3.5% vs 19.2%)。进行时的使用频率虽然最低,但除了shatter外其他动词都具有此类未完整体用法。根

据以上分析，虽然成就动词表征的事件具有瞬时性，通常被认为与进行体不相容（Dowty，1979），但在具体使用中，不同的成就谓词的进行体形式要求接受者自己根据具体事件，基于所获得的信息，建立一种表现相关活动与抽象的完成事件之间的具有隐喻意义的渐进性关系（Rothstein，2004）。根据语料，进行体出现在英语成就类状态变化动词中的用法和发生状态变化的主体的性质存在密切联系。主体的性质可归纳为以下几种：

（1）主体的结构特征

通常成就动词所表征的动作一旦开始就结束，具有［-阶段性］的特点，但有些主体的结构使得这种状态变化不可能在瞬间完成，因而具有了［+阶段性］。例如：

（63）a. It was evident from the racket that, rung by rung, the ladder was collapsing.

b. The country is collapsing like a brick house in an earthquake.

上面的例子中，由于"梯子"由一个个横档组成，而"国家"被比喻成由一块块砖头垒成的房子，因此在倒塌或崩溃时具有过程性。

（2）主体的单复数特征

当主体为单数时，动作的发生可能只是一瞬间，但当其为复数时，时间上就具有延续性。此外，一些不可数名词由于数量上的不确定性，因此也和进行体共现。例如：

（64）a. The bear hug was breaking his ribs, ⋯

b. The beds were collapsing and stained, all the windows ⋯

c. ⋯when zombie heads were exploding like overripe Michigan pumpkins, their pulpy guts making abstract paintings on the white wall

d. ⋯ the women were crying and more glass was breaking around us.

（3）主体为抽象的事物

变化的主体为抽象的、具有隐喻性的事物时，出现在进行体中的用法相对较多，因为跟具体事物相比，抽象事物在空间上的界线相对模糊，具有不确定性，从而导致了状态变化在时间上的不确定性。例如：

（65）a. At twelve thirty on a rainy Wednesday afternoon, I was breaking one of my cardinal rules as a homicide detective…

b. Giving up and moving was breaking both his spirit and his heart but there were no other options.

c. When an entire society was collapsing like so many rotten beams, …

d. She was going to die, she thought. Her heart was exploding in her chest.

此类用法非常普遍，如进行体出现在"break"句中时，最常见的是"breaking one's heart, breaking the law"这两个用法。

2. 汉语瞬时性状态变化动词的语法体

这5个汉语瞬时性状态变化动词在小说语料中的语法体使用分析结果如表4-9所示：

表4-9　　　　　　汉语瞬时性状态变化动词的语法体标记

语法体 动词	完整体			未完整体			中立体	总计
	了	过	小计	着	在/正在	小计		
打破	678 (49.4%)	4 (0.3%)	682 (49.7%)	1 (0.1%)	4 (0.3%)	5 (0.4%)	686 (50.0%)	1373
倒塌	58 (29.4%)	0 (0%)	58 (29.4%)	1 (0.5%)	4 (2.0%)	5 (2.5%)	134 (68.0%)	197
崩溃	159 (33.1%)	0 (0%)	159 (33.1%)	0 (0%)	16 (3.3%)	16 (3.3%)	306 (63.6%)	481
爆炸	92 (31.9%)	1 (0.3%)	93 (32.3%)	7 (2.4%)	1 (0.3%)	8 (2.8%)	187 (64.9%)	288
断裂	22 (14.2%)	1 (0.6%)	23 (14.8%)	2 (1.3%)	1 (0.6%)	3 (1.9%)	129 (83.2%)	155
总计	1009 (40.5%)	6 (0.2%)	1015 (40.7%)	11 (0.4%)	26 (1.0%)	37 (1.5%)	1442 (57.8%)	2494

由上表可以看出，中立体在汉语瞬时性状态变化动词中的使用频率高于完整体和未完整体（57.8% vs 40.7% vs 1.5%）。在完整体标记中，"了"的使用频率远大于"过"，而在未完整体中，"在/正在/正"的使用用稍高于"着"。

根据郭锐（1993）对汉语动词过程结构的研究，这些汉语瞬时性状态变化动词应归为点结构动词，表示某种性质的突变，其判断标准是这些动词后能加"了、过"和时量短语，但不能加"着、在/正在"。杨素英（2009）基于动态性、持续性和内在终结点这三个语义特征将与本书中的动词类似的汉语动词归为包含确定结果的动词类型，具有[+动态]、[+持续]、[+终点]等特点，通常不能和"在"连用。但是本书的语料分析显示，几乎所有这些动词都可以和"着、在/正在"共现。

与英语一样，这些进行体标记出现在汉语成就类状态变化动词中的用法同样和发生状态变化的主体的性质有关。主体的性质和英语动词中类似，也可以归纳为三种：

（1）主体的结构特征。例如：

(66) 他用火香把纸炮点着，纸炮在他的手中爆炸着，裂响着……

通常，"一墩大红纸炮"由很多小鞭炮编结而成，爆炸声可持续一段时间，因此具有过程性。

（2）主体的单复数特征。当主体为复数时，瞬时性动作累加起来可以使句子表达的事件具有持续性。例如：

(67) a. 一千多头杏园猪场的死猪，排成浩荡的队伍，在水中腐败着，膨胀着，爆炸着，被蛆虫啃吃着，被大鱼撕扯着……
b. 一栋栋的平房，在烈火里轰轰地倒塌着……

（3）主体为抽象事物

(68) a. 现在，社会主义的春天来到了，思想开始解放，禁区正在打破……

b. 我们的金融制度正在崩溃。

　　此处我们将"着、在/正在/正"都视为未完整体标记，未加区分，但是可以看出，总体上"在/正在/正"的使用频率高于"着"，这是因为这些动词都具有［+终结性］、［-阶段性］的语义特点，"正"表达动作开始和结束之间的某一时间位置上的进行，所表达的是一个时间点（石毓智，2006），具有［-持续］的特点（肖溪强，2002），而"着"表示动作具有持续性（戴耀晶，1996），因此，在语义上前者与这些瞬时性状态变化动词更趋于一致。事实上，使用"着"作为未完整体标记的句子中主体几乎都为复数，如"爆炸"语料。而主体作为抽象的事物时，句子通常使用"在/正在/正"作为未完整体标记，如"打破""崩溃"语料。

　　对英汉两组瞬时性状态变化动词的语法体标记进行比较后发现：首先，总体上，完整体和未完整体在汉语瞬时性状态变化动词中的使用显著少于英语（Loglikelihood = 376.43，$p = 0.00 < 0.01$；Loglikelihood = 32.27，$p = 0.00 < 0.01$）。导致这一现象的主要原因是汉语中存在大量的中立体，一些句子的语法体标记被省略。

　　其次，就完整体来看，英语各个动词之间差别并不显著，说明这些动词在完整体上的表现比较统一，而汉语不同动词之间差异非常明显；未完整体在这两种语言中的表现正好相反。对于前者，这一结果和后文发现的英汉不同动词的句法表现比较一致：英语中同一语义范围的动词往往在句法行为上表现出高度统一。而对于后者，由于进行体标记出现频率都很小，因此难以做出有价值的解释。

（四）总结：英汉瞬时性状态变化动词比较

　　基于语料的分析显示，本书中英汉瞬时性状态变化动词在句法表现和语法体方面存在一些共同点，但也有明显差异。两者之间的共同点是：虽然瞬时性状态变化动词都不具有［+持续性］特点，但都可以出现在进行体中，且进行体用法都和发生状态变化的主体的性质有关。两者之间的差异在于：首先，在句法表现上，英语瞬时性状态变化动词都为作格动词，具有统一的句法行为，即具有使役转换结构，而汉语中大部分动词不是作格动词，具有不及物性。其次，对英汉两组瞬时性状态变化动词的语法体标记进行比较发现，完整体和未完整体在汉语瞬时性状态变化动词中的使用显著少于英语，且在完整体的使用上，英语不同动词之间的统一性高于汉语，而未完整体正好相反。导致这一差异的原因还需要更深入的研究。

第四节　英汉状态变化动词语义—句法界面比较研究[①]

一　概述

自 20 世纪 70 年代以来，语言学家们发现，动词语义和表层句法之间存在一定的规律性联系，句法结构在很大程度上取决于动词的词汇特点。其中最著名的是 Perlmutter & Postal（1984：97）提出的"普遍联系假说"：语言中存在着各种普遍语法规则，能从动词的语义预知在这一语句中出现的每一个名词所具备的初始语法关系。但是动词语义的哪些方面决定动词的句法表现？不同语言中，和句法形式相联系的动词语义特征在多大程度上存在相似性和差异？针对这些问题以往研究多从理论层面进行分析（Levin & Rappaport，1995 等）。本书利用语料库，结合事件结构理论（Rappaport & Levin，1998），以状态变化动词为例，对英汉动词的语义—句法界面进行比较研究。我们希望语料库的应用能够对理论层面的研究结果加以验证和补充，解决认知语言学研究中存在的方法论问题（邵斌，2014：91）。

英语 COS 动词表现出独特的论元实现特征（Levin，1993；等）。具体来说，这一类动词的受事论元，即发生状态变化的事物，必须成为句中的直接宾语，不能省略，不能用间接格表达，而且出现在直接宾语位置的论元只能是受事。但该类动词却没有统一的体特征：当状态变化动词后接单数定指宾语时，这些动词可以是终结性的（如 freeze 等），也可以是非终结性的（如 widen 等）；此外，状态变化动词既表现出瞬时性（如 explode 等），也表现出持续性（如 cool 等）。这显然违背了 Tenny（1994）提出的"体界面假设"。

不同语言在 COS 动词的范围和句法实现上存在差异。如 McClure（1990）等发现，"arrossire"（脸红）在意大利语中是一个状态变化动词，而相应的"blush"在英语中既是动作动词，也是状态变化动词。目前为

[①] 本节主要内容发表于《外国语》2017 年第 3 期。

止，对汉语 COS 动词的研究也主要集中在作格动词研究方面（杨素英，1999；曾立英，2009；等）；在英汉比较研究方面也多从作格角度进行（夏晓蓉，2001；王文斌等，2009；马志刚，2011）。这些研究多以理论分析为主，较少结合语料库进行实证研究。此外，作格动词种类较多，适用于不同类型动词的诊断式也不同（Levin & Rappaport，1995），对作格动词句法特征的研究往往忽略了其中某一次类动词的语义句法特点。因此在比较研究中有必要选择其中某一次类进行深入分析。

英汉语 COS 动词是否具有相同的句法特征？两者之间在多大程度上表现出差异？造成差异的原因是什么？我们选取部分典型英汉 COS 动词，并将［+终结性］这一重要的体特征考虑在内，对此类动词的句法—语义界面进行基于语料库的比较研究。

二　语料收集与分析

（一）研究对象

状态变化动词数量较多，Levin（1993）列举了 368 个英语 COS 动词，分为 6 大类。由于篇幅所限，我们选择其中表达物体形状、温度、干湿变化的 9 个典型英语 COS 动词，以及 18 个对应的汉语动词，按照［±终结性］这一体特征分为两组。见表 4-10：

表 4-10　　　　　　　　本书选取的英汉 COS 动词①

	终结性	非终结性
英语 COS 动词	cool② dry melt freeze straighten	warm lengthen widen enlarge
汉语 COS 动词	冷却 晒干 晾干 风干 擦干 熔化 融化 凝固 冻结 冻住 拉直 伸直 挺直	加热 加长 拉长 加宽 放大

---

① 表4-10 中汉语 COS 动词大多为述补式复合词，其中一些词，如"晒干、擦干"，相比"熔化"等词，词汇化程度显得较低，有些学者怀疑它们是否为词。董秀芳（2011：202-207）认为，有四种情况导致述补短语易于成词：述语为及物动词；补语表示结果；补语的语义指向宾语；补语的意义可由述语的语义预测出。"晒干、擦干"等词均满足上面的条件，因此本文倾向于将它们视为词而不是短语。

② "Cool"根据语境可具有［+终结性动词］特征（Hay et al. 1999），此处我们将其归为终结性动词。

(二) 数据收集

本书的英语语料来源于美国当代英语语料库（COCA），汉语语料来自北京大学现代汉语语料库。语料抽取比率根据动词的使用频率进行调整：当语料库中某一动词出现在 1000 以下，则全部抽取；对出现频率高于 1000 的英语动词，根据频率高低随机抽取率在 5%—20%；由于汉语 COS 动词在语料库中的使用频率相对于英语总体上低得多，因此对出现频率高于 1000 的汉语词语，随机抽取率在 20%—50%。英汉各动词抽取数量见表 4-11：

表 4-11　　　　　　　　英汉 COS 动词抽取数量

英语 COS 动词	cool 1200	dry 1900	melt 1055	freeze 1450	straighten 1300	总计
	warm 2200	lengthen 422	widen 1800	enlarge 1100		12427
汉语 COS 动词	加热 1000	加长 572	拉长 896	加宽 505	放大 1000	
	融化 1000	熔化 547	拉直 169	挺直 901	伸直 446	12101
	风干 281	晒干 469	晾干 276	擦干 815		
	冷却 800	凝固 750	冻住 74	冻结 1600		

三　英汉 COS 动词表层句法比较

在对语料库中抽取的英汉 COS 所在的句子进行分析归纳后，我们发现这两组动词在表层句法上存在一些共性和差异[①]。

[①] Levin & Rappaport（1995）等的研究发现，英语作格动词的诊断式主要有以下几种：过去分词作形容词、中间结构、使役性交替现象以及结果结构等。但在不同语言中这些诊断式的适用程度也不同。例如，由于汉语动词缺乏形态变化，过去分词作形容词这一诊断方法就不适用于汉语；此外，对汉语中是否存在中动结构，以及什么是汉语中动句法形式，研究者还存在很大争议（严辰松，2011）。因此我们重点关注使役性交替现象和结果结构。此外，在对语料的分析中，我们主要关注在每种语言中具有一定普遍性的句法行为，对个别动词出现的数量极少的特殊用法不予考虑。另外，我们在分析 COS 动词句法行为的时候也只分析动词的本意用法，将其隐喻用法排除在外。

（一） 共同点：使役性转换

Levin（1993）在对 COS 动词的分类中，将使役性转换列为温度和状态变化类动词的诊断式之一。Levin & Rappaport（1995）也发现，使役性转换是作格动词比较可靠的诊断式。在我们的语料中，此类转换在英语 COS 动词中非常普遍。例如：

(69) a. To show that this new substance was a metal, they cooled it from room temperature to 30 kelvins.
b. In the mid-1880s, more blues appear; the planet cooled for a time, thanks to atmospheric dust⋯

曾立英（2009）等的研究发现，汉语作格动词句子也具有使役性转换的特点。本次选取的所有汉语 18 个 COS 动词中，除了"凝固、冻结"外，都出现了这一转换。例如：

(70) a. ⋯⋯他们用液氦冷却接收器部件和从天线喇叭里面清理掉鸽子粪便⋯⋯
b. ⋯⋯后来，地球渐渐冷却下来，弥漫在大气层中的水蒸气开始凝结成雨⋯⋯

这说明，所有的英语 COS 动词和绝大多数汉语 COS 动词都是作格动词。我们将在下文解释"凝固、冻结"这两个动词没有出现使役性转换的原因。

（二） 不同点

英汉 COS 动词句法行为还表现出各自的个性，主要表现在以下两个方面：

1. "把"字结构和"使"字结构①

汉语 COS 动词句子中，除了使役性转换用法外，普遍出现的还有"把"字和"使"字结构。语料分析显示，表 10 中的汉语 COS 动词几乎

---

① 此处的"把"字结构包括与"把"字功能相近的"将"字结构；同样，"使"字结构包括"令、让、叫"等结构。

都使用了这两种结构。例如：

(71) a. 球滚到了水洼里，护士用毛巾把球擦干。
b. ……为了克服这种错觉，只好把蓝色条带缩窄，把红色条带加宽了。

(72) a. 如果大量饮茶，进入体内的鞣酸过多，会使体内消化道中的蛋白质凝固……
b. 冷水怎样使高温物体冷却呢？让一块热的铁块和一块冷的铁块接触……

汉语 COS 动词使用"把"字和"使"字结构的频率如表 4-12 所示：

表 4-12　汉语 COS 动词句子中"把"字和"使"字结构的使用比例

	动词	加热	加宽	加长	拉长	放大
非终结性动词	把	20.6%	18.8%	19.4%	22.2%	39.7%
	使	0.6%	3.2%	3.9%	1.7%	1.3%
终结性动词	动词	拉直	伸直	挺直	融化	熔化
	把	32.5%	9.4%	2.9%	1.2%	10.7%
	使	1.2%	1.8%	2.3%	8.0%	7.8%
	动词	晒干	擦干	晾干	风干	
	把	16.9%	15.4%	5.2%	5.8%	
	使	0.7%	0.2%	2.3%	8.7%	
	动词	冷却	凝固	冻结	冻住	
	把	4.2%	0.7%	5.4%	7.1%	
	使	7.0%	18.4%	5.4%	0%	

Pearson 卡方检验结果显示，在"把"字和"使"字结构使用频率上，非终结性与终结性 COS 动词之间存在显著差异（$x^2 = 142.248$，$p = 0.00<0.05$；$x^2 = 15.906$，$p = 0.00<0.05$）[①]。导致这一差异的是不是[+终结性]这一语义因素？此处我们可以进一步分析。在表 4-12 中，"把"字结构出现频率超过 15% 的有 8 个动词：加热、加宽、加长、拉长、放

---

① Pearson 卡方检验使用的是频次。在表 4-12 由于篇幅限制，没有给出每个动词使用这两种结构的频率。

大、晒干、拉直、擦干，平均为 23.2%。这 8 个动词中，既有非终结性动词（5 个），也有终结性动词（3 个）。这说明影响动词句法行为的决定性语义因素并非是［+终结性］，而是其他语义因素。对其余 10 个动词：冷却、凝固、冻结、冻住、风干、晾干、伸直、挺直、融化、熔化，"把"字结构使用频率最低，平均仅为 5.3%，两者差距显著。比较这两组动词的语义后我们可以发现，前者倾向于表达一种自主意义，而后者倾向于表达非自主意义。根据马庆株（1988：164），自主动词指的是能由动作发出者做主，主观决定，自由支配的动作行为；而非自主动词表示动作行为发出者不能自由支配的动作行为。学界发现，自主/非自主这一语义因素与"把"字结构之间存在密切的关系：一方面，"把"字句从语义上来说主要表示一种有目的的行为，表达一种处置义（王力，2003：408）或掌控义（牛保义，2008：123）；另一方面，出现在这一结构中的 V 一般是动词性较强的动词（牛保义，2008：125；张伯江，2000：29）。自主动词绝大多数带有处置义，因而大部分都能进入"把"字结构，而绝大部分非自主动词因不具备致变性，不能进入"把"字结构（陈光，2007：160）。

"使"字与"把"字结构在本书中出现的频率正好呈现出相反的趋势。"把"字结构出现频率最高的 8 个动词中，"使"字结构平均频率仅为 1.6%，而"把"字结构出现频率最低的 10 个动词中，"使"字结构平均频率为 6.2%。对这两种结构的数据进行相关性分析后发现，两者的使用频率之间存在显著负相关（r"=−0.523，p=0.026<0.05），即"把"字结构出现频率越大的动词，"使"字结构的出现频率越小。这是因为，与"把"字结构相反，"使"字句具有客观致使、静态致使的特点，表现为致使者的无意识性、致果变化的非自主性以及"使"字的弱动力性（董杰，2012：566），因此这一结构倾向于出现在非自主动词句子中，如"凝固"等动词。也因此，曾立英（2009：105）在分析汉语作格动词的判定时，就将一个动词能否出现在"使+NP+V"句式中视为确定作格动词的第二条标准，列在使役性转换用法之后。

相比之下，英语 COS 动词的句子在表达使役义时，"make+NP+V"或其他表达迂回使役义结构的使用并不常见，这是因为使役性已经被词汇化在动词中，成为动词语义的一部分（王文斌等，2009：195）。

2. 结果结构

Levin（1993）发现由形容词派生而来的状态变化动词句式中一般都

具有结果结构，Levin & Rappaport（1995）也将结果结构看作作格动词的诊断式之一。对英语语料分析后发现，上表中所有的动词都具有结果结构，且在形式上可分为三类。

（1）COS 动词+to/into+名词

所有的 COS 动词都使用了这一结构来表达状态变化的结果。例如：

> （73）The waters of the bay usually warmed potential flakes into dreary sheets of rain.

（2）COS 动词+介词

这一结构所表达的状态变化常常伴随位置变化。例如：

> （74）He looks at the toast with one bite missing and the butter melting into the golden bread.

（3）COS 动词+形容词

这一结构后的形容词通常用来强调 COS 动词的结果状态。例如：

> （75）…water along the Henry's Fork in Harriman State Park froze solid, cutting off a third of the Rocky Mountain flock from its main food…

所有的英语 COS 动词结果结构都使用了第一种结构，除了"cool"外其他动词也都使用了第二种结构。但使用第三种结构的只有"dry, freeze, straighten"这三个终结性动词，这些形容词大多和动词所词汇化的状态变化结果存在紧密联系，如"dry"结果结构中的形容词多为"stiff""hard"等。Levin（1995：58）认为结果短语的作用是为终结性动词所蕴涵的达成状态提供一个更具体的解释。这样看来，[+终结性]这一体特征似乎对英语 COS 动词的结果结构形式具有一定的影响，非终结性动词都不使用"V+形容词"结构，但是这一特点是否适用于所有的非终结性 COS 动词，还需要扩大范围做进一步研究。

如果不考虑多数汉语 COS 动词为动结式结构这一特点，汉语中与英语动词结果结构类似的是"COS 动词+成+名词"这一形式,接近上面列举的三种英语结果构式中的第一种。但是这一形式在汉语中出现的频率和范围大大低于英语 COS 动词中的结果结构,18 个动词中,只有"放大、加宽、加热、拉长、凝固、冻结、冷却、融化、熔化、风干"这 10 个动词使用了结果结构,且频率非常低,一些动词只有极个别例子。例如:

(76) a. (熔岩)从火山或地面的裂缝中喷出来或溢出来的高温岩浆,冷却后凝固成岩石。
b. 这个冰核再次被带到高空,黏附在它外面的一层水滴又开始冻结成一层冰壳。

能使用这一结果结构的既包括终结性动词也包括非终结性动词,由此可见,[+终结性]这一体特征对汉语 COS 动词的结果结构的使用没有显著影响。由于其在汉语 COS 动词句子中使用范围和形式的局限,结果结构并没有被视为汉语作格动词的诊断式(曾立英,2009),这是汉英作格动词在句法上的重要差异之一。导致这一差异的主要原因可能是本书中大多数汉语 COS 动词都是动结式,此类复合词实际上是动结式的句法凝固在词法中(冯胜利,2002:182),因此一般无须再使用结果结构。

四 英汉状态变化动词语义—句法界面比较

根据普遍联系假说,动词的语义特征在很大程度上影响动词的句法(Perlmutter & Postal,1984)。通过比较部分英汉 COS 动词的句法特点,我们发现,英汉 COS 动词在核心语义上存在共性和个性,在句法实现上也表现出相似点和不同点。

(一) 英汉 COS 动词事件结构比较

动词的语义决定句法实现,但并非动词语义的所有方面都和句子的句法形态有关。哪些动词语义决定句法实现?Grimshaw(1993)提出了语义结构和语义内容这两个概念:在句法层面上表现活跃的那部分词汇意义被称为"语义结构",在句法层面上表现不活跃的那部分词汇意义被称为"语义内容"。Levin & Rappaport(1995,1998)将前者称为"语义变量",后者称为"语义常量"或"词根"。基于 Rappaport & Levin(1998)事件结构理论的动词语义分析中,动词的结构意义由 ACT、CAUSE、BE-

COME、STATE 等基本谓词和谓词的论元构成的事件结构模版来体现，词根按照本体类型的不同可以表示活动的方式、工具、地点和状态等。同一语义类的动词之间的区别在于词根意义，在事件结构模版中通常用尖括号表示（引自沈园，2007：43）。如：

（77）[x ACT_{<MANNER>}]

本书中，英语 COS 动词属于同一语义类，可以用同样的事件结构模版表征，唯一的差别在于表征结果的部分（<RES-STATE>）。如：

（78）dry：[[x ACT] CAUSE [BECOME [y<DRY>]]]
　　　　　[BECOME [y<DRY>]]

表 4-10 列举的汉语 COS 动词的事件结构可以分为两类，一类动词的事件结构包括动作方式+动作结果，另一类动词的事件结构只表达结果。前者的事件结构分析以"擦干"为例：

（79）擦干：[[x ACT_{<擦>}] CAUSE [BECOME [y<干>]]]
　　　　　　[BECOME [y<干>]]

后者的事件结构以"凝固"为例：

（80）凝固：[BECOME [y<凝固>]]

前者具有使役性转换，而后者没有使役性转换用法。本书中第二类汉语 COS 动词较少，主要有"凝固""冻结"等。

汉语第一类 COS 动词与英语 COS 动词在事件结构上也存在差异：汉语动词事件结构中 ACT 这一基本谓词后的尖括号内有一个表示方式的动词，即动词的词根意义。这一差别主要是由英汉 COS 动词不同的构词方式造成的。内在结构上，英语 COS 动词主要分为三类：单词素词（如 freeze 等）、由形容词转化而来（如 warm 等）、借助"-en, en-, ize, -ify"等前缀或后缀使形容词动词化（如 harden、enlarge 等）。这类动词的最大特点是将结果状态词汇化（Levin & Rappaport, 1995）和使役义词汇化（王文斌、徐睿，2005）。而汉语 COS 动词大部分为述补式复合词，表现为"V+A"结构，其中 V 为动词，通常表示行为方式，A 为形容词，表示行为结果，如"拉长、拉直、加热"等。因此，这些汉语 COS 动词不仅能像英语 COS 动词那样可以表达状态变化的结果，而且可以表达导致这一结果的具体方式，即动词的词根意义。这可以解释为什么一个英语 COS 动词常常对应两个或两个以上的汉语 COS 动词，如"dry"——"晒干、擦干、晾干、风干"等。这一词根意义对汉语动词的句法行为具有重要影响（见下节分析）。

（二）英汉 COS 动词语义特征与句法行为之间的联系

通过语料库分析我们发现，COS 动词的语义特征在句法实现上呈现出跨语言差异。英语 COS 动词在句法上表现出高度统一性。从英语 COS 动词事件结构可以看出，作为原型作格动词的英语 COS 动词的核心语义是：（抽象）行为义、使役义和结果状态义。Levin & Rappaport（1995: 102）指出，作格动词都出现在下列特点的事件类型中：（1）有外部使因；（2）能够在没有施事意志干预的情况下自动发生。也就是说，作格动词既可以表示出由某种外力致使的变化，也可以表示出一种自然的、无须依赖外部使因的、完全由内因主导的状态（曾立英，2009: 149）。在构建特定句式时，根据语言使用者在描述事件过程中的认知取向，不同语义因素起不同的核心作用，从而产生及物和不及物这两种转换句式（王文斌等，2009: 199）。语料库分析也证明，所有英语 COS 动词都具有使役转换这一特点。

相对来说，汉语 COS 动词的句法实现要复杂得多，这主要是因为其核心语义和词根意义与英语 COS 动词不同。首先，"行为义、使役义和结果状态义"三位一体这一语义特点并不适用于所有汉语 COS 动词。如"凝固"这样的动词只有结果状态义，没有行为义和使役义，因此只有不及物用法，句子在表达使役事件的时候只能借助于"使"字结构。此类动词描述的是内部致使事件（Levin & Rappaport, 1995: 91），汉语界称为"自动"。内部致使动词一般要求单论元，且只能带单论元。

其次，汉语 COS 动词的词根意义不同，导致自主性程度的差异，使动词偏向选择与自身意义一致的句子结构。作格动词的主要语义元素是无意愿控制及非自主（Perlmutter, 1978）。英语 COS 动词中，行为义比较抽象,行为义和结果状态义常来自同一动词,不同动词在自主义上没有明显差别。而在绝大多数汉语 COS 动词中,行为义比较具体,行为义与结果状态义来自不同的词,动词在词根意义上的差别决定了动词的自主性程度,继而影响了动词对不同句法结构的选择。自主性高的动词更倾向于使用及物用法和"把"字结构,而自主性低的动词更倾向于使用不及物用法和"使"字结构。如"straighten"所对应的"拉直、伸直、挺直"中,"拉"意味着来自外部的力量作用于某一物体使其发生变化,而"伸、挺"多表示致使者自己施力作用于身体的某一部分。因此前者出现在"把"字结构中的比例(32.5%)远远高于后两者(1.8%、2.3%)。而"凝固"没有致使义,非自主程度较高,只能用于不及物用法和"使"字结构中。这也体现了动词和句子结构之间相互选择、相互制约的关系。

杨素英(1999:41)认为,[+自主]在决定汉语动词是否能进行使役性转换时是主要语义项;现代汉语中,"表达致使意义的动作词+表达状态变化意义的结果词"一类的短语中动词是有施事控制的,只能在使成式中出现,而不能在不及物式中出现。但是我们通过语料库研究发现,一些"动作词+结果词"结构的汉语 COS 动词既有施事控制,也可以有不及物用法。以"把"字结构使用频率最高的两个动词"拉直"(32.5%)和"放大"(39.7%)为例:

(81) a. 太空人在太空实验室里的时候,由于脊椎骨拉直变长,身高会增加 3.5—5.5 厘米。
b. 11 时 50 分,蒋的双目瞳孔放大,经抢救无效……

总体来看,英汉 COS 动词内部结构不同,在核心语义和词根意义上存在明显差别,进而影响了各自的句法行为。英语 COS 动词都可以用同样的事件结构来表征,因此在句法行为上呈现出高度一致性;相比之下,汉语 COS 动词在核心语义和词根意义上各不相同,因而在表层句法结构上表现出更丰富的多样性。

五 结语

通过比较英汉 COS 动词的语义和句法特征后发现,虽然这两组动词都表达状态变化这一含义,但在核心语义和词根意义上并不相同,因而在句法表现中存在明显差别。英语 COS 动词都为典型作格动词，具有使役性转换用法和结果结构，在句法形式上表现出高度统一性；而汉语 COS 动词并不都是作格动词，大多数没有结果结构，句法表现更加多样。研究还发现，[+终结性] 这一体特征对英汉 COS 动词的句法实现没有明显影响。本书运用语料库分析，试图为语义—句法界面的跨语言研究提供新的路径，希望有助于进一步揭示英汉两种语言在动词语义—句法联系上的共性和差异。

第五章　英汉情感心理动词比较研究

　　情感心理动词（后文简称情感动词）是描写人类情感和心理状态的动词，是语言中的基本词汇。由于人类情感心理复杂多变，因此这一类词汇不仅数量较多，且类型丰富多样。情感表达是人类共同的心理需求，不同语言中的情感动词在语义上存在很大共性，但基于各个语言在语音、词汇和句法等方面的特点，因此在语义—句法的联系上，也具有一定的特殊性。我们基于语料库，对英汉部分基本情感动词的语义特征、语法体标记的使用和句法行为进行比较分析。

第一节　汉语情感动词研究

一　汉语心理动词的定义、范围和分类

　　人类的情感活动属于心理活动的一部分，因此情感动词也是心理类动词中一个重要的次类。但情感动词这一概念出现较心理动词晚。在早期语言学研究中，对这两类动词并没有明确的分类和范围，因此在概念的使用上存在混淆。有些研究中心理动词包含情感动词，而有的研究用心理动词来指情感动词。随着研究的深入，心理动词的分类越来越细，范围越来越明确，情感动词开始被视作心理动词的一个次类。

　　对心理动词最早的论述见于《马氏文通》（1898）。在该书实字卷之五中，马建忠认为："凡动字记内情所发之行者，如'恐''惧''敢''怒''愿''欲'之类，则后有散动以承之者，常也。"这里所谓的"记内情所发之行"，就是"表示心理（情感）活动"的意思。在这句话中，马建忠不仅定义了心理（情感）动词，而且指出了心理（情感）动词的一些句法特点：这类动词后面常常还带有动词作宾语（即"散动"）。

黎锦熙在《新著国语文法》（1924）中把动词分为外动词、内动词、同动词、助动词四大类，并论述了不同类型动词的句法特征。"外动词"和"内动词"中都包括"表情意作用"的动词，如"外动词"有"爱、恶、希望、忧虑、赞成"等；"内动词"有"笑、哭、喜欢、害怕"等。表情意作用的外动词多带宾语，有时也再带"补足语"，而表情意作用的内动词可兼用作外动词。

　　吕叔湘（1942）最先明确地将心理动词单独列为一类。在《中国文法要略》一书中，他将动词归纳为四类：（1）活动（来、去、飞、跳、说、笑、吃、喝等）；（2）心理活动（想、忆、爱、恨、怨、悔、感激、害怕等）；（3）不很活动的活动（生、死、睡、等候、盼望、忍耐、遗失等）；（4）简直算不上活动（为、是、有、无、似、类等）。在后来的《语法学习》（1953）一书中，他进一步把动词归为三类：（1）有形的活动；（2）心理的活动；（3）非活动的行为，即把上面的四类动词中的后两类合并为一类。心理动词被视为三大类动词之一，由此可见其在语言中的重要性。

　　上面提及的早期研究中，研究者们对什么是心理动词并没有明确的定义，如黎锦熙把"批评""笑""骂""哭"等收入心理动词，这一分类偏重其词义中所带的情感成分，但忽视了它们与心理动词在语法意义上的主要区别。自此之后直到20世纪80年代，虽然一些研究现代汉语语法的专著和教材开始将心理动词列为动词的重要一类加以研究，但大多数研究只是词汇学方面的简单分类，缺乏对语法特征的深入探索（文雅丽，2007）。20世纪80年代后才开始出现相对系统、深入的研究，研究的范围也扩展了。例如，胡裕树、范晓（1995）、郭大方（1994）、邢福义（1991）等把表示意愿、感觉、认知和思维的动词也列入心理动词，扩大了心理动词的研究范围。

　　但对此类动词的概念、范围、数量，各家的论述存在非常大的分歧。胡裕树、范晓（1995）从内涵和外延上对心理动词进行了界定，把心理动词分为感觉动词（感觉）、情感动词（喜欢）、意愿动词（希望）、思维动词（思考）、认知动词（认识到）和判断动词（认为）六类。这一分类首次明确地将情感动词作为心理的一类。李英哲、郑良伟（1990）所列的心理动词范围更广，包括述说动词（说、警告、回答）、认知动词（知道、忘记、发觉）、想象动词（决定、认为、赞成、感觉）、询问动词（问、调查、探讨）、感谢类动词（感谢、埋怨、羡慕）五类。陈昌来

（2002：145）认为，这些动词所表示的动作行为虽然都有心理活动参与，但多数动作不以"心理"活动为主，如述说类动词、询问类动词、检验类动词。郭大方（1994）则把"该、敢、肯、能、愿"等表意愿活动的词列入心理动词的范围之内。但胡裕树、范晓（1995）则认为：这些动词虽常放在动词前面，但并不只属于动词，而是与全句所叙事件相关，表达的是说写者的客观评价，而不是主事者的主观意愿，这种语用成分，不应列在心理动词的范围之内。

导致心理动词在定义和范围上的分歧的主要原因是，研究者在界定心理动词时依据的主要是动词的语义特征，缺乏一定的形式标准，存在着很大的主观性（丰竞，2003；周友斌、邵敬敏，1993）。因此，一些研究者开始将形式和意义结合起来，研究心理动词在句法上的共性。胡裕树、范晓（1995）提出，心理动词的功能框架主要为：（1）（很+＿＿）+$O_{[N,V]}$，（2）＿＿+$O_{[V]}$。周有斌、邵敬敏（1993）从语义、语法两个方面来探讨其心理动词性质，最后归纳出心理动词的句型模式，提出"主（人）+｛很+动词｝+宾语"这一框架可作为检验心理动词的标准框架。框架中的"主（人）"是指主语只能由表人的名词或与之相当的代词充当；"｛很+动词｝+宾语"是指动词首先跟"很"组合，然后再跟宾语发生关系。值得注意的是，这一研究虽然是对心理动词进行研究，但从分析来看主要是针对心理动词中的情感类心理动词。

杨华（1994）注意到以往的现代汉语语法专著和教材中所列的心理动词不仅在意义上，而且在语法特点上都缺乏共性，内部并不一致。鉴于此，他把"爱、恨、怕、喜欢、担心、讨厌"等表示"人或动物在内心表现出来的种种形态"的心理状态动词从传统意义上的心理动词中分离出来，将"揣摩、考虑、计划、打算、幻想"等表示思维活动的动词和"忘记、记得"等表示感知的动词归并到行为动词之中。显然，这一研究将表达情感的动词归为心理状态动词。

郑英树（2002）专门从范畴义素与句法特征两方面来考察心理动词，从义素分析的角度，心理动词可以分为三组：A组包括回忆、思考、算盘等与大脑思维活动相关的动词；B组包括打算、企图、决心等表达意志的动词；C组包括重视、珍惜、喜欢、害怕等表达情感活动的动词。此外，在"动态、意向、情态"这三个语义特征和"~一下、重叠、只带动词性宾语、很+＿＿+宾、很+＿＿"等六个句法形式上，三组心理动词差别呈规律性分布。

综上所述，我们可以看出，传统的动词分类研究中，对于心理动词和情感动词并没有严格的界定，范围和界定标准也不明确。由于心理动词包括多种复杂的心理过程，不同类型的动词在意义和语法特点上相差较大，因此，有必要对属于心理动词重要组成部分的情感心理动词的语义和句法研究单独进行概括。

二 汉语情感心理动词的范围、分类和句法特征

情感心理动词往往被视为心理动词研究的一部分，专门对情感动词进行的研究相对较少，在术语的使用上也不尽相同。周有斌、邵敬敏（1993）虽然将心理动词定义为"表示人的心理活动"的动词，但所分析的73个动词主要为情感动词。这一研究从语义、语法两个方面来探讨其心理（情感）动词性质，最后归纳出心理（情感）动词的句型模式，提出"主（人）＋{很＋动词}＋宾语"这一框架可作为检验心理（情感）动词的标准框架。依据这一标准，心理（情感）动词被分为真心理（情感）动词（爱、担心等）、次心理（情感）动词（惦记、感谢等）、准心理（情感）动词（失望、害羞等）。从语义上看，这三类心理（情感）动词也存在差别：真心理动词既具有心理评价和心理态度，又具有心理行为；次心理动词只有心理行为和心理评价，没有心理态度；而准心理动词仅有心理评价和心理态度，缺乏心理行为。

丰竞（2002）参照范晓关于心理动词的定义，从语义上把心理动词分为六类：情感动词、意愿动词、感觉动词、思维动词、认知动词和判断动词。前两类表示某种心理状态，因此被归为状态心理动词，前可加"很"类副词修饰；后四类表示某种心理活动，被归为活动心理动词，不可前加"很"类副词修饰。这一研究提出心理动词的鉴别式为：主（人）＋在心里＋（很）＋心理动词＋宾语。由于情感是一种对外界刺激作肯定或否定的心理反应，所以情感动词的鉴别式可有转换式 S_1、S_2，又因为情感在程度上有可比性，S 还可有转换式 S_3：

S_1：$NS+VM+S_{(P)}+$（IH）$+L+V_{(P)}$

S_2：$S_{(P)}+$（IH）$+TN+L+V_{(P)}$

S_3：$S_{(P)}+THN+M+V_{(P)}+$（$O_{[N,V]}$）

其中：NS = 刺激物（stimulus），VM = 使令动词（make），$S_{(P)}$ = 主语（p—person 人）；IH（in heart）= "在心里"类状语；L（level）= "很"类程度副词；$V_{(P)}$ = 心理动词（p—psychology 心理）；$O_{[N,V]}$ = 体词或谓词性宾语；TN = "对"（to）引导的介宾结构；THN = 表比较的介词（than）引导的介宾结构；M = 更（more）。

　　陈昌来（2002）从配价理论角度把情感动词分为一价动词和二价动词。在汉语中少数不及物动词，如"愤怒、发愁、害羞"等，从语义上看都是表示人自身的心理感受、心理体验和心理经验，都是反映人的情绪变化的动词，所以从语义特征看，具有［心理·情绪］、［述人］的语义特征。这些心理动词由于旨在描写人自身的心理活动，不涉及心理活动对象，因而只有一个必有的语义成分，所以都是一价动词。他将心理活动的主体（心理动词的感知者、体验者、经验者）称为经事，把心理活动的客体即心理活动的体验对象、感知对象称为感事。经事一般只能在句子中作主语，不能后移。还有一部分情感动词属于二价心理动词中的情绪类动词，如喜欢、爱、想念、思念等。从句法特征看，情绪类动词可以受程度副词"很、太"等修饰，而且能带宾语，可以进入"Np + ｛很+Vp｝ + Np"框架，可以作"受到/得到"的宾语。从价类上看，二价心理动词带两个必有的语义成分，经事一般是体词性词语，具有［人类］的语义特征，或者具有拟人性，感事可以由体词性词语、谓词性词语或小句构成。从价位上看，经事为主语，感事为宾语。

　　徐瑞、王文斌（2005）将认知类动词分为六类：情绪类、情感类、感知类、认知类、意动类、使役类。其中情绪类、情感类和部分使役类心理动词属于本书所说的情感动词。情绪类心理动词表示人们高兴、悲哀等心理状态，属单向一价动词，必有论元为感事，可有论元为原因。此类心理动词的状态性最为突出，具有明显的形容词特性，其内部的层次性要求与相应的副词匹配，主要表现该类动词能够受"很、非常、有些"等程度副词修饰。情感类心理动词表示人们对外界刺激产生肯定或否定的心理状态，如喜欢、厌恶等，属双向或三向四价动词，必有论元包括感事、对象、内容和原因等。一般情况下，感事为主语，其他语义格为宾语。在语义上，这两类动词都具有［+及人性］、［-可控性］的语义特性。而使役性心理动词的特殊处在于：感事格不再居于主语位置，相反，原因格提升为主语，感事变成宾语，即论元倒置现象。

文雅丽（2007）对汉语心理动词进行了非常详尽的分类，分为三大类：心理活动动词、心理状态动词和心理使役动词。第一类包括感觉类、思维类、认知类和判断类心理活动动词，即丰竞（2002）所划分的六类心理动词中的后四类。第二类包括情绪类、情感类、态度类和意愿类心理状态动词，即丰竞（2002）划分的六类动词中的前两类。心理使役动词包括动词本身含有"使役"义的动词和本身不含"使役"义但在用法上可活用为"使役"义的动词。每一次类又分为众多小类。在语法特征上，各个大类之间差异明显，甚至在同一大类内部，不同类别之间也存在区别。

宋成方（2012）对60个汉语情感动词采用认可度问卷调查、语法考察和聚类分析方法进行研究，同时总结出情感动词共享的语法特征。研究发现认可度较高的情感动词可以分为三类。第一类包括"讨厌""担心""懊悔""吃惊""庆幸""满意"6个词语；第二类包括"怜惜""怜悯""痛恨""怀念""敬仰""敬畏""同情""羡慕""嫉妒"9个词语；第三类包括"感动"和"委屈"2个词语。这三类情感动词的共同句法特征是：（1）能进入"很+＿＿＿+宾语"结构；（2）后面能够加"着"；（3）单说不需要加"了"；（4）后面能够直接跟语气词；（5）能够用"不"否定。研究认为。在语义上，情感意义具有三个语义特征：[+状态]、[+弱自主性]、[+述人]。这一研究主要是从认可度的角度对情感动词进行分类。从所列举的动词来看，这些主要属于情绪类和情感类心理动词，而不包括使役性心理动词。

综上所述，我们可以看出，由于情感这一心理过程极为复杂，汉语情感动词研究在此类动词的概念、范围、类型和语法特点方面也存在分歧。例如，在分类上，对使役心理动词是否属于情感动词这个问题，周有斌、邵敬敏（1993）、丰竞（2002）与徐睿、王文斌（2005）、文雅丽（2007）观点不一。很多研究没有将使役类心理动词列入心理动词的研究范围，而将其作为单独一类与情绪类、情感类、感知类心理动词并列，也不太合乎逻辑，因为其他几类都是从语义的角度进行划分，而使役类动词是从句法特点加以分类。从语义上看，绝大多数使役类心理动词属于情绪类，如惹怒、震惊、感动等。

在句法特点上，一些研究者提出，情感动词的突出句法形式为：主（人）+（很）+心理动词+宾语，但这一结构显然不能用来描述一价情感动词（如愤怒、害羞）和使役类情感动词。

三　汉语情感动词的体特征

专门研究汉语情感动词的体特征的论文并不多见，对此类动词体特征的分析散见于汉语动词类型研究或对情感动词句法的相关研究中。

动词分类研究中由于分类的标准不同，对情感动词的归类也不尽相同，但无论如何归类，都涉及和汉语语法体标记的共现问题。郭锐（1993）将大部分情感动词归为双限结构动词，此类动词的特点是有起点、有终点、有续段。由于起点、终点、续段的强弱不同，这类动词又可分为五个小类。部分情感动词被归为双限动词中的第一类，可以和"了1、过"共现，能够带时量宾语，但不能和"着、在/正在"共现，如"喜欢、害怕、爱、满意"等。有的归为双限动词中的第二类，可以和"着、了1、过"共现，能够带时量宾语，但不能和"在/正在"共现，如"后悔、忌妒、热爱"等。杨素英等（2009）按照动词的情状类型将情感动词主要归为两类：一是弱动态状态动词，一般不能和"（正）在"连用，但能和"很"和（或）"着"连用，包括"害怕、害羞、讨厌、热爱、失望、喜欢、恨"等；二是弱动态活动动词，能和"在""着"连用，也能和"很"连用，包括"担心、生气、忌妒"等。

情感动词句法结构的相关研究中对此类动词的体特征一般一带而过，并不深入讨论动词的时间特征或情状类型。例如，周有斌、邵敬敏（1993）认为，心理（情感）动词跟其他类型的动词不一样，都能受"很"修饰，在这一点上跟形容词的性质很接近，因此心理动词也可以称为形容动词。具体地说，当它前面出现了程度副词"很"以后，它的形容词性增强，动词性减弱，后面绝对不能出现"着、了、过"，若前面没有"很"，它的后面就可带"着、了、过"。曾立英（2009）发现部分情感动词为作格动词，即具有使役转换现象，包括"感动、震惊、震动"等，并指出这一类心理（情感）动词一般是表状态的，一般不和表正在进行的"正在"搭配，可以和"了"连用，部分可以和"着"共现。

Cheung & Larson（2014）通过比较英汉情感动词的句法特征指出，汉语和英语一样，以感受者为主语的动词（ES）为状态动词，而以感受者为宾语的动词（EO）属于完成动词，具有终结性，可以使用 in X minutes 这一时间短语修饰。

总体来看,虽然关于汉语情感动词体特征的研究相对零散,缺乏专门和系统、深入的研究,但从已有的研究来看,总体上此类动词没有统一的体特征,且不同研究者关于同一次类的情感动词的体特征的论述也并不一致。

第二节 英语情感类动词研究

汉语界对汉语情感动词的研究主要关注此类动词的定义、范围、类型和句法特点,而英语情感动词侧重于从句法的角度对其句法行为进行解释。

一 英语情感类动词的范围和分类

情感动词在英语中叫 psych verbs(psychological predicates/verbs)或 emotion verbs,以前者更为常见。但对 psych verbs 这一概念的意义,不同研究者之间并不统一。例如,Halliday & Matthiessen(1999)将心理过程分为感知类(perceptive,如 see、hear)、认知类(cognitive,如 think、know)、愿望类(desiderative,如 want、wish)和情感类(emotive,如 like、love)。这里,情感类动词属于心理动词的一个次类。Levin(1993)用 psych verbs 来指情感类动词(amuse、fear 等),和感知类动词(verbs of perception,如 see、smell)、愿望类动词(verbs of desire)等并列。由于英语感知类动词、认知类动词与情感类动词在句法特征上相差较大,为了避免混为一谈,多数研究者使用 psych verbs 来指情感类动词(van Voorst,1992;Filip,1998)。

研究者对英语情感类动词的分类主要是基于动词的句法特点,在具体分类上虽有差别,但大体相同。情感类动词一般带两个论元,这两个论元的语义角色为:感受者/体验者(experiencer)和刺激物(stimulus)/客体(theme)。根据论元的表达方式,Levin(1993)将情感类动词分为四类,其中两类是及物动词,另两类是不及物动词。根据感受者做主语还是宾语,及物的情感动词也可以分为两类:感受者做主语的称为 admire 类动词,包括 like、love、respect 等表达积极意义的情感动词,也包括 fear、hate、dislike、detest 等表达负面意义的情感动词,两者共 45 个。体验者做宾语的称为 amuse 类动词,共 221 个,包括 annoy、astonish、sadden、 shock 等。这一类动词描述心理状态或情感状态所发生的变化，主语为导致心理情感变化的使因，宾语为感受者。不及物动词包括 marvel 类和 appeal 类动词，前者以体验者为主语，刺激物用介词短语表达。此类动词有 80 个，有的研究者将其归为 amuse 动词一类。后者以刺激物为主语，体验者用介词短语表达。此类动词数量最少，只有 5 个。

也有的研究者将情感心理动词分为三类（Belletti & Rizzi, 1988; Saeed, 2000; Landau, 2010)：

第Ⅰ类动词中，感受者为主格，客体（theme）为宾格，如 John loves Mary。

第Ⅱ类动词中，客体充当主格，感受者充当宾格，如 The show amused Bill。

第Ⅲ类动词中，客体充当主格，感受者充当旁格，如 The idea appealed to Julie。

更多的研究者将英语情感动词分为两大类（Chomsky, 1965; Postal, 1971; Lakoff, 1970; Jackendoff, 1990; Filip, 1998)：一类为 FEAR 类，即以感受者为主语（Experiencer-subject）的动词，简称为 ES 类；另一类为 FRIGHTEN 类，即以感受者为宾语（Experiencer-object）的动词，简称为 EO 类。显然，这一分类是将上面分类中的第Ⅱ、Ⅲ类并为一类。

除了从句法特点对情感动词进行分类外，也有研究者按情感状态的时间特征对情感动词进行分类。Carlson（1977）根据时间属性将谓语分为两大类：阶段性谓语（stage-level predicate，刘丹青译为事件谓语）描述在时间轴上占有特定位置的非恒久性状态的谓语；个体性谓语（individual-level predicate，也译为属性谓语）描述一个或一群个体的属性、具有一定持久性或常态性的谓语。根据刘丹青（2019），在语类上，阶段性谓语主要由行为动词充当，但有些形容词也用于阶段性谓语，如 Carlson（1977）列举的英语形容词 hungry（饿）、awake（醒着）、drunk（醉）等。个体性谓语一般由形容词、名词充当的谓语、表语充当，也可以由带有非现实情态或惯常体等非现实性标记的动词短语充当，因为这时实义谓语虽然是动词，但是整个命题不表示真实发生的特定事件，如"他会游泳""我喜欢吃鱼"等。Fábregas & Marín（2015）认为，英语 EO 动词属于阶段性谓语，ES 动词属于个体性谓语。

二 英语情感动词的句法特点

自20世纪70年代，一些语言学家，如Charles Fillmore等，开始注意到词汇语义和句法之间的规律性联系，并展开一系列研究。至80年代中期，句法结构在很大程度上取决于动词词汇特点的观点在语言学界已经受到普遍重视和接受。包括乔姆斯基的管约论和词汇函项语法在内的主要句法理论认为，句子的结构在很大程度上可以从动词的语义中引申出来（Wasow，1985：203），更具体地说，动词的语义决定其论元的句法实现。最能表达这一观点的是乔姆斯基的投射理论和Perlmutter & Postal（1984）在关系语法框架内提出的普遍联系假设（Universal Alignment Hypothesis，UAH）。投射理论认为：动词论元实现是动词语义投射的结果。普遍联系假设则进一步提出：语言中存在一些制约论元实现的普遍原则，这些原则针对的不是个别动词而是在语义上属于同类的动词，在语义上相似的动词在论元实现上也会表现出相似性（引自沈园，2007：6）。

依据这些假设，英语情感动词都是表达情感心理状态的动词，应该具有相同的句法表现和统一的题元栅，但事实上，不同动词之间的句法表现相差很大——FEAR类动词和FRIGHTEN类动词虽然具有相同的题元角色：感受者和客体，但这两个题元角色被投射到句法结构上的方式并不相同。英语（也包括其他一些语言，如意大利语等）情感类动词在句法行为上的这种显著特殊性对投射理论提出了巨大挑战，因此吸引了大批研究者从不同的视角和理论层面对英语情感动词的句法特点加以解释。

一些研究者试图为投射理论进行辩护。Postal（1970）从生成语义学角度、Belletti & Rizzi（1988）从管约论的角度认为情感动词中的第Ⅰ类动词遵从投射原则，而第Ⅱ、Ⅲ类动词的句子都从第Ⅰ类动词的句子派生而来。

Pesetsky（1987，1995）则认为，ES类动词与EO类动词在分配给论元的题元角色上并不相同。FRIGHTEN类动词带有致使者这一题元角色，而FEAR类动词带有目标或情感表达对象这一角色。致使者通常和主语联系在一起，而目标通常和宾语相联系。

Tenny（1987，1988）基于"体界面假设"，认为制约联接的不是题元角色，而是动词的体特征。只有FRIGHTEN类使役情感动词中的感受者才能"衡量"（measuring out）动词所表征的事件，因此在深层结构中被实现为内部直接宾语。而 FEAR 类动词是静态动词，根据"体界面假设"，静态动词不能带体角色，因此，静态心理动词中的感受者不能"衡量"事件，从而在深层结构中被实现为外论元（主语）。反对这一观点的研究者认为，将"衡量"性这一语义特征运用于使役情感动词的感受者论元并不恰当，由于"衡量"蕴涵着终结性（Tenny，1994），具有"衡量"性的动词也因此具有终结性，但 FRIGHTEN 类动词中，只有少数为成就类动词，具有终结性，大部分使役动词表达感受者在情感状态上的缓慢变化，这类变化没有终点，因此此类动词没有"衡量"性。

Dowty（1991）试图运用原型角色理论来解释 FRIGHTEN 类与 FEAR 类动词在句法上的差异。这一理论基于"原型施事"（Agent Proto-role）和"原型受事"（Patient Proto-role）两个基本角色概念，用词汇蕴涵的方法来确定论元的语义角色。"原型施事"具有以下特征：a. 事件和状态中的参与意愿；b. 有感知和（或）觉察；c. 使事件发生或使事件中另一参与者发生状态变化；d. 相对于事件中另一参与者的位置移动；e. 独立于动词所表示的事件。"原型受事"具有以下特征：a. 经历状态变化；b. 渐生题旨（incremental theme）；c. 因事件中另一参与者而受到影响；d. 相对于事件中另一参与者来说处于静止状态；e. 不独立事件或根本不存在（以上转引自沈园，2007：37）。Dowty（1991：576）的论元选择原则（Argument Selection Principle）提出，动词的论元倾向于作施事还是受事，主要根据论元满足原型施事或原型受事特征的数量；拥有最多原型施事特征的论元在句中作主语，而拥有最多原型受事特征的论元在句中作直接宾语。就英语情感动词来说，尽管 FRIGHTEN 类和 FEAR 类动词的感受者语义角色所拥有的原型施事特征在数量上相同，但由于 FRIGHTEN 类动词的感受者在事件中经历了变化，更适合作受事，因此必须作直接宾语（Dowty，1991：580）。

三 英语情感动词的体特征研究

对英语情感动词的体特征和事件类型，各个研究者的观点不一。对于 ES 类（或称 FEAR 类）情感动词，大部分研究者倾向于认为，它们属于状态动词（Tenny，1987，1988；Grimshaw，1990；Pustejovsky，1991），但对于 EO 动词的类型存在的争议较大。Tenny（1987，1988）认为，EO 动词（FRIGHTEN 类动词）中，少数为成就类动词，具有终结性，如

frighten、strike、astonish、shock、startle 等。但大部分使役动词表达感受者在情感状态上的缓慢变化，这类变化没有终点，不具有终结性，如 calm、disillusion、sadden、soothe、disarm 等。Cheung & Larson（2014）则认为英语 EO 情感动词属于完成动词，因为它们具有终结性，可以使用 in X minutes 这一时间短语修饰。

Van Voorst（1992）认为，情感类动词全部属于成就类动词。他采用 Dowty（1979）提出的不同事件类型的鉴别方式对情感类动词加以分析。首先，通过运用 in X minutes、for X minute、未完整体悖论、副词 almost、直接宾语的个体化（individuation）等鉴别方式，van Voorst 排除了情感类动词为完成类动词和活动动词，认为情感动词属于成就类动词和状态动词之中的一种。接着，van Voorst 排除了情感动词为状态动词。他认为，将状态动词与其他动词区别开来的关键因素在于：状态动词表征的事件不具有突然发生性，而突然发生的事件内部不具有同质性，包含很多次事件。由于状态动词不能和修饰程度的副词共现，不能用于被动语态，而情感动词具有发生性，能和程度修饰副词共现，能用于被动语态，因此，情感动词不属于状态动词，而是成就类动词。

第三节　英汉情感动词对比研究综述

情感心理动词在语言中普遍存在，但由于不同语言在语音、词汇、句法和深层文化心理等方面的特殊性，此类动词存在跨语言差异。英汉情感心理动词之间存在众多差异，尤其是在使役性表达上。总体看来，目前的英汉情感动词比较主要从以下两个方面进行。

第一，从语言类型学角度对英汉使役心理（情感）动词进行比较研究。如张京鱼（2001）发现英汉两种语言都存在词汇化使役结构和句法化使役结构（即迂回使役结构），但其偏重点不同。英语中典型使役化结构是词汇化使役结构，迂回式仅作为辅助；汉语正好相反，以迂回式为主，词汇化使役结构为辅。根据英汉心理动词的语义结构特点和英语心理使役动词的句法特性，他们将英语心理使役动词分为三细类：（1）Shock 类动词，这类心理动词包含"使因"和"状态变化"的现象；（2）Satisfy 类动词，英语此类动词是 EO 使役动词，而汉语的对应词是 ES 状态动词；（3）Worry 类与 sadden 类动词，这两类心理使役动词能参与使役/起始结构转换（causative-inchoative alternation）。上面这三类动词中，除了 satisfy 类动词外，其他两类动词汉语中都不存在。

第二，从句法角度比较英汉使役心理（情感）动词。王文斌、徐睿（2005）将英汉使役形态分为四类，即迂回使役结构、使役词化、使役同形转换（identical shift）和复合使役（resultative compounds）。研究发现，英语虽然也存在迂回使役结构，但运用远不及汉语频繁，使役词化在英语更为常见，但在汉语中却不存在；使役同形转换的突出特征是"零使役"成分；复合使役心理动词仅存在于现代汉语中为数不多的几个复合式动补结构中，如"激怒、惹怒"，英语中则基本不存在。在此分类基础上，他们运用 Chomsky 的"最简方案"理论和 Larson 的 VP 壳理论考察英汉使役心理动词结构的个性及在句法深层结构中的共性。

第四节　基于语料库的英汉情感动词语义—句法比较研究

基于前人的研究，本书采用语料库，对英汉情感动词在语义—句法之间的联系进行深入比较分析，主要回答以下问题：（1）英汉情感动词的语义—句法之间存在什么联系？（2）英汉情感动词事件类型与语法体之间存在什么样的互动关联？（3）就以上两个方面，每种语言中不同类型情感动词之间是否存在差别？导致这种差别的原因是什么？

一　研究范围和动词选择

根据不同的标准，英汉情感动词各自有不同的分类。英语情感动词的分类主要是按照句法特点将其分为四类（Levin，1993）、三类（Belletti & Rizzi，1988；Saeed，2000；Landau，2010）或两类（Chomsky，1965；Postal，1971；Lakoff，1970；Jackendoff，1990；Filip，1998）。但是无论分为几类，本质上都是将动词按照感受者（experiencer）作为主语还是宾语来进行划分。因此本书采取最常见的二分法，从 Levin（1993）列举的英语情感动词中选取最常见的 4 个 ES 动词（admire 类动词）和 4 个 EO 动词（amuse 类动词）。ES 动词为：dislike、fear、love、tolerate；EO 动词为：annoy、disappoint、frighten、worry（worry 也可以作为 ES 动词使用，这时后面通常有介词 about 等）。根据 Carson（1977）、Fábregas & Marín

(2015),前者属于个体性谓语,后者属于阶段性谓语。

相比之下,汉语情感动词的分类更为复杂,标准不一。本书所说的情感动词主要比较接近丰竞(2002)研究中的情感动词,包括情绪类(如愤怒、发愁等)和情感类(如害怕、喜欢等)。使役类心理动词绝大多数表达情绪,因此不单独列出,而是和情绪类心理动词归为一类。为了便于比较,汉语情感类动词的选择主要是基于和英语动词的对应性。和英语ES动词对应的动词为:讨厌、害怕、热爱/喜欢、容忍。和英语EO动词对应的动词为:惹恼、失望、吓唬、担心。

二 语料收集

英语语料来自美国当代英语语料库(COCA)中小说子语料库的通俗小说(general fiction)部分,其中 tolerate、annoy、disappoint 这三个动词由于语料数量较少,搜索范围扩展到整个小说子语料库。汉语语料来自现代汉语语料库(BCC)中的文学子语料库。所收集语料数量见表 5-1:

表 5-1　　　　　　　　英语情感动词语料收集

EO	annoy	disappoint	frighten	worry	总计
	1048	959	803	4175	6985
ES	dislike	fear	love	tolerate	总计
	439	6571	14766	1323	23099

为了便于比较,我们按照英语动词的归类方式对表 5-2 中的汉语情感动词进行归类。

表 5-2　　　　　　　　汉语情感动词语料收集

英语 EO 对应词	惹恼	失望	吓唬	担心	总计
	235	4806	221	11795	17057
英语 ES 对应词	讨厌	害怕	热爱/喜欢	容忍	总计
	1063	2075	583/10650	170	14541

三 语料分析

首先,本书在对语料进行分析前剔除了不合格语料。英语语料中排除了和动词同形的名词用法、不定式和作为修饰语的现在分词与过去分词用法。需要注意的是，一些动词用作谓词时，其进行式和过去时可以作为形容词使用，如 disappoint、worry 等。这时需要研究者根据上下文来判断并剔除以上动词用作形容词的句子。在分析汉语语料时，我们剔除了动词用作定语修饰语和名词的用法。例如：

（1）a. 极端的人也会遭到极端的喜欢和极端的厌恶。
　　　b. 博取别人的同情并非是一件好事。
　　　c. 这真是一个令人失望的消息。

其次，我们对以上动词在句子中的句法特点和语法体标记使用进行了分析和归纳。

四　英语情感动词语义—句法的互动关联

（一）英语情感动词句法特点

英语情感动词的研究中通常根据动词的句法特点，将动词分为 ES 和 EO 两大类。语料显示，列表中所有的 ES 动词句子中，感受者都为主语。例如：

（2）a. I dislike speaking of my past.
　　　b. First, she feared the smuggler would flee if he learned that Nicodemus had doubled the ships patrolling the…
　　　c. She felt grateful and loved all of her fellow teachers, except Melissa Rue, Resident Blabbermouth.
　　　d. He was happy to see his brother, and tolerated their mother's loving criticism much better than Blake could.

同样，列表中所有的 EO 动词（除了 worry 的部分用法外）句子中，感受者都为宾语。例如：

（3）a. … yet the attitude suddenly annoyed him.
　　　b. His choice had mightily disappointed his father but covertly

pleasedhis mother...
c. To be honest, these thoughts frightened me.
d. The open arms of the natural world worried him as much as the white people...

(二) 英语情感动词的事件类型

事件具有内部时间结构，包括事件的起始、持续、终结等。动词所表征的事件的内在结构和动词的体特征息息相关，因此在运用事件结构理论对动词的句法行为进行分析之前，需要对动词的事件类型加以明确。关于英语情感动词的体特征，研究者之间存在较多争议。虽然多数研究者认为英语 ES 动词为状态动词，但也有研究者视之为成就类动词，例如 van Voorst (1992) 采用 Dowty (1979) 提出的不同事件类型的鉴别方式对情感类动词加以分析，认为所有的英语情感动词都为成就动词。虽然他的观点基于各种鉴别手段，但这一结论在理论和方法上都存在问题。首先，van Voorst (1992) 认为英语 ES 和 EO 动词都为成就类动词，那么很难解释为什么这两类动词拥有同样的题元角色却具有相反的句法结构。其次，情感动词数量众多，在时间上表现出的特征明显不同，因此将所有情感动词都归为一类动词，很难具有说服力。事实上，van Voors (1992) 在分析中只是运用了极少数的情感动词为例子，例如 amuse、admire 等。最后，虽然一些鉴别式可以用来帮助区分动词类型，但很难判定某一用法绝对错误或不可接受，很多时候只是在接受程度或用法频率上存在差别。例如，通常认为，成就类动词由于表达瞬时性，因此不用于进行体中，但事实上，成就类动词用于进行体现象比较普遍，如 die、arrive (Rothstein, 2004)。因此，基于用法来鉴定动词类型具有一定的误导性。

在分析动词的事件类型的过程中，除了参考各种鉴别式外，最重要的还是考虑到各个动词表现出的语义特征。Rothstein (2004) 认为，状态事件具有累积性、同质性以及非动态的特点，即 [-终结性]、[-阶段性]。状态事件具有绝对的同质性。这一同质性特点除了导致 [-终结性] 外，还决定了状态事件无法分为不同的阶段，因为就动词 P 来说，一个间隔内的每个时刻和其他时刻都相同，因此无法确定这一间隔内的变化和发展。基于这些语义特征，英语 ES 类动词显然属于状态动词。从事件结构的角度来看，此类动词表达一个简单事件：[x <STATE>]。

EO 动词和 ES 动词在语义上最显著的区别之一在于，前者包含致使意义以及致使关系导致的状态变化。事件结构理论中，致使关系是定义复杂事件的重要条件（Pustejovsky，1991；Levin & Rappaport，1999，2001）。因此 EO 动词表达的是一个复杂事件，包含两个次事件：一个致使事件和一个结果事件。

值得注意的是，不同研究者对复杂事件的定义所持的观点存在差异。例如，Levin & Rappaport（1999，2001）将完成事件视为复杂事件，而将成就类事件和状态事件、活动事件一同视为简单事件，只包含一个次事件：

a. 简单事件：
[x ACT<MANNER>]（活动事件）
[x <STATE>]（状态事件）
[BECOME [x <STATE>]]（成就事件）
b. 复杂事件：
[[x ACT<MANNER>] CAUSE [BECOME [y <RES-STATE>]]]
（完成事件）

Levin & Rappaport 将成就类事件视为简单事件，认为此类动词不应该包含施事性，对此不同研究者存在争议，因为这一分析只能解释部分成就类动词，如 arrive、die 等。van Voorst（1992）等认为，是否具有施事性不应该被视为成就类动词的判定条件之一。

Pustejovsky（1991）则认为，只要存在致使关系导致的状态变化就是复杂事件。基于 Vendler（1967），她提出三种事件类型：状态（state）、过程（process）和转化（transition）。"状态"和"过程"表达单一事件，"转化"包括完成和成就事件，为复杂事件，包含过程和状态两个子事件。在她看来，事件的复杂性指的是事件引发的状态的改变，等同于终结性（culmination）。

Pustejovsky（1991）认为，EO 类动词，无论属于完成还是成就类动词，都是表达转化事件，因为此类动词的宾语都经历一个由动词所表征的动作导致的心理状态上的改变。如下句中动词"frighten"的事件结构可以表征为：

(4) The movie frightened Mary.

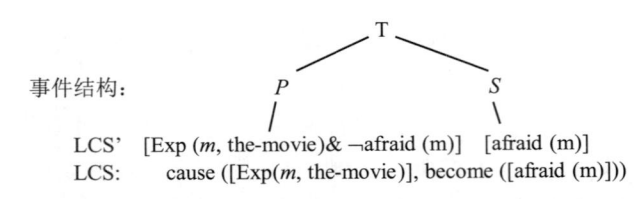

事件结构：

```
            T
           / \
          P   S
          |    \
LCS'   [Exp (m, the-movie)& ¬afraid (m)]   [afraid (m)]
LCS:   cause ([Exp(m, the-movie)], become ([afraid (m)]))
```

图 5-1　Pustejovsky（1991）对"frighten"的事件结构的分析

毋庸置疑，EO 动词都包含情感上的状态变化，表达复杂事件，但是它们属于完成动词还是成就动词依然存在争议（Tenny，1987，1988；Cheung & Larson，2014；van Voorst，1992；Landau，2010）。如果不考虑动词的施事性特征，完成动词与成就动词之间的区别性特征之一，是前者具有［＋持续性］语义特征，而后者具有［－持续性］语义特征。对英语 EO 动词进行分析后我们可以看出，就这一语义因素来说，这些动词并不能一概而论。一些动词表达感受者情感状态上的瞬时性变化，例如 frighten、strike、astonish、shock、startle 等，具有［－持续性］特征，因此应归为成就类动词，而另一些动词表达感受者在情感状态上的缓慢变化，具有［＋持续性］特征，应该归为完成动词，如 calm、sadden、soothe 等。此外，此类动词表达的变化还具有［＋终结性］特征，可以使用 in X minutes 这一时间短语修饰，这也是完成动词常用的鉴别式。

基于以上分析，我们认为，英语情感动词，由于其表征的事件具有不同的内部结构，因此表达不同类型的事件，包括状态事件、成就事件和完成事件。但是总体上来看，英语情感动词的事件类型和句法结构之间存在紧密关联，EO 类动词往往表达复杂事件，而 ES 类动词往往表达简单事件。

（三）英语情感动词的语法体标记

按照前面章节对动词语法体分析归纳的框架，我们对英汉情感动词的语法体标记进行了统计和归纳。英语情感动词的语法体标记使用如表 5-3 所示：

表 5-3　　　　　　　英语情感动词语法体标记使用统计

动词		语法体	完整体		未完整体	无标记体	总计
			过去时	现在完成时	进行时		
EO	annoy		347（62.5%）	8（1.4%）	27（4.9%）	173（31.2%）	555
	disappoint		203（48.4%）	27（6.4%）	17（4.1%）	172（41.1%）	419
	frighten		273（74.0%）	5（1.4%）	3（0.8%）	88（23.8%）	369
	worry		804（54.5%）	7（0.5%）	49（3.3%）	615（41.7%）	1475
	小计		1627（57.7%）	47（1.7%）	96（3.4%）	1048（37.2%）	2818
ES	dislike		269（72.1%）	2（0.5%）	1（0.3%）	101（27.1%）	373
	fear		974（70.2%）	5（0.4%）	6（0.4%）	403（29.0%）	1388
	love		6954（57.1%）	64（0.5%）	25（0.2%）	5144（42.2%）	12187
	tolerate		287（39.9%）	9（1.3%）	7（1.0%）	417（57.9%）	720
	小计		8484（57.8%）	80（0.5%）	39（0.3%）	6065（41.3%）	14668
总计			10111（57.8%）	127（0.7%）	135（0.8%）	7113（40.7%）	17486

由表 5-3 可以看出，总体上，完整体标记在几乎所有动词中的使用比例最高，其次是无标记体，未完整体标记最低。卡方检验结果显示，这两类动词在一般过去时的使用上没有显著差异（Loglikelihood = −0.004，p=0.95>0.05），但在现在完成式和进行时的使用频率上 EO 动词显著高于 ES 组动词（Loglikelihood = 32.32，p = 0.00<0.01；Loglikelihood = 201.867235，p=0.00<0.01）。导致这一差异的原因可能和这两组动词在事件类型上的差异有关。

英语 EO/ES 动词表现出不同的情感特征和事件类型。Van Voorst（1992）将情感类动词与 Ryle（1949）从哲学角度对性情/情绪的分类联系起来：性情（inclination）是相对具有持久性的情感或性格特征，而情绪（moods）是短期性的、具有事件性的情感表达。一般来说，情绪带有情境性，由特定情境引发，稳定性和持久性较弱，比如 frighten、disappoint、annoy、upset 等；而性情相对稳定持久，一般不随着情境改变而改变，如 fear、love、like 等。这一分类与 Carson（1977）的阶段性/个体性谓语的分类非常接近。从事件类型的角度来说，英语 ES 动词一般属于状态类动词，而 EO 动词往往属于完成动词或成就动词。这两者之间在语义上最显著的区别之一是，EO 动词包含致使意义以及致使关系导致的状态变化。

虽然英语语言学界对现在完成式确切表达几种意义尚存在争议（McCawley, 1971; Michaelis, 1994; Quirk et al., 1985），但都认为，完成式可以表达结果意义，即聚焦于某一过去发生的事件持续到现在时刻的影响。EO 动词出现在现在完成式中时也是以表达这一意义为主。例如：

(5) a. He didn't want to frighten this girl, even though she has disappointed him...
 b. ... people see their strengths any longer, because something has frightened them...
 c. It is not clear what has annoyed her. Lena slides her card through the machine...

进行体的使用则和 EO/ES 这两组动词之间的另一个语义上的差异相关——[+阶段性]。根据 Barber（1993），古英语中没有进行体，现代英语的进行体直到中古英语的末期才真正建立，且使用频率相比现在低得多；能够使用进行体的动词数量和类型也非常有限，仅限于少数表达具体行为动作的动词，18 世纪之后才开始使用在静态动词中。Langacker（1991：207）认为，英语中动态动词才可以用于进行体，而静态动词则不能。例如："He is loving the poem."通常被认为不可接受。

从动词类型与语法体之间的关联来说，通常，由于活动动词和完成动词具有[+阶段性]，因此这两类动词出现在进行体中的比例高于状态类和成就类，而状态类极少出现在进行体中。从本书语料库统计结果来看，英语 ES/EO 动词都可以出现在进行体中。例 (6) 为英语 EO 动词出现在进行体中的用法：

(6) a. I am really very tired and everything is annoying me.
 b. She started out. "You are seriously disappointing me, Bamaby."
 c. "Stop it! You're frightening me." She narrowed her eyes...
 d. "Father? Your demeanor is worrying me."

英语 ES 动词虽然也可以出现在进行体中，但在使用频率上显然大大低于 EO 类动词。如例（7）：

(7) a. And just as I was disliking them all and even starting to pity them for having no idea what...
b. ... but she was already fearing what would happen if she left the little girl alone for another minute.
c. "I'm loving the smoky eye", Taylor said, studying Alexa's eye makeup...
d. He was tolerating it much better than most. If he always felt tired...

由于进行体通常用于具有 [+阶段性] 语义特征的动词中，因此，出现在进行体中的 ES 动词也具有"此时正在发生"的含义。这种体压制通常被认为是语法体的"主观化"用法（石毓智、姜炜，2010）。英语 EO/ES 动词之间在未完整体上的这种差异也证明了这两种动词属于不同的事件类型。

五 汉语情感动词语义—句法的互动关联

（一）汉语情感动词句法特点

总体上看，英语情感动词在句法方面表现出高度的统一性。相比之下，汉语情感动词的句法行为比较复杂。同样，根据感受者做主语还是宾语，我们可以将汉语情感动词分为两类。以上列举的汉语情感动词中，感受者做主语的动词占据大多数：担心、失望、讨厌、害怕、热爱、喜欢、容忍。

(8) a. 他总害怕妻子美丽的辫子被毁掉，那两只迷人的红蝴蝶被毁掉。
b. 作者不但要热爱儿童，熟悉儿童，还要富于幻想，会说儿童的语言⋯
c. 秦震偏爱、甚至容忍知识分子的特殊习性，又明白知识分子的弱点。

d. 他从心里讨厌憎恶这样的男人。

相比之下，感受者做宾语的动词较少，以上列表中只有"惹恼、吓唬"这两个动词。

(9) a. 这种政治必然会惹恼一半读者，并使另一半读者生厌……

b. 有个男人穿着雨衣，兜里揣着手电筒，在这里无奈地转来转去，吓唬过往的女学生。

本书中汉语情感动词根据感受者为主语还是宾语可以进行如表5-4的分类：

表5-4　　　　　　　　本书中的汉语 EO/ES 动词

汉语 EO 动词	惹恼、吓唬
汉语 ES 动词	担心、失望、讨厌、害怕、热爱、喜欢、容忍

上表显示，英语中的 ES 动词在汉语中仍为 ES 动词，但英语中的 EO 动词在汉语中部分为 ES 动词。一些研究倾向于认为，汉语情感动词句子的特点是以感受者为主语。如，周有斌、邵敬敏（1993）提出"主（人）+｛很+动词｝+宾语"这一框架作为检验心理（情感）动词的标准框架；丰竞（2002）认为汉语情感动词的基本句子结构为"主（人）+在心里+（很）+心理动词+宾语"。但是事实上，汉语中也存在以感受者为宾语的情感动词，尽管为数较少（张京鱼，2001；徐睿、王文斌，2005；文雅丽，2007）。

这两类动词在句法形式方面还表现出以下差异：

1. "很"这一副词可以用来修饰除了"容忍"之外的汉语 ES 动词，但不用来修饰 EO。例如：

(10) a. 我和父亲发生过几次冲突，当然理解峰子的心情，可同时，又很担心。

b. "不是吗？"沃尔夫山姆先生似乎很失望。

c. 她似乎很害怕阳光，一出来，就打了一个哆嗦。

2. "把"字结构和"被"字结构在 EO 动词中使用较为普遍，但不出现在 ES 动词中。例如：

（11）a. 他说时带着一种比人高明的神气，把我们俩惹恼了。
b. ……又看到公司在警察的支持下，显得神气活现，他们被惹恼了。
c. 她今天下午非常紧张。他跟她讲那些话的方式把她吓唬住了。
d. 跟我在一起的那个年轻的杂技演员被吓唬住了。

3. 迂回致使结构（主要包括使、令、让、叫等结构）完全不出现在汉语 EO 动词句子中，但程度不等地出现在 ES 类动词句子中，尤其是"担心、失望、喜欢"等动词的句子中。例如：

（12）a. 你真使人担心！
b. 娘！你为什么说这样的话？我有什么事让父母担心？
c. 这个约请比那一个更令人担心。
d. 你算什么团支部书记？你真让我失望！
e. 爱杜亚达谈起了那天赛马她如何使他失望……

(二) 汉语情感动词的事件类型

事件结构理论将事件分为简单事件和复杂事件，简单事件只包含一个次事件，而复杂通常包含一个致使事件和结果事件。从这个意义上来说，上面列举的汉语 ES 动词中的大部分，包括"担心、失望、讨厌、害怕、热爱、喜欢"，都表征简单事件，因为这些动词不包含致使性意义。那么这些动词属于状态动词还是活动动词？抑或部分属于状态动词部分属于活动动词呢？

如果只考虑动词所表征的事件结构的特点，我们认为，这些汉语 ES 动词和英语 ES 动词一样，都具有累积性、同质性以及非动态的特点，即 [−终结性, −阶段性]，都属于状态动词，所表征的事件可以表达为：[x

<STATE>]。这一观点和杨素英等（2009）的分析较为一致，后者认为，除了"担心"外，其他5个动词都属于状态动词中的弱动态动词，具有[-动态，+持续，-终点]的语义特征。

以上这些动词的句法特征也可以作为它们为状态动词的证据。首先，这些动词都可以用"很"修饰。周有斌、邵敬敏（1993）认为，此类情感动词在这一点上和形容词的性质很接近；具体来说，当它前面出现了程度副词"很"以后，它的形容词性增强，动词性减弱。也就是说，这些动词更偏向于状态，而不是活动。

其次，这些动词都不能出现在"把"字句中。根据研究者对"把"字句的研究，进入这一结构的动词往往具有[+终结性]或"完成"这一语义特征。例如，Sybesma（1992）认为，出现在"把"字句的动词或动词短语往往是完成动词，具有内在终结性。Yong（1993）基于陈平（1988）对动词的分类，认为能够出现在"把"字句中的动词或动词短语都具有终结性，包括完成事件、单变事件和复变事件；王广成、王秀卿（2006）明确指出，"把"字句是由一个活动子事件和一个状态变化子事件构成的复杂事件结构。基于把字句结构中的动词的这一特点，"担心、失望、讨厌、害怕、热爱、喜欢"等动词不能进入这一结构，因此不属于完成或成就类动词。

本章中的汉语EO动词"惹恼、吓唬"是否和英语对应的EO动词"annoy、frighten"一样属于成就类动词呢？这主要看这两个动词是否表征复杂事件。"惹恼"被称为复合使役式，即由两个语素构成的复合使役结构，表示由外界原因促使感受者发生心理情感状态上的变化（徐睿、王文斌，2005：24）。其中，"惹"表示用言语、行动等招惹对方，表达引起情感变化的方式，"恼"表示前一方式引起的结果，两者存在时间上的先后关系和逻辑上的因果关系。显然，这一复合词表征两个次事件：使因和结果，因此是复杂事件。类似的动词还包括"激怒、触怒、惹怒、感动"等。此类动词在汉语中数量不多，英语中基本上不存在复合使役情感动词。

"惹恼"属于完成动词还是成就动词呢？这两类动词在语义上的重要区别是，前者包含[+阶段性]，因此可以使用进行体和in X minutes这两种方式进行鉴别：

(13) a. ＊她正在惹恼她的父亲。／＊她惹恼着她的父亲。
b. ＊她在三天内惹恼了父亲。

显然,"惹恼"不能用于进行体中,事实上,我们的汉语语料中没有一例该动词与进行体搭配的用法。"惹恼"使用在 in X minutes 中时,句子也显得很不自然。因此,我们可以认为,"惹恼"是成就动词。

语料库中"惹恼"的句法行为也证明,这一动词表征的是复合事件。在本书范围的动词中,能够无条件地进入"把"字结构的只有"惹恼"。

(14) a. 他说时带着一种比人高明的神气,把我们俩惹恼了。
b. 那玩世不恭的表情,把他姐姐惹恼了。

关于"吓唬",一些研究将其归为使役类情感动词(文雅丽,2007)。这可能是基于《现代汉语词典》给出的定义:使害怕;恐吓。但是它是否表征复杂事件还要看其是否包含使因和结果两个次事件。从动词的构成来看,"吓"表示"恐吓";"唬"表示虚张声势、夸大事实来吓人或蒙混人,这两个语素都表示活动。从事件结构来看,这一动词表征的事件并不包含结果,即没有终结性。由于没有结果次事件,"吓唬"就只能表达简单事件,因此是一个活动动词,具有［+动态,+持续,-终点］的特点。同理,上面所列的汉语 ES 动词"容忍"也是活动动词,因为不具有终结性,没有结果次事件。

在本书的语料中,"吓唬"不能无条件地进入"把"字结构中。如上所述,进入"把"字结构的动词需要具有［+终结性］的语义特征,因此,如果需要表达动作的结果,需要在"吓唬"后增加"住、倒"等表示终结性的词。"吓唬"的这一使用特点证明,这一动词为活动动词。在语料中,这样的例子比比皆是:

(15) a. 他跟她讲那些话的方式把她吓唬住了。
b. 事实上,尤金只是给事情的物质外表吓唬倒了。
c. 啊,原来是两条狗把它吓唬到这里!

总体来看,与英语情感动词不同,汉语情感动词的句法结构和事件类型之间似乎并不存在非常紧密的联系。汉语 EO 类动词既表征复杂事件，如成就类事件，也表达简单事件，如活动事件，而汉语 ES 类动词一般表征简单事件，主要是状态事件。Cheung & Larson（2014）通过比较英汉情感动词的句法特征指出，汉语和英语一样，ES 动词为状态动词，而 EO 动词属于完成动词，具有终结性，可以使用 in X minutes 这一时间短语修饰。从我们的研究来看，这一观点是错误的。

（三）汉语情感动词的语法体标记

由以上分析可以看出，在情感动词类型的句法结构和事件类型之间的关系上，汉英情感动词存在差别：英语情感动词的句法与事件类型之间存在紧密联系，而汉语没有。表达相同或相近情感时，汉英动词可能表征不同的事件类型，如 "frighten" 和 "吓唬"。要了解哪些因素影响汉语情感动词在语法体标记上的使用，可以从两个角度来分析：情感动词所表达的情感特征和句法特征（即 ES/EO 类型）。

首先，我们来看汉语情感动词的情感特征与语法体标记之间是否存在关联。英语的 EO/ES 动词主要是基于情感特征进行的分类，EO 动词往往表达依赖情境的情绪变化，稳定性和持久性较弱，具有阶段性谓语的特征；而 ES 动词往往用于表达稳定性相对较高的情感（或性情），具有个体性谓语的特征（Fábregas & Marín, 2015）。应当说，情感动词的这种基于情境和稳定性的分类具有跨语言普遍性。我们基于英语情感动词的分类将本书中的汉语情感动词分为阶段性情感动词和个体性情感动词，并对其语法体标记的使用进行统计。如表 5-5 所示：

表 5-5　　汉语阶段性/个体性情感动词语法体标记使用统计

动词		完整体			未完整体			中立体	总计
	语法体	了	过	小计	着	在/正在	小计		
阶段性谓语	担心	14 (0.2%)	0	14 (0.2%)	117 (1.3%)	225 (2.4%)	342 (3.7%)	8917 (96.2%)	9273
	失望	6 (0.3%)	19 (0.9%)	25 (1.2%)	2 (0.1%)	3 (0.1%)	5 (0.2%)	2086 (98.6%)	2116
	惹恼	145 (65%)	0	145 (65%)	0	0	0 (0%)	78 (35%)	223
	吓唬	8 (4.7%)	0	8 (4.7%)	11 (6.5%)	0	11 (6.5%)	150 (88.8%)	169
	小计	173 (1.5%)	19 (0.2%)	192 (1.6%)	119 (1.0%)	239 (2.0%)	358 (3.0%)	11231 (95.3%)	11781

续表

动词 \ 语法体		完整体 了	完整体 过	完整体 小计	未完整体 着	未完整体 在/正在	未完整体 小计	中立体	总计
个体性谓语	害怕	0	4 (0.2%)	4 (0.2%)	0	3 (0.2%)	3 (0.2%)	1896 (99.6%)	1903
	热爱	0	5 (1.5%)	5 (1.5%)	2 (0.6%)	0	2 (0.6%)	333 (97.9%)	340
	喜欢	0	2 (0.02%)	2 (0.02%)	0	0 (0%)	0 (0%)	9543 (100%)	9545
	讨厌	1 (0.1%)	0	1 (0.1%)	0	1 (0.1%)	1 (0.1%)	805 (99.8%)	807
	容忍	1 (0.8%)	0	1 (0.8%)	0	1 (0.8%)	1 (0.8%)	125 (98.4%)	127
	小计	2 (0.02)	11 (0.09%)	13 (0.1%)	2 (0.02%)	5 (0.04%)	7 (0.05%)	12702 (99.8%)	12722
总计		175 (0.7%)	30 (0.1%)	205 (0.8%)	121 (0.5%)	244 (1.0%)	365 (1.5%)	23933 (97.7%)	24503

上表显示，汉语情感类动词的句子中，完整体标记和未完整体标记在这两组动词中的使用频率都不高，中立体的使用频率远远高于其他两类（95.3%，99.8%）。在完整体标记上和未完整体标记上，汉语阶段性情感动词组别都显著高于个体性情感动词组别（Loglikelihood=201.38，P=0.00<0.01；Loglikelihood=464.29，P=0.00<0.01）。

将英汉情感动词的语法体标记使用进行比较后，我们可以发现，在未完整体标记的使用上，阶段性情感动词都显著高于个体性情感动词。

其次，我们根据汉语情感动词的句法特征，即按照感受者做主语还是宾语对动词进行分类（ES/EO）。基于这一特征，我们得到表5-6：

表 5-6　　汉语 EO/ES 情感动词的语法体标记使用统计

动词 \ 语法体		完整体 了	完整体 过	完整体 小计	未完整体 着	未完整体 在/正在	未完整体 小计	中立体	总计
汉语EO动词	惹恼	145 (65%)	0	145 (65%)	0	0	0 (0%)	78 35%	223
	吓唬	8 (4.7%)	0	8 (4.7%)	0	11 (6.5%)	11 (6.5%)	150 88.8%	169
	小计	153 (39%)	0 (0%)	153 (39%)	0 (0%)	11 (2.8%)	11 (2.8%)	228 58.2%	392

续表

语法体\动词	完整体 了	完整体 过	完整体 小计	未完整体 着	未完整体 在/正在	未完整体 小计	中立体	总计
汉语ES动词 担心	14 (0.2%)	0	14 (0.2%)	117 (1.3%)	225 (2.4%)	342 (3.7%)	8917 96.2%	9273
汉语ES动词 失望	6 (0.3%)	19 (0.9%)	25 (1.2%)	2 (0.1%)	3 (0.1%)	5 (0.2%)	2086 98.6%	2116
汉语ES动词 害怕	0	4 (0.2%)	4 (0.2%)	0	3 (0.2%)	3 (0.2%)	1896 99.6%	1903
汉语ES动词 热爱	0	5 (1.5%)	5 (1.5%)	2 (0.6%)	0	2 (0.6%)	333 97.9%	340
汉语ES动词 喜欢	0	2 (0.02%)	2 (0.02%)	0	0	0 (0%)	9543 99.98%	9545
汉语ES动词 讨厌	1 (0.1%)	0	1 (0.1%)	0	1 (0.1%)	1 (0.1%)	805 99.8%	807
汉语ES动词 容忍	1 (0.8%)	0	1 (0.8%)	0	1 (0.8%)	1 (0.8%)	125 98.4%	127
小计	22 (0.1%)	30 (0.1%)	52 (0.2%)	121 (0.5%)	233 (1.0%)	354 (1.5%)	23705 98.3%	24111
总计	175 (0.7%)	30 (0.1%)	205 (0.8%)	121 (0.5%)	244 (1.0%)	365 (1.5%)	23933 97.7%	24503

表 5-6 显示,在完整体标记的使用上,汉语 EO 情感动词显著高于 ES 类动词 (Loglikelihood = 54.48,P = 0.00<0.01)。但在未完整体标记的使用上,这两组动词之间没有显著差别 (Loglikelihood = 3.685,P = 0.055>0.05)。

对表 5-5、表 5-6 加以比较我们可以发现,在完整体标记的使用上虽然每个表的两组动词之间都存在差异(显然 ES/EO 之间差异更为显著),但在未完整体标记上,表 5-5 中阶段性/个体性谓语之间的差异具有显著性,而表 5-6 中 ES/EO 之间的差异并不显著。导致这一不同的主要原因是:属于阶段性谓语的"失望、担心"被移到 ES 组中,从而大大增加了 ES 组在未完整体标记上的使用频率。"担心"这一动词的未完整体语法标记使用频率尤其高。虽然我们在上面基于事件结构将其归为状态动词,但基于语法体标记来看,它又拥有活动动词的特点。杨素英等(2009)就是在这个基础上将"担心"归为活动类动词,具有 [+动态,+持续,-终点] 的语义特点。事实上,我们可以认为,这个动词具有两种事件类型(值得注意的是,和"担心"对应的英语动词"worry"也可以同时作为 ES/EO 动词，可以表征状态和成就事件）。

总体上，我们可以看出，汉语个体性情感动词主要表达状态事件类型，具有［+静态性］、［-阶段性］的语义特征，因此极少和"着、在/正在"等未完整体标记以及"了、过"等完整体标记共现。另一方面，由于此类动词表达相对较稳定的情感状态，因此出现在中立体中的频率相对较高。而汉语阶段性情感动词表达受情境影响的情感上的变化，所表征的事件类型更加多样化，可以表征状态事件、活动事件和成就事件，因此在语法体标记的使用上相差很大。例如，"失望"表征状态事件，因此在完整体和未完整体标记上使用频率都极低；"惹恼"作为具有终结性的成就类动词，完全不使用未完整体标记，但完整体标记"了"的出现频率非常高，而且以句尾"了"为主。汉语中句尾"了"多数情况下不能作为完整体标记，但当出现在"把"字句尾时，就有了表达完成的意义，可以作为完整体标记。事实上，有研究者认为（王广成、王秀卿，2006：360），有了"了"表达完成才能形成合格的"把"字句，因为"了"蕴涵了事件完成性。

六　英汉情感动词语义—句法比较分析

根据以上基于语料库的分析结果，我们可以对英汉情感动词在语义、事件类型和句法行为和语法体方面的异同进行总结。

（一）英汉情感动词语义—句法方面的共同点

情感动词作为表达人类情感状态和情感变化的词，在语言中数量众多。英汉语言在此类动词上存在以下共同点。

首先，在情感特征上，两种语言的情感类动词都可以分为阶段性情感动词和个体性情感动词。前者主要表达暂时性的情绪变化，后者表达相对稳定的情感状态。

其次，情感的感受者是情感类动词最重要的语义角色，英汉动词都可以根据感受者的句法作用将动词分为两类：感受者为主语的动词（ES）和感受者为宾语的动词（EO）。在这两种语言中，阶段性情感动词倾向于和 EO 动词联系更紧密，而个体性情感动词倾向于和 ES 动词联系更紧密。

再次，在事件类型上，英汉个体性情感动词都倾向于表征状态事件。

最后，在语法体标记上，未完整体标记的使用和基于情感特征的动词分类有关。英汉个体性情感动词在未完整体标记的使用频率上均显著低于阶段性情感动词。

(二) 英汉情感动词语义—句法方面的不同点

但是两种语言在情感动词的语义—句法方面存在更多的不同点。

首先,基于感受者做主语还是宾语对动词进行的分类,英汉情感动词的分类结果差别很大,英语 ES 动词在汉语中还是 ES 动词,但一部分英语 EO 动词在汉语中为 ES 动词。也就是说,汉语中表达致使性的情感动词少于英语(张京鱼,2001;徐睿、王文斌,2005)。

其次,在事件类型上,英语 ES/EO 情感动词与事件类型之间存在紧密联系,但汉语情感动词表征的事件类型相对复杂得多。本书中的英汉情感动词事件类型可用表 5-7 概括:

表 5-7　　　　　　　英汉情感动词事件类型比较

	简单事件		复杂事件	
	状态	活动	完成	成就
英语	dislike, fear love, tolerate, worry		(calm 等)	annoy, frighten worry, disappoint
汉语	讨厌、害怕、热爱、喜欢、失望、担心	吓唬、容忍、担心	(平息等)	惹恼

表 5-7 显示,英汉情感动词在事件类型上差别较大。英语 ES 动词往往表征状态事件,EO 动词由于包含致使性和状态变化,因此都为复杂事件。一些研究者认为,大多数 EO 动词表达成就事件,但由于 EO 情感动词在情感变化的时间性方面不可一概而论,因此,也有部分 EO 动词表达完成事件。相比之下,汉语情感动词的事件类型复杂得多。大部分汉语 ES 动词表征状态事件,少量为活动事件;而由于汉语中具有致使性的情感动词较少,一些 EO 情感动词也属于活动事件。

再次,在语法体标记上,两种语言在完整体标记的使用上存在差别。英语 EO/ES 情感动词在完整体标记上不存在显著差异,但汉语阶段性情感动词在"了、过"的使用上显著高于个体性情感动词。

最后,就语义—句法之间的联系来看,两种语言之间存在明显差异。英语动词在基于情感特征的动词类型—句法表现—事件类型—语法体之间的关系上表现出高度一贯性和统一性。一贯性表现在,基于情绪/情感的稳定性,英语情感动词可分为阶段性和个体性谓语两类,这一分类和英语情感动词 EO/EO 分类一致，即阶段性情感动词通常为 EO 类动词，而个体性情感动词往往为 ES 动词。同样，英语 ES 动词往往表征简单事件，EO 动词往往表征复杂事件。而在语法体方面，表达状态事件的 ES 动词在现在完成式和进行体标记使用上显著低于表达变化的 EO 动词。统一性表现在，每一类动词内部在句法结构、事件类型和语法体方面都表现出高度的相似性。

相比之下，汉语情感动词在动词类型—句法表现—事件类型—语法体之间的关系上没有表现出如此高的一贯性和统一性。虽然基于情感特征汉语情感动词也可以像英语一样分为阶段性/个体性两类，但这一分类与 ES/EO 分类不相一致，部分阶段性动词不属于 EO 动词，而属于 ES 动词。在事件类型上，汉语情感动词更加复杂：个体性动词都表示简单事件，大部分为状态事件，但阶段性动词可以表示活动事件、完成事件和成就事件。在语法体方面，虽然在未完整体标记上阶段性动词显著高于个体性动词，但在每组动词内部，特别是阶段性动词内部，不同动词之间语法体标记上的差别非常显著。这一差别如图 5-2 所示：

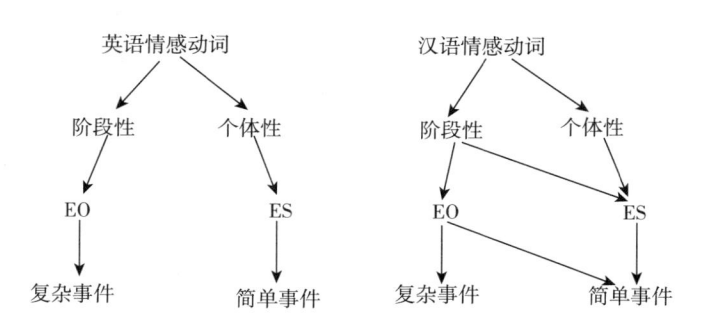

图 5-2　英汉情感动词语义、事件类型和句法之间的联系

（三）导致英汉情感动词语义—句法异同的原因分析

英汉情感动词在语义—句法方面的共同点可以归结为情感动词的跨语言共性。人类的情感既有短暂性或突发性的情绪性变化，也有相对稳定的情感状态。例如，一个人在特定情境下会忽然生气或担心，但对一个事物的喜欢或热爱则相对长久。情感的这种时间性特征也影响了情感动词的事件类型和语法体。

但是英汉情感动词在语义—句法方面表现出更多的差异性。我们认为，导致这些差异的一个主要原因是：英汉情感动词在致使性上的差异。

由于致使性主要和阶段性动词（即英语EO类动词）相关，因此事实上，英汉情感动词在语义—句法方面的差异主要体现在此类动词上。根据徐睿、王文斌（2005：23），情感动词中英语的词化程度较高，使役成分往往在词内体现。使役词化常借助词缀法，如"-en（en-）、-fy、-ise、-ate"。词化手段的运用使表层结构中无须出现"make"类动词。此外，英语情感动词中还存在大量的使役同形转换，即名词、形容词等词类经词性转换变为及物动词并以动宾形式表达使役意义的语言现象。

和英语相比，使役词化和同形转换在汉语阶段性情感动词中相对较少。致使性的表达，在词汇层面上，汉语阶段性情感动词除了少量的同形转换动词外（如"感动"等），还可以表现为活动动词（如"吓唬"等），或者表现为复合使役，以复合式动补结构为主要形式（如"惹怒"等），表征复杂事件。后者为汉语所独有的使役表达方式。在句子层面上，汉语致使性的表达需要借助迂回使役表达手段，如"使、令、让、叫"等；此外，"把"字结构也是一种"致使"句式，表达致使性（Sybesma，1992，1999；熊仲儒，2004）。但是这两种"致使"句式对动词的语义和词汇体特征有不同要求。例如，进入"把"字句中的动词通常为具有［+终结性］动词，且通常在句尾使用"了"表达整个事件的完成性。不同致使性结构的使用也影响了句子的语法体标记的使用。

由此可见，导致英汉情感动词，尤其是阶段性情感动词，在事件类型、句法结构和语法体标记方面差异的主要原因之一还是这两种语言的动词在致使性词化程度方面的差异。动词是否具有致使性对事件类型和句子结构具有直接影响。英语阶段性情感动词的致使性词化程度高，因此其事件类型和句子结构相对统一。汉语此类动词的致使性词化程度低，表征的事件类型多样，因此在表达和英语相同或相近的意义时，需要和相应的表达致使性的句式相结合。

七 总结

本章基于语料库，从事件结构的角度，对英汉部分基本情感心理动词的语义—句法关系进行比较分析。研究发现，从情绪/情感稳定性这一因素来看，英汉情感动词都可以分为阶段性情感动词和个体性情感动词。前者在英语中通常为感受者做宾语的动词（EO），而后者为感受者做主语的动词（ES）。在事件类型方面，英语EO类动词往往表征复杂事件，而ES

类动词往往表征简单事件；在语法体方面，英语 EO 类动词在现在完成式和进行体标记的使用上显著高于 ES 类动词。因此，从语义特征—事件类型—句法结构—语法体这四个方面的联系看，英语情感动词表现出高度一贯性和统一性。

汉语情感动词虽然也可以根据感受者做主语/宾语分为 EO/ES 两类，但这一分类与基于情感特征的阶段性/个体性分类不完全一致，部分阶段性情感动词也可以归为 ES 类中。在事件类型方面，虽然大部分个体性动词表达简单事件，但阶段性动词既表征简单事件，也表征复杂事件。在语法体方面，阶段性动词在未完整体标记的使用频率上显著高于个体性动词，而后者在完整体标记的使用上显著高于前者。从语义特征—事件类型—句法结构—语法体这四个方面的联系看，汉语情感动词没有表现出英语动词的一贯性和统一性。

英汉情感动词在语义—句法的联系上虽然存在一些共同点，但差异性更为显著。导致这种差异性的主要原因之一是英汉情感动词在致使性词化程度上的差异。汉语动词的致使性词化程度显著低于英语，当需要表达致使性时，必须借助于表达"致使性"的句法结构，由此导致汉语在事件类型、句法行为和语法体标记上的特异性。

第六章　英汉存现动词比较研究[①]

表达出现、存在和消失意义的动词是语言中的基本词汇，表达此类意义的结构也在语言中普遍存在。本章将对英汉存现动词的词汇体—语法体、语义—句法之间的关系进行比较研究，但由于这类动词也往往出现在存现结构中，二者有时密不可分，因此我们在综述和基于语料库的研究中将这两者结合起来。

第一节　汉语存现结构与存现动词研究

"存在"是一个有始有终的过程，包括"存在的开始"（出现）、"存在状态的持续"以及"存在的终结"（消失）（陈庭珍，1957；聂文龙，1989；邓仁华，2012），表达这一过程的句式被称为存现句，是说明人或事物的存在、出现或消失的句式（吕叔湘，1946）。总体上，存现句包括存在句和隐现句，但学界关于前者的研究大大多于后者。这两类句子之间既有紧密联系，也存在一些差异，因此我们将两者分别进行分析。

一　汉语存在句研究

（一）存在句的定义和分类

20 世纪 50 年代开始，存在句作为一种常见但极有特色的句式开始受到重视，其中存在句的定义、范围、分类、存在句各个部分的句法语义特征和语法功能一直是讨论的热点。

通常存在句被定义为"某处存在着（包括单纯存在、以某种状态存

[①] 本章部分内容发表在《外语与外语教学》2020 年第 1 期。

在或以某种运动方式存在）某人或某物"（聂文龙，1989：95）。但不同研究者依据不同的分类标准，得出不同的存在句类型。有的研究根据存在句的构成对存在句进行分类，如雷涛（1993）根据 A、B、C 三段的配置，把存在句分成 A+B+C、A+C、B+C、C 四种句式，进而通过对 A 段、B 段、C 段三部分的分析，揭示出三者之间的语义—结构关系。

但是多数研究根据存在句中的动词对存在句予以分类，由于动词分类方式不同，类型数量相差较大。张学成（1982）将存在句分为四种基本类型："有"字句、"是"字句、静态动词句、动态动词句。宋玉柱（1982）将存在句分为四类："有"字句、"是"字句、"着"字句、无动词的存在句，其中"着"字句还可进一步分为静态存在句和动态存在句。李临定（1986）根据存在句中段动词的有无和语义的不同，把存在句分为"坐"型、"垂"型、"长"型、"挂"型、"绣"型、"戴"型、"飘"型和"坐满"型八个小类。

学界还根据存在句表达的意义来对存在句进行分类。聂文龙（1989）根据动词的语义特征和变换方式的不同把存在句分为动态存在句和静态存在句，并在此基础上进一步分类，把动态存在句分为"位移类和非位移类"，后者又分为"摇动类和扩散类"；静态句进一步分为"坐"句类和"贴"句类。宋玉柱（1991）在此前研究基础上对汉语存在句进行重新分类，根据句式意义把存在句分为静态存在句和动态存在句两大类，前者包括"有"字句、"是"字句、"着"字句、经历体存在句、定心谓语句和名词谓语句，后者包括进行体存在句和完成体存在句。

（二）存在句的结构

一般认为，存在句可分为三段：前段（又称 A 段）是表示空间的词语，中段（又称 B 段）是动词，后段（又称 C 段）是名词性词组，即空间词语+动词+名词性词组。

A 段多数是表示处所的名词性词语，最常见的是名词加方位词，名词本身可以带修饰成分（包括数量词），有时 A 段的各种名词性成分前面有"在"。但这只是 A 段的表面形式，实际上，能够出现在 A 段的短语形式在意义上要复杂得多（顾阳，1997）。B 段的动词可以省略，关于这一部分的研究较多，主要涉及进入存在结构的动词的语义特点以及类型（范方莲，1963；李临定，1986；宋玉柱，1982；聂文龙，1989；任鹰，2009）。我们将在下一节具体归纳关于这一部分的研究。C 段都是名词性成分，大多是无定的，最常见的是数量名组合。

存在句的这三段中，关于 A 段和 C 段的研究重点主要是运用各种理论来分析和确定这两个部分的语法功能，即 A 段、C 段的主宾语问题。研究者的观点主要分为三类：有的学者认为，应该根据语序或结构决定存在句中的主语和宾语，因此在"桥上站着一个人"这一类的句子中，句首的处所词语是主语，动词后表存在对象的名词短语为宾语（陈庭珍，1955；宋玉柱，1982，2004）。也有一部分学者认为，分析主语宾语应该从意义或施受关系出发，由于动词后面是施事成分，应该为主语，句首成分为状语。主语出现在动词之后，因此整个句子是倒装句（王力，1956 等）。还有部分研究者认为，对存在句主宾语的判定应该将形式与意义结合起来，在一些句子中，C 段为主语，但在另一些句子中，C 段为宾语（周祖谟，1955；唐玉柱，2002）。

由于这一争议目前未有定论，且与本书关联不大，因此此处不作深入分析。

二 汉语隐现句研究

自从陈庭珍（1957）将"门前来了一个人""店里走了一帮客"这样的句子纳入存在句，后来的研究一般都将之视为存现句的一种类型，认为它是隐现句。研究者认为隐现句的主要特点是：结构上由"时间词或处所词语+动词+无定名词"组成，意义上表示某时或某处出现了或消失了某人或某物。这一结构和存在结构之间的主要不同在于：首先，出现在 B 段的动词在表达意义和类型上存在差别，隐现句中的动词往往表示发生、出现或消失的意义；其次，隐现句中 A 段结构可以是时间词，但存在句的 A 段一般不使用时间词（李临定，1986）。

汉语界关于隐现句的独立研究相对较少，以往的研究常常将其与一些结构和意义上相近的句式进行比较，尤其是领主属宾句。李杰（2009）认为，如果从连续统的观点出发，这两种句式是"大同小异"，二者共同的特色是其中的动词在主事主语句中不能带宾语，但在本句式中却带上了一个主事宾语，动词前的成分 NP1 与动词没有直接的语义联系，却与动词后的成分 NP2 具有广义的领属关系。她借鉴构式语法理论和生成语言学的"轻动词"假设的合理部分，把隐现句和领主属宾句合并为"发生句"，其句式意义是表示某处/某时或某人/某物发生了某事，特定的结构形式决定了在其语义结构中有一个处于核心地位的轻动词——"发生"（OCCUR）。传统所说的"隐现"或"得失"意义是句中各个组成成分在句式基本的"发生"意义基础上表现出来的附加意义，不能将之视为句式的基本意义。

王勇、周迎芳（2014）将汉语中的消失类隐现句、假存在句、领主属宾句以及动态存在句统一称为事件类存在句，因为这些句中的存在主体不是事物而是事件。事物类存在句和事件类存在句都是由"方位名词+动词+名词"组成，都表示存在的意义，但在事物类存在句中，句末名词表示存在主体，整个小句表示某地方存在某物，而在事件类存在句中，句中动词和句末名词表示事件，后者再和句首方位名词一起，表示事件的存在。事件类存在句表现出存在性、事件性、非人称性和作格性。两类存在句形成一个连续统，二者之间的渐变性主要表现为事物性向事件性过渡，即小句中句末名词和句中动词显著性的此消彼长，以及二者的融合程度上。

三　汉语存现动词研究

广义的存在动词指的是出现在存在句中的 B 段动词，表达的基本意义是"有"或"存在"。关于存在句 B 段的研究，研究者关注的重点是能够进入这一句式的动词的类型和动词的性质。对存在句的分类主要是围绕存在动词展开的，研究者对这一成分的描述和分析分歧较大，因此直接导致了有关存在句分类的分歧。例如，范方莲（1963）从动词的及物性出发，列举了可进入这一位置的动词，发现进入 B 段的动词大体上有三类：（1）典型的不及物动词，如"睡、躺、趴、坐、站"等；（2）一般认为及物不及物两用的动词，如"放、挂、摆、贴、吊"等；（3）一般只作及物用的动词，如"写、画、刻、印、雕"等。宋玉柱（2007）根据动词的动作性列举了存在动词，发现动作动词（包括动态动词和静态动词）、非动作动词（包括其中的状态动词）都可以充当存在动词。田臻（2012，2015）结合语料数据和动词事件特征，将汉语存在动词分为 12 类：置放类、存在类、构型类、成事类、姿态类、执持类、生长类、存留类、目的类、穿戴类、运动状态类、运动方式类。

由以上分类可以看出，能够进入存在结构的动词类型比较丰富，但是并不是任何动词都可以出现在这一结构中，如"吃、喝、洗、剪"等动词就不能出现在存在句中（范方莲，1963），由此引发了关于存在句中动词性质的讨论，即能够出现在存在结构中的动词具有什么语义特点？此类研究通常将存在动词和隐现动词放在一起讨论，研究的主要问题是存现动词是否为非宾格动词。

Perlmutter（1978）提出的"非宾格假设"认为，不及物动词分为两类：非作格动词和和非宾格动词，分别与某些句法结构相联系。非作格动词的论元是域外论元（深层主语），而非宾格动词的论元是域内论元（深层宾语）。他考察了这两类动词的语义特征后，认为非作格动词的主要语义因素是意愿控制及自主，包括所有自主性动词，而非宾格动词的主要语义因素则是无意愿控制及非自主。

汉语存现句中的动词一般归为三类：一是典型的存现动词，即表示存在、出现、消失类动词；二是表明运动方式的运动动词，如"游、飞、爬"等；三是一些及物动词，如"写、画、绣、刻"等。一般认为，典型的存现句中，如"有"类存在句，动词的唯一名词词组论元在语义上是非施事性客体，属深层宾语；此外，典型的存现动词具有无意愿控制及非自主性。因此对上面三类的第一类动词为非宾格动词这一观点学界普遍接受。但在其他两类动词的属性上不同研究者之间存在较大争议。

一些学者认为，包含运动方式的运动动词和及物动词虽然能够出现在存现结构中，但并不是非宾格动词（杨素英，1999；赵彦春，2002；吕云生，2005）。杨素英（1999）认为，前者属于典型的非作格动词，而"写、画"类动词属于及物动词，不可能是非宾格动词。吕云生（2005）对"非宾格假说"提出质疑。他认为，按照非宾格假说，非作格动词的主语就是深层结构的主语，是不能出现在宾语位置上的，但在汉语中却出现在宾语的位置，因此，汉语的语言事实表明非宾格假设不能成立。

但是多数学者倾向于认为，汉语中表明运动方式的运动动词和部分及物动词属于非宾格动词，或具有非宾格性，并运用各种理论加以证明（Huang，1987；Pan，1996；顾阳，1997；韩景泉，2001；唐玉柱，2005；隋娜、王广成，2009；等）。Pan（1996）在 Huang（1987）、Gu（1992）等讨论的基础上，提出汉语存现句中的及物动词经过了一种构词过程，这一过程改变了动词的论元结构，使动词子语类属性中的施事者这一角色被删除，仅剩下了客体和处所这两个角色，当动词向句法层面投射时，带有处所意义的名词组被投射到主语位置，构成处所倒置。唐玉柱

(2005)从其他语言中的非宾格动词和非作格动词的差异出发,认为汉语中的"游、飞"类运动动词在有介词短语出现时都是非宾格动词。隋娜、王广成(2009)分析了表明运动方式的运动动词和"写、画、绣、刻"等及物动词的句法语义特点后,认为这些动词进入存现句后,受到来自事件谓词 OCCUR 的影响,导致这两类动词属性变化,表现出不同的论元结构,理应同其他典型的存现动词一样看作非宾格动词。

综合各个研究者的观点来看,典型的汉语存现动词普遍被认为是非宾格动词,而部分运动动词和及物动词出现在存现结构中时,就具有了非宾格性,可以被视为非宾格动词。

四 汉语存现句与语法体标记

动词后的"了""着"作为体标记在汉语存现句中使用非常普遍,在存现句研究之初就吸引了学界的注意。范方莲(1963)指出,存在句 B 段有三种形式:动词+"着"、动词+"了"、不带"着、了"的动词形式,其中"动词+'着'"是 B 段的基本形式。宋玉柱(1982)则将"着"字句视为典型的存在句。综合来看,关于体标记在存现句中的使用的研究可以归纳为三个方面:"着"和"了"在存现句中的使用和意义,以及"着""了"在存现句中能否互换。

(一)存在句与语法体标记"着"

动词后"着"作为体标记主要出现在存在句中。存在句就动词语义来说类型众多,因此"着"出现在不同类型动词的存现句中时表达的体意义也不尽相同。戴耀晶(1991)从动词是否具有动态或静态语义特征,以及结构中其他语言成分的影响着眼,讨论过"着"的语义的"动态""静态"双重特性。这一双重特性也体现在存在句中。一些研究者(宋玉柱,1982;聂文龙,1989)认为,静态存在句中动词出现在"着"结构中表示一种静止的状态或事物存在的方式,如"站着、放着"等,这时"着"表示状态持续,动词前不能出现表示动作进行的副词"在""正在";而动态存在句中动词表示动作行为,如"盘旋、跳跃"等,"着"出现在进行体动态存在句中,表示动作正在进行,一般不排斥使用"在""正在"。

税昌锡(2011)从事件过程结构角度出发,认为存现构式中的"着"一般跟动态性附着动词或呈现动词,以及具有遗留状态特征的附着动词共现，分别描述事件过程结构的"活动持续"或"遗留状态持续"两种事态。

（二）存现句中的"了"

"了"作为体标记可以出现在存在句中，也可以出现在隐现句中。宋玉柱（1989）将动态存在句分为进行体动态存在句和完成体动态存在句，后者表示动作处于完成状态，B段的形式通常为"动词+了"。此类存在句中的"了"不能换为"着"，因为这一句式的语法意义是：从变化过程的角度叙述"什么地方存在什么人或物"这一事实已经实现。

"了"通常也出现在隐现句中。李杰（2009）认为，体标记"了"对"隐现"意义的产生有重要贡献。体标记"了"表示完结，表示某个事件已告一段落，相对于表示"持续"的体标记"着"，它强调的是某种状态的新发生。一种状态的新发生，意味着状态之间的转变，强调目前的状态是新开始的，这是"隐现"意义的重要来源。王勇、周迎芳（2014）也指出，隐现句中，动词多带完成体标记"了"，表明其较强的有界性，动词所表达的事件显著度较高。税昌锡（2011）认为，存现结构中的"了"一般跟"出现""隐没"或"呈现"，以及具有遗留状态特征的"附着"义动词共现，分别描述事件起始结构的"活动起始""活动终结"或"遗留状态起始"三种事态。

（三）存在句中"着"和"了"的互换问题

汉语界很早就发现，一些存在句中动词后的"着"和"了"可以互换。例如：

(1) a. 沙发上坐着一位客人。
    b. 沙发上坐了一位客人。

讨论的焦点主要在于："着"和"了"互换后句子表达的意义是否发生变化？哪些情况下"着""了"可以互换？

一些研究者倾向于认为，"着""了"互换对存在句的意义没有影响。范方莲（1963）认为，存现句中"动词+'了'"形式中"了"有时可以和"着"互换。李临定（1986：84）肯定了范方莲的观点，认为"在存在句里面，'着''了'可以互换，或两者都省去，而不影响句义"。但一些研究者认为，存在句"着""了"互换只局限在特定类型中。聂文龙

（1989）注意到，只有在静态存在句中"着"和"了"可以互换，而且意义保持不变。任鹰（2000）也探讨了静态存在句中"着"和"了"意义相当的原因。尚新（2007）认为，存现结构"着""了"互换是汉语语法体的纵聚合中立化的结果。

但更多学者注意到存现句中"着""了"互换后意义上的差异。宋玉柱（1988）认为，在静态存在句中，"着"和"了"虽然可以互换，但存在着细微的差别："着"侧重于眼前状态的描写，而"了"着眼于情况变化的叙述。戴耀晶（1991）从"了"和"着"所表示的体意义的对立出发，认为存在句中"着""了"互换后意义并不相同，带"了"的存在句表达一个完整的动态的现实事件，带"着"的存在句表达一个非完整的强静态的持续事件。王葆华（2005）则从认知角度认为带体标记"着"的句子反映的是说话人对事物或状态的综合静态的概要认知模式，其认知方向是说话人以现实观（present）表达说话人对某一事物在一个位置中状态存在的静态观察；而带体标记"了"的句子是说话人以回首观（retrospective）表达对某一事物在一个空间位置中动作行为或状态存在的部分运动的顺序认知模式。税昌锡（2011）认为，存现构式中"了""着"可替换现象反映了动词在事件过程结构中相应事态的过递或接续关系。不同的动词由于具有不同的过程特征，因此"了""着"互换后的意义也不相同。例如，具有续段要素而终结要素弱的动态性附着动词常常可以造成动态性"了"字和"着"字存现句，分别描写"活动起始"和"活动持续"事态的过递关系。

由此可见，存现句中"着""了"虽然可以互换，但在意义上存在细微差别，虽然不同研究者对具体的差别看法不一。哪些动词具有"着""了"互换的可能性呢？税昌锡（2011）认为，导致存现句中"着""了"可替换的动词有两类：一是内在的过程结构中具有持续并过递终结时态的动态性呈现动词（如"演、播"等动词）；二是内在的过程结构中具有起始并过递持续事态的附着动词，包括动态性附着动词（如"煮、烤、烘、煎"等）和静态性附着动词（如"挂、躺、坐、绣、穿"等）。后者在类型和数量上远多于前者，因此导致一些研究者认为"着""了"互换只出现于静态存在句中（聂文龙，1989）。

第二节　英语存现结构与存现动词研究

一　英语存现结构研究

存现句作为一种活跃的句式在英语中也十分常见。一般认为，英语存现结构有两种句型，一种称为 there 句型，一种称为方位语倒装句（locative inversion），都表示某处存在、出现，或消失某人或某物。例如：

（2）a. There are some books on the desk.
　　b. There appeared three men.
（3）a. Under the tree stood an old man.
　　b. On the wall hung a large photo.

对英语存现句的研究主要以 there 结构为主，由于这两种句型在结构上相同，且方位倒装句常被认为是派生自 there 句式（Postal，1977；等），因此这里主要讨论 there 结构。

从形式上看，there 句的基本结构为：There+V+NP。和汉语存现句一样，there 句式也由三个部分组成：there、存现动词、存现对象名词组。大量关于 there 结构的研究运用各种理论对这三个部分进行研究，研究的重点主要包括：主语的确认、来源以及赋格，存现句中动词的性质和类型，表达存在对象的名词组的语义及句法特点。其中关于 there 句式中主语的确认一直是各种理论关注的焦点。关于存现句中动词的研究我们将在其后进行综述。

（一）生成语法关于 There-句主语部分的确认

关于英语存现句，大量研究文献聚焦于主语的确认和来源。如上面的例（2）、例（3）所示，句子的动词与其后的名词组在数方面一致，但出现在存现句表层主语位置的 there 并没有什么实际指称意义。由于英语语法要求主语与动词在人称和数上一致，因此人们普遍认为动词之后的名词组才应该是存现句真正的主语，通常称实义主语（notional subject），而句首位置的 there 只不过是句子的形式主语（formal subject），生成语法论著中一般都称之为"填充词 there"（expletive there）。但是，为什么这一名词组出现在动词之后而不在动词之前？There 在存现句中发挥什么样的作用？生成语法和功能主义对此提出了几种解释。

格传递说

存现句主语的赋格是有关该句式结构研究的一个关键理论问题。有些语言具有丰富的形态格系统，即名词组在句子中的语法功能，如主语、宾语等，可以通过名词组的形态格后缀来标明，但有的语言，如英语，没有如此发达的形态格系统，所有作为论元的名词组都必须被赋予抽象格，即不显形态的格位（顾阳，1997）。根据生成语法中的格理论（Chomsky, 1981, 1995），句子中的每一个名词组在句法层面上都要有格，没有格的名词组会导致句子不合法，这就是"格检验式"（Case Filter）。名词组只有被赋格后才"可见"，满足"可见性条件"（Visibility Condition），然后才能被赋予题元角色。在管约理论中，能够赋格的有动词屈折 I、及物动词 V 和介词 P。

一般认为，there 句式中的动词多为非宾格动词。根据 Perlmutter (1978)、Levin & Rappaport (1995)，非宾格动词最显著的特征是只有一个内论元（即语义上的宾语或称逻辑宾语），没有域外论元（即语义上的主语或称逻辑主语），不能给其宾语指派格。如果说居表层主语位置的形式主语 there 是从动词屈折 I 那里获得了主语格，动词后面的名词组又是从哪里获得的格位呢？如此一来，表示存现对象的名词组的赋格就成了问题。

一些生成语法学者（Chomsky, 1981, 1986）据此提出"格传递说"。根据管约理论框架下的分析，there 被看作是虚主语（expletive），没有实际语义，也没有被赋予题元角色。There 的填入是为了满足"扩充的投射原则"（EPP，即每个句子必须有主语）。There 和移位到动词后的名词组一起被分析为同上标，它们之间便形成了一条语链（Chain）。由于赋格是在表层进行，那么 there 便可以从动词屈折 I 处得到主格。这样，动词后名词组便通过语链从同上标的 there 处得到格。

直接赋格说

一些研究者反对"格传递说"（Belletti, 1988; Kayne, 1989）。Belletti (1988, 引自顾阳, 1997) 基于芬兰语的格特点，认为动词一般可以给其宾语指派两个格位，一个为结构格位，另一个为固有格位。固有格位实质上是一种表示部分的格位，也可称为表份格位或部分格位；表份的意思是说某名词组表示一个实体集中的某个或某些无定的实体，即表示该实体集中的某部分而非全体，所以表份格位可以指派给无定名词组。她认为，就赋格能力而言，非宾格动词失去的只是赋结构格的能力，但仍然保留着赋固有格位的能力。存现动词后的名词组具有的格是固有格位，而不是一般所认为的主格。既然谓语动词后的名词组可以直接从谓语动词处得到格，there 只能看作是为了满足"扩充的投射原则"而填入的形式成分。

逻辑式词缀说

在最简方案框架下，Chomsky（1991，引自韩景泉，2001）对 there 存现句的主语确立又提出了一种新解释。他指出形式主语 there 与动词后的名词组从表面看来属于不同的表达形式，但都具有主语的特征，在逻辑层面上完全可以看成一个形式。如果采用形态的概念，完全可将 there 分析为一个逻辑式的词缀，即 LF affix。逻辑词缀必须在逻辑式中和名词组结合成一体，就是说，名词组在逻辑式这个层面上要移入主语位置与 there 这个词缀相结合，这样存在句的主语在逻辑上就只有一个形式。Chomksy 认为，如果将 there 分析为动词后名词组的逻辑词缀，那么有关存现句的一些问题，如为什么 there 必须与一个名词组相关联，为什么动词要在人称和数量上与其后的名词组保持一致等，都可以迎刃而解。最值得一提的是，Chomsky 的分析最终使存在动词的非宾格动词属性得到了体现，即名词组始于动词的宾语位置，因为句子需要主语，所以才将其逻辑词缀移入主语的位置。

（二）功能语言学关于 there 句主语的解释

功能语言学者试图运用系统功能语言学理论中的信息结构来解释 there 存现句中 there 的存在。基于布拉格学派对小句的分析，韩礼德（1985）将小句的信息系统切分为两个独立的结构：主位结构（thematic structure）和信息结构（information structure）。前者以说话人为指向，后者以听话人为指向。一般情况下，说话人总会从已知信息中选择话语交际的出发点作为主位，而将新信息置于述位中。述位是话语的重点，是小句的重心。

基于这一观点，there 句式中 there 的话语功能之一，就是为全句提供一个信息结构所需的主位，而将原来处于主位位置上的包含信息的表意主语（实义主语）移至句末。韩礼德（1994：44）明确提出"existential there"是肯定存在句的无标记主位。Quirk et al.（1985）认为，言语交际进程中，一般情况下人们不习惯以新信息开头，所以 there 的功能就是提供一个交际起点，引出新信息。

There 存在句的这一功能最能体现在语篇中。根据张绍杰、于飞（2004），存在句是将交际话题引入话语的常用手段，常用在故事、评论、诗歌或笑话的开头；此外，这一结构还可以引入情景信息，或对某一小类进行列举，或断言结论、作出展望等。张克定（1998）、邓仁华（2014）对这一结构的功能也提出类似分类，如"语篇发起功能""语篇延续功能""语篇总结功能"等。

二 英语存现动词研究

广义的英语存现动词指的是出现在存现句中的动词。通常认为，表存在、出现及消失的动词都是非宾格动词（Levin & Rappapport，1995；杨素英，1999；顾阳，1997），但出现在存现结构中的并非都是存现动词。关于广义存现动词的研究主要围绕两个方面进行：(1) 出现在存现结构中的动词类型；(2) 存现动词的语义特征。

出现在存现结构中的动词数量和类型都比较多，不同研究者的分类也存在差异。McCawley（1989）将出现在存现句式中的动词按照不同词义分为三类：1. 表示存在或位置的动词，包括：(1) 表示存在意义的动词，如 exist、breathe、remain 等；(2) 表示位置的动词，如 sit、stand、lie 等；(3) 表示关系的动词，如 hold、correspond 等。2. 表达运动或方向的动词，包括：(1) 表示位置移动和运动方向的动词，如 come、go、walk 等；(2) 一些表示闪烁、摇曳、扩散等意义的动词，如 shine、glimmer、sound、balloon 等。3. 描述某事发生、发展或实现（结果）的事件动词（event verbs），包括：(1) 发生、开始、出现的动词；(2) 表示发展的动词，如 develop、grow；(3) 表示实现或结果的动词，如 survive、follow 等。

Levin（1993）将存现类动词按照意义分为两大类：一类为存在类动词，其中包括表达存在意义的动词（如 exist、live）、表达具体存在方式的动词（如 foam、blow 等）、涉及运动的存在动词（如 dance、creep）、声音存在动词（如 echo、reverberate 等）、表达群体存在的动词（如 swarm、herd 等）以及空间构型与姿态动词（如 balance、sit、stand 等）等八类。还有一类为出现、消失、发生类动词。

Levin & Rappapport（1995）对出现在方位语倒装句结构中的动词的特点进行了归纳，并认为这些特点也适用于 there 存在句。首先，虽然出现类、存在类等典型非宾格动词常常使用方位语倒装句结构，但不是所有的非宾格动词都出现在这一结构中，如具有使役转换的状态变化动词。其次，一些不属于非宾格动词（unergative）范围内的动词也出现在方位语倒装句中，包括一些典型的非作格动词（如 sing、work、sleep 等）、具有施事性的运动方式动词（如 run、prance 等）、发散类动词（包括发声类、发光类和排放类动词）和身体运动动词（如 wave、totter 等）。

虽然出现在英语存现句中的动词类型较多，但一些研究者注意到，这一结构对出现在其中的动词具有选择限制。Bresnan（1993）发现，出现在这种句式中的动词都带有客体和地点名词论元。Milsark（1979）认为，由于存现结构表达的是一种"存在"意义，只有包含"出现""存在"意义的动词才能使用在这一结构中，相当于 Quirk et al.（1985：1408）所说的"呈现义"。如"develop、grow、follow"等动词虽然具有至少两种意义，但只有表达"出现"义时才能使用在 there 句中，而和这两个动词意义相近的"increase、continue"不具有这一意义，因此不能使用在这一句式中。Birner（1992）则认为，出现在这一结构中的动词"代表语境中可推导的信息，因此不会给语篇提供新信息。……这些动词承载的信息量较少，意义虚化"。事实上，出现在这一结构中的存在、出现类动词可以用系动词代替。这些动词意义上的虚化还可以解释为什么及物动词一般不出现在方位语倒装句中，即便有少量及物动词以被动式的形式出现，句子中也不会出现施事。

为什么方位语倒装句对此类存现动词具有语义限制呢？Levin & Rappapport（1995）等认为，这与此类句式的语篇功能相关。一般来说，方位语倒装句和 there 结构一样，用来引导动词后的名词成分，呈现句子的焦点。"焦点呈现中，需要确定情景，然后引入所指对象成为注意力的新焦点。因此情景很自然地被表述为地点，所指对象被表述为客体。"（Bresnan，1993：22-23）

狭义的存现动词指的是独立表示"存在""出现""消失"意义的动词。因此存现动词（Verbs of existence and appearance）包括三类：存在类动词、出现类动词和消失类动词。Levin & Rappapport（1995）认为，从语义上来说，存现动词的三类动词之间存在紧密联系，出现类动词可以视为描述"开始存在"（come into existence）的动词，存在类可以视为描述某一实体出现后的结果状态的动词，而消失类动词可视为描述"不存在"（coming not to exist）的动词。在句法行为上，这三类动词之间也存在一些共同点。首先，这三类动词都要求一个地点论元，虽然有时这个地点论元在语境中省略；其次，存在和出现类动词常常出现在存现结构中，包括there句式和方位语倒装句；最后，所有这三类动词都没有使役转换形式。一般认为，此类存现动词是典型的非宾格动词（unaccusative verbs）（Levin & Rappapport，1995；杨素英，1999；顾阳，1997），但它们和同被称为非宾格（或作格）动词的一部分状态变化动词并不相同，前者没有使役转换，后者则有，且使役性分析也不适用于存现类动词中。不仅英语如此，很多别的语言中也是同样（Levin & Rappapport，1995）。

值得注意的是，"消失"类动词通常不出现在存现结构中。一些研究者认为，从动词语义来看，存现结构要求出现在其中的动词表达"存在""出现"的意义，但消失类动词表达的意义正好相反，因此不能出现在这一结构中（Kimball，1973）。从语篇功能的角度来说，当一个实体被描述为"消失"时，它通常是语篇的中心，不会是新信息（Levin & Rappapport，1995：231），因此不能使用存现句进行表述。

三 英语存现句、存现动词与语法体

关于英语存现句、存现动词和语法体之间的关系的研究零星见于存现句的研究中，少有专门的论述。金积令（1993，1996）认为，there存在句中的谓语动词用一般时态或完成体，不用进行体。对于偶尔在there存在句表层结构中呈现的貌似进行体的组合形式，Quirk et al.（1985：1409）认为应该视为be存在句的变式。例如：

(4) There were standing in the rain a dozen hungry people.

此类句子中的意义主语，即存在客体，通常受末端重量或末端中心原则的要求而置于句末，从而使本来位于意义主语后的现在分词短语提前至be动词的右侧，在句法的表层结构形式上就形成了进行体的结构。正常的语序应该是：

（5） There were a dozen hungry people standing in the rain.

Milsark（1979）倾向于认为，当 there 句中存现动词具有［+瞬时性］特征，或存在客体的名词成分表达具有内在时间性的事件时，句子可以使用完成体。例如：

（6） There has（just） been a concert/a snowstorm/a riot.

这时句中的 be 动词相当于具有［+瞬时性］特征的"occur"。

田臻等（2015）基于大规模语料调查和数据分析，考察了 there 存现构式中动词词汇体和语法体的关联与互动。研究认为，there 构式的中心义是"X EXISTS（AT Y）"，其图式构式对应的是静态的存在事件，具有［+持续］、［+非完结］和［+静态］的特征。基于语料库的分析表明：在词汇体与这一构式之间的关系上，与构式相互吸引的只有状态动词，排斥度最高的是成就动词，按照语义相容性由高到低排列为：状态动词 > 完成动词 > 活动动词 > 成就动词；在语法体与构式之间的关系上，一般体（包括一般现在时、一般过去式和将来时）和完成体与 there 构式呈吸引关系，而进行体和完成进行体与构式呈排斥关系。语法体与构式的语义相容度排序为：一般体 > 完成体 > 完成进行体 > 进行体。由此，研究认为，there 存现构式中语法体和词汇体的共现具有明显倾向和限制；语法体和构式在特定情况下都会对词汇体产生压制作用。

基于以上研究我们可以发现，出现在 there 结构中的多为一般时态和完成时，而进行时不倾向于出现在这一结构中。

第三节 基于语料库的英汉存现动词句法—语义比较研究

存现动词是语言中基本动词类型之一，常用于存现结构中，因此对存现动词的研究离不开存现结构。基于前人的研究，本书将从体的视角，采用语料库，对英汉存现动词在语义—句法之间的联系进行深入比较分析，主要回答以下问题：（1）英汉存现动词在句法行为上存在哪些共同点和不同点？（2）英汉存现动词事件类型与语法体之间存在什么样的互动关联?(3)英汉存现动词事件类型与句法结构是否存在关联?(4)导致英汉存现动词语义—句法方面差异的原因是什么?

一 研究动词的选择

根据前面综述可以看出,能够进入存现构式的英汉动词种类较多且类型不完全相同(Quirk et al.,1985;McCawley,1989;Levin,1993;范方莲,1963;聂文龙,1989;宋玉柱,1992;田臻,2012,2015)。为了便于比较,本书根据 Levin(1993)和宋玉柱(1992),选取 8 个基本英语存现动词和 7 个对等的汉语存现动词,分别表达人或事物的"存在""发生/出现""消失"等意义。其中,"exist, live"等存在动词表征状态事件类型(田臻,2015),"happen、occur、appear、disappear"等表示"发生、出现、消失"意义的动词表征成就事件类型。选取对象的事件类型和语义特征见表 6-1:

表 6-1　　　　　英汉存现动词的事件类型和语义特征

动词类型	英汉动词	事件类型	语义特征		
			动态	持续	终点
存在类	exist/存在	状态	−	+	−
	live/居住	状态	−	+	−
出现/发生类	happen/发生	成就	+	−	+
	occur/降临	成就	+	−	+
	appear/出现	成就	+	−	+
消失类	disappear perish/消失	成就	+	−	+
	die/死	成就	+	−	+

表 6-1 显示,这四类存现动词所表达的事件类型主要是状态事件和成就事件。

二 语料收集和分析

本书英语语料来源为美国当代英语语料库(COCA)的子语料库《时代周刊》2000—2006 年的文章,部分动词因为使用量较少,检索范围扩展到 1990—2006 年。语料未加以抽样。汉语语料来源为北京语言大学现代汉语研究语料库（BCC）中的《厦门日报》子语料库，部分动词检索出的使用量较大，研究者进行了随机抽样。研究者对所有语料进行了穷尽性分析。语料收集数量如表6-2所示：

表6-2　　　　　　英汉存现动词的语料收集数量

	appear	exist	live	happen	occur	die	disappear	perish	总数
英语	1348	989	2954	1943	1205	3284	720	145	12588
汉语	出现	存在	居住	发生	降临	死	消失		总数
	1545	1480	1800	1490	1247	1086	953		9601

本书在英语语料分析中主要对时态小句和复合句中存现动词的语法体进行统计，对修饰性现代分词、过去分词、虚拟句以及情态句（如may、can等）中的时态予以剔除。动词不表达存现意义的句子或动词意义与汉语对等动词意义显著不同的句子也被排除在外。

三　英汉存现动词的事件类型与句法行为之间的关联

（一）英语存现动词事件类型与存现构式的联系

从语料中可以看出，表达"存在、出现、消失"的狭义英语存现动词是典型的非宾格动词，只有内论元，即存在客体，在表层句法中表现为句子的主语，基本句式为：存在客体+存现动词+存现地点；所有动词都没有使役转换用法，其过去分词形式也不能做定语修饰语。例如：

(7) a. Crucial problems still exist in safety procedures and equipment...
b. When she was 12, she appeared on the Disney Channel's New Mickey Mouse Club.
c. ...80% of the sun's damage to the skin occurs during childhood and adolescence.
d. But in the last battle, two-thirds of the Jews perish...

此外，存现动词也出现在存现结构中。英语存现结构主要有两种：there句式以及方位语倒装句。但是存现结构的出现频率并不高，也并非所有的存现动词都可以出现在这一结构中。在本书语料中出现的存现结构总共只有16例，以there句式为主，占87.5%，方位语倒装句只占12.5%。出现在存现结构中的主要是"存在、发生、出现"类动词。例如：

(8) a. As a result, there exists no visible limit to the number of legal entries.
　　b. In the land of Uz there lived a man whose name was Job.
　　c. ...at Prince Charles' St. James's Palace apartment, there occurred some rather significant spur-of-the-moment socializing.

英语存现构式（包括there句式和方位语倒装句）在不同动词句子中的使用频率如下表所示：

表6-3　　　　　　存现结构在英语语料中出现的频率

存在类		出现/发生类			消失类			总计
exist	live	happen	occur	appear	disappear	perish	die	
10 (1.2%)	3 (0.2%)	0 (0%)	2 (0.02%)	1 (0.2%)	0 (0%)	0 (0%)	0 (0%)	16 (0.2%)

（注：上面的百分比来自每个动词使用存现结构的频率除以语料中每个动词的合格句子数。）

虽然出现在语料中的存现结构数量不多，但还是能够看出，存现构式出现频率最高的是存在类动词，其次为出现/发生类动词，消失类动词不出现在存现结构中。就事件类型与句式之间的联系来看，状态事件和存现结构的关系相对紧密，成就事件总体上较少出现在这一结构中，尤其是表达消失意义的成就类动词。

（二）汉语存现动词事件类型与存现结构

从语料中可以看出，汉语表达不同意义的存现动词在句法行为上存在不同程度的差异，但绝大多数句子表现为两种基本结构。首先，这些存现动词普遍出现在"存在客体+存现动词+（处所）"这一句法形式中。例如：

(9) a. 十全十美的爱情与婚姻只存在于小说与电影里……
　　b. 每天这样的事情都在发生。

c. 他居住在笈笃湖畔将近二十年……
d. 《新不了情》里，美丽的女孩死在了爱人的臂弯里……
e. 一轮通红的落日正从地平线上渐渐消失。

存现地点（即处所）可以出现在句中，也可以不出现，既可以出现在句尾，也可以出现在句中。

另一个出现频率非常高的是存现结构，其基本句式为：处所词语+动词+存现主体。例如：

（10）a. 大桥上一个半小时内共发生 7 起追尾事故。
b. 消费者心里一直存在一个误区……
c. 这个青山绿水环绕的山村里居住着 774 名勤劳纯朴的人们……
d. 等到过了很久，沙漠上又降临一次透雨之后，虾卵又会像它们的前辈一样……
e. 楼上死了两个人，还没有搬下来，好可怕呀！
f. 这一地方在抗战时期曾经死过很多人。

汉语存现结构在不同动词句子中的使用频率如表 6-4 所示：

表 6-4　　　　　存现构式在汉语语料中出现的频率

存在		出现/发生			消失		总计
存在	居住	发生	降临	出现	消失	死	
646 (66.1%)	23 (10.2%)	609 (58.1%)	2 (0.2%)	904 (68.8%)	0 (0%)	9 (4.5%)	2193 (38.4%)

（注：上面的百分比来自每个动词使用存现结构的频率除以语料中每个动词的合格句子数。）

从上表可以看出，存现结构出现在存现动词句子中的比例高达 38.4%，在"存在""发生""出现"这三个动词中的比例甚至高于"存在客体+存现动词+（处所）"这一结构。由于这三组动词中，第一组属于状态事件，而后两者属于成就事件，因此我们可以认为，汉语存现动词的动词事件类型与存现句式之间似乎并不存在必然的联系。

（三）英汉存现动词事件类型与存现结构之间的联系

基于以上分析，可以看出，在存现动词事件类型与存现构式之间的联系上，英汉之间存在一些共同点和不同点。

英汉之间共同点主要在于：消失类动词不倾向于出现在存现结构中。消失类动词一般不能出现在英语存现句式中，这一点已经被很多研究所证实。Milsark（1979）发现，die、vanish 等不出现在 there 句中。金积令（1996）认为，there 存在句绝不能用来表示事物的"完结""终止""消失"，所以句中不能使用诸如 end、die、disappear 之类的动词。Levin（1993：260）、Levin & Rappaport（1995：121）认为，exist、live 等存在类动词出现在 there 构式中的用法具有典型性，出现/发生类动词 appear、happen、occur 也可以出现在这一构式中，但消失类动词往往被排除在这两个结构之外。相比之下，汉语消失类动词虽然在存现句中出现的频率较低，但并非绝对不能使用。在本书语料中没有"消失"一词出现在存现结构中的例子，但"死"可以出现在存现结构中，虽然出现的频率不高。

但是在存现动词与存现构式之间的联系方面，英汉之间的差异显然更加显著。首先，存现结构出现在汉语存现动词句子中的比例远远高于其在英语存现动词句子中（38.4% vs 0.2%），说明这一结构在这两种语言中的使用范围相差很大。

其次，在事件类型与存现构式之间的关系上，英汉之间也存在明显差异。英语 there 句式对动词的事件类型具有选择限制。研究发现，出现在存现结构（主要为 there 句式）中的只有动词 exist、live、occur 和 appear，且数量极少。田臻等（2015：34）对不同词汇体的动词同 there 构式的关联强度进行计算后发现，与 there 构式相互吸引的只有状态动词，其他动词与这一构式呈排斥关系，排斥度最高的是成就动词，并认为，导致这一现象的根本原因是 there 句的图式构式对应的是静态的存在事件，具有［+持续］、［+非完结］和［+静态］的特征。这说明英语存现构式的运用受到存现动词事件结构的影响。相比之下，汉语存现动词出现在存现结构中并不受动词事件类型的影响。存现构式在汉语不同动词中的频率相差较大，出现在状态动词和部分成就动词句子中的频率均非常高，有的甚至超过"存现客体+存现动词+（处所）"这一结构。这和汉语存现结构的类型和意义有关，我们将在下文具体分析。

最后，虽然消失类动词较少出现在存现结构中，但导致这一现象的原因各不相同。英语消失类动词由于表达成就类事件，和具有［+静态］意义特征的 there 结构在语义上不相容，因此不倾向于出现在这一结构中。相比之下，汉语消失类动词能否出现在存现结构中和存现结构本身的意义无关，而是取决于动词的语义特征。"与处所有关的动词能否成为存现句的动词关键在于动词所表示的动作的结果能否着落于某处所"（顾阳，1997：20）。例如：

(11) a. 楼上死了两个人。
    b. 班里来了一个新同学。

上面这两句中，"死"和"来"都明确表示一种结果，这种结果也都有着落点，因此能够成为存现句的动词。本书中"消失"一词虽然也表示结果，但这种结果没有着落点，因为一个物体消失后就踪迹全无，所以不能出现在存现结构中。整个现代汉语语料库中没有发现一例"消失"一词使用在存现结构中的句子。同样的还有"消逝"等动词。这些动词往往使用"存现客体+存现动词+（处所）"的结构。例如：

(12) a. 今年这种风景正在消失。
    b. 灯光渐渐消失在夜里。

四 英汉存现动词事件类型与语法体的关联

（一）英语存现动词事件类型与语法体的联系

本书在英语语料分析中主要对时态小句和复合句中存现动词的语法体进行统计，对修饰性现代分词、过去分词、虚拟句以及情态句（如 may、can 等）中的时态予以剔除。动词不表达存现意义的句子或动词意义与汉语对等动词意义不同的句子也被排除在外。语料分析结果见表6-5：

表6-5　　英语存现动词语料中语法体标记出现频率

意义	动词	完整体			未完整体	无标记项	总计
		过去时	现在完成时	小计			
存在	exist	211 (25.8%)	30 (3.7%)	241 (29.4%)	0 (0%)	578 (70.6%)	819
	live	338 (22.7%)	86 (5.8%)	424 (28.5%)	147 (9.9%)	916 (61.6%)	1487

第六章　英汉存现动词比较研究　179

续表

意义	动词	完整体 过去时	完整体 现在完成时	完整体 小计	未完整体	无标记项	总计
出现/发生	happen	548（40.0%）	85（6.2%）	633（46.2%）	176（12.8%）	562（41.0%）	1371
	occur	378（42.9%）	55（6.2%）	433（49.2%）	46（5.2%）	402（45.6%）	881
	appear	255（44.3%）	29（5.0%）	284（49.3%）	0（0%）	292（50.7%）	576
消失	disappear	269（47.0%）	92（16.1%）	361（63.1%）	36（6.3%）	175（30.6%）	572
	perish	92（78.0%）	7（5.9%）	99（83.9%）	0（0%）	19（16.1%）	118
	die	940（66.9%）	75（5.3%）	1015（72.2%）	49（3.5%）	342（24.3%）	1406
总计		3031（41.9%）	459（6.3%）	3490（48.3%）	454（6.3%）	3286（45.4%）	7230

从上表可以看出，英语存现动词在语法体方面总体上表现出以下几个特点。

1. 完整体的使用与动词所表达的存现意义和事件类型呈现出非常明显的关联，出现频率由高到低为：消失类 > 出现/发生类 > 存在类。动词的存现意义和事件类型之间存在紧密联系：存在类动词表述的是状态事件，而其他三类动词表述成就类事件。完整体是从整体上观察一个事件，不直接表述事件的内部结构，而成就类动词没有内部时间结构，瞬间发生，瞬间结束，在语言的实际运用中，往往被视为一个不可分的整体，因此这三类动词的完整体出现频率明显高于存在动词，其中消失类动词最高。

2. 与完整体频率变化呈反比的是无标记项的使用频率，也就是一般将来时和一般现在时。这两个时态或表达尚未发生的事件，或表达事物长期存在的状态和相对稳定的特征，因此不受时间的约束。从上表可以看出，由于表达状态事件的存在动词内部是同质的，具有延展性，时间进程中不表现出变化，与无标记项在时间特征上比较相容，因此使用无标记项的频率最高。

3. 未完整体在所有这三类存现动词中的使用频率都很低，未表现出明显的规律性。未完整体的特点就是从内部观察一种情状，明确指称这种情状的内部时间结构，在英语中主要表现形式是进行体。状态事件具有高度同质性，通常情况下不出现在进行体或未完整体中（Binnick，1991：173；Rothstein，2004：15），而成就事件为瞬时发生，不能进行时间上的分割，即不具有阶段性，因此这一事件一般情况下也不能使用进行体（Rothstein，2004：23）。

（二）汉语存现动词事件类型与语法体的关联

汉语语料分析中剔除了这些动词不表达存现意义、或用作名词、或出现在定语从句中以及用作修饰性成分的句子。语料分析结果如表6-6所示：

表6-6　　　　　　汉语存现动词语法体标记使用频率

意义	动词	完整体			未完整体			中立体	总计
		~了	~过	合计	正在~	~着	合计		
存在	存在	11 (1.1%)	3 (0.3%)	14 (1.4%)	0 (0%)	123 (12.6%)	123 (12.6%)	840 (86.0%)	977
	居住	10 (4.4%)	5 (2.2%)	15 (6.6%)	0 (0%)	19 (8.4%)	19 (8.4%)	191 (85.0%)	225
出现/发生	发生	136 (13.0%)	22 (2.1%)	158 (15.1%)	2 (0.2%)	7 (0.7%)	9 (0.9%)	881 (84%)	1048
	降临	118 (10.5%)	0 (0%)	118 (10.5%)	2 (0.2%)	0 (0%)	2 (0.2%)	999 (89.3%)	1119
	出现	226 (17.2%)	22 (1.7%)	248 (18.9%)	0 (0%)	0 (0%)	0 (0%)	1066 (81.1%)	1314
消失	消失	146 (17.6%)	0 (0%)	146 (17.6%)	10 (1.2%)	1 (0.1%)	11 (1.3%)	674 (81.1%)	831
	死①	75 (37.9%)	3 (1.5%)	78 (39.4%)	0 (0%)	0 (0%)	0 (0%)	120 (60.6%)	198
总计		722 (12.6%)	55 (1.0%)	777 (13.6%)	14 (0.2%)	150 (2.6%)	164 (2.9%)	4771 (83.5%)	5712

从上表我们可以发现汉语存现动词的语法体呈现出以下特点：

---

① 在"死"的语料中，我们发现为数众多的"死去""死掉"这样的表达。关于"去""掉"是完整体标记还是结果补语，汉语研究中尚存在争议。由于此类词通常在动词后表达完结意义，且此处数量较大，不能忽略，因此在统计时也纳入"~了"中。

1. 完整体的使用与动词的语义和事件类型也存在明显关联，其出现频率由高到低的顺序为：消失类＞出现/发生类＞存在类。完整体在成就事件中的出现频率显著高于状态事件。

2. 完整体和未完整体标记的使用呈反比关系。存在类动词的完整体标记使用比例在完整体标记使用总数中只占 3.7%，而未完整体标记的使用频率在未完整体标记总数中的比例为 86.6%。值得注意的是，存现动词表达未完整体的主要手段是使用"着"，而不是"正在"，前者的使用频率是后者的 10 倍以上。这主要是因为存在类动词的语义特征都具有［+持续性］的特点。戴耀晶（1996：80）认为，"着"表达持续体，不反映事件的起始或终结，也不反映事件的整体。而出现、消失类动词都是表瞬间动作的成就类动词，与"着"的体意义不相容。

3. 存现动词表达完整体时，用"了"的频率高于用"过"。戴耀晶（1996：35）认为，"过"具有历时终结的语义特征，其所表达的事件含有"目前已非如此"的语义取值倾向。"过"也可以出现在存现句中，称为经历体存现句（宋玉柱，1991），表示某个事物曾经存在过或某个现象曾经发生过。存在类动词和这两个体标记词都可以搭配，频率差距不明显。但对出现消失类动词，有些不能和"过"同时出现，如"消失"具有"永久性"的含义，"降临"具有"一次性"的含义，都不能和"过"同现。"死"虽然也具有"永久性"和"一次性"的含义，但和"过"使用时，通常表示非真正意义上的"死"。例如，丈夫确实"死"过一回了。

4. 中立体，即不使用语法体表达手段的句子占据绝大多数。这进一步证明使用体标记词在汉语语法体中不是强制性手段。

（三）英汉存现动词事件类型与语法体关系之比较分析

从以上分析可以看出，就存现动词的事件类型与语法体的关联来看，英汉之间存在共同点和差异。共同点主要在于：总体上，英汉存现动词的事件类型与语法体之间均表现出高度关联。首先，完整体的出现频率在表达成就事件的出现/发生/消失类动词中均明显高于表达状态事件的存在类动词（英语中 81% vs 19%，汉语中 96.3% vs 3.7%），且出现频率由高到低的顺序均为：消失类＞出现/发生类＞存在类。其次，未完整体的使用频率普遍相对较低，是三种语法体中最低的（英语为 6.3%，汉语为 2.9%）。

但除此之外，就这两者之间的关系来说，英汉语言之间的差异更为显著。首先，大部分汉语句子不使用体标记，而英语句子都具有时态作为体标记；其次，英汉存现动词在未完整体标记的使用上具有明显不同。英语存现动词中进行体的使用频率未显示出明显的规律，状态类和成就类动词中都有部分动词的进行体比例较高，而完整体和无标记体之间存在明显的反相关关系。相比之下，汉语存现动词中存在动词的未完整体标记，尤其是体标记"着"的使用频率远远高于成就类动词（86.6% vs 13.4%）。通常认为，由于状态事件具有高度同质性，状态持续的时间内没有发生变化，无法对这一状态划分出阶段，因此状态事件是非动态、无阶段性的，极少与进行体同现（Rothstein，2004）。但这一观点似乎与汉语的语言事实不相符合。关于导致这一差异的原因我们将在下面进行分析。

五 英汉存现动词语法体与存现结构的关联

（一）英语存现动词语法体与存现结构的关联

存现动词的语法体与存现结构之间是否存在共现关系？本书的英语语料中，使用存现结构的句子共有 16 例，其中各语法体标记分布如表 6-7 所示：

表 6-7　存现结构在英语存现动词各种语法体标记中所占的比例

	存在		发生/出现			消失		总计
	exist	live	happen	occur	appear	Disappear/perish	die	
完整体	0 0%	1 6.3%	0 0%	2 12.5%	0 0%	0 0%	0 0%	3 18.8%
未完整	0 0%	0 0%	0 0%	0 0%	0 0%	0 0%	0 0%	0 0%
无标记项	10 62.5%	2 12.5%	0 0%	0 0%	1 6.2%	0 0%	0 0%	13 81.2%
总计	10 62.5%	3 18.8%	0 0%	2 12.5%	1 6.2%	0 0%	0 0%	16 100%

虽然存现结构的使用频率在语料中较少，不足以进行统计分析，但还是可以看出，出现在存现结构中的主要是无标记项（81.2%），其次是完整体（18.8%），未完整体不出现在这一结构中。例如：

（13） a. ... there still exist children of a lesser god, the Simi Valley verdict is perfectly explicable...

b. In the land of Uz there lived a man whose name was Job.

c. Somewhere inside each journalist live two characters, a crusader and a gossip.

d. ... there occurred a semi-legendary encounter when the quarreling Slavs sent a delegation to Scandinavia to negotiate

e. ... at Prince Charles'St. James's Palace apartment, there occurred some rather significant spur-of-the-moment socializing.

这一结果与田臻等（2015）的发现一致：一般体和完成体与there构式呈吸引关系，而进行体与完成进行体与there构式呈排斥关系。事实上，在他们的研究中，后两种体的出现频率大概为二万分之一，几乎可以忽略不计。虽然田臻等（2015）对语法体的分类与本书有所不同，但可以肯定的是，与英语存在结构共现的存现动词的语法体不是未完整体，而是完整体和无标记项。

（二）汉语存现结构与语法体的关联

语法体标记在汉语存现结构中的出现频率见表6-8：

表6-8　　　　语法体标记在汉语存现结构中的出现频率

	存在		发生/出现			消失		总计
	存在	居住	发生	降临	出现	消失	死	
完整体	0 0%	0 0%	122 5.6%	1 0.05%	177 8.1%	0 0%	7 0.3%	307 14.0%
未完整	104 4.7%	19 0.9%	5 0.2%	0 0%	0 0%	0 0%	0 0%	128 5.8%
中立体	542 24.7%	4 0.2%	482 22.0%	1 0.05%	727 33.2%	0 0%	2 0.1%	1758 80.2%
总计	646 29.5%	23 1.0%	609 27.8%	2 0.1%	904 41.2%	0 0%	9 0.4%	2193 100%

表6-8显示，存现构式出现在汉语存现动词句子中有很大的选择性。对表达状态事件的存在类动词，存现结构中只有未完整体和中立体，没有

完整体:"存在"动词的存现结构中,未完整体和中立体分别占 16.1%和 83.9%,而在"居住"动词的存现结构中,未完整体和中立体分别占 82.6%和 17.4%。这表明,完整体与状态动词的存现结构相排斥。这一趋势在状态动词"居住"的语料中表现最为突出。虽然"居住"使用完整体和未完整体标记的句子相差不多(16/19),但所有 19 例带有未完整体标记的句子都以存现结构的形式出现,而 16 例带有完整体标记的句子中只有 1 例存现结构。例如:

(14) a. 这个青山绿水环绕的山村里居住着 774 名勤劳纯朴的人们……
b. 绿茵环绕的社会福利中心,居住着 160 多名老人。
c. 在撒哈拉沙漠里,居住着一个游牧部落……
d. 集庆楼人气最旺的时候曾居住了六七百人……

而对表达成就事件的动词,出现在存现构式中的一般是完整体和中立体,这 5 个出现/发生/消失类动词中,使用未完整体的句子总共只有 5 例,占 0.2%。这说明,未完整体与表达成就事件的动词的存现结构相排斥。

(三) 英汉存现结构与语法体关联的比较分析

基于以上分析,我们可以看出,在存现结构与语法体的关系上,英汉之间的共同点很少,其最大差异是:无论动词表达什么事件类型,英语存现结构与完整体和无标记项相容,而与表达未完整体的进行体相排斥;但在汉语中,汉语存现结构与语法体之间的共现关系取决于动词的事件类型。表达状态事件的存在类动词的存现句与完整体相排斥,而表达成就事件的发生类、出现类、消失类动词的存现句与未完整体相排斥。税昌锡(2011)也发现:存现构式中的"了"一般跟"出现""隐没"或"呈现"等动词共现,描述时间过程结构的"活动开始""活动终结"等事态;而存现构式中的"着"一般跟具有[+持续]特征、空间上具有"附着"特征的动词共现。

六 英汉存现动词语义—句法互动关系的比较分析

基于以上分析可以看出,英汉语言中表达"存在、出现/发生、消失"意义的狭义的存现动词都是典型的非宾格动词,没有使役转换用法,存在客体在表层句法中表现为句子的主语,基本句式为:存在客体+存现动词+存现地点(处所)。另外,存现动词也常出现在存现结构中,英语中主要为 there 句式,汉语为"处所词语+动词+存现主体"。但汉语存现结构的出现频率大大高于英语。

在事件类型方面,英汉表达"存在"意义的存现动词表达状态事件,而表达"出现、发生、消失"意义的存现动词表达成就类事件。基于语料库的研究发现,在存现动词的事件类型、语法体和存现结构这三者的关系上,英汉之间存在一些共同点,主要表现在:首先,消失类动词不倾向于出现在存现结构中;其次,存现动词的事件类型与语法体之间均表现出高度关联,完整体的出现频率在表达成就事件的出现/发生/消失类动词中均明显高于表达状态事件的存在类动词,出现频率由高到低的顺序均为:消失类 > 出现/发生类 > 存在类动词。

但是两种语言在事件类型、语法体和存现结构这三者的关系上表现出极大差异:首先,在事件类型与存现构式之间的关系上,英语 there 句式对动词的事件类型具有选择限制。相比之下,汉语存现动词出现在存现结构中并不受动词事件类型的影响。其次,英汉存现动词在未完整体标记的使用上具有明显不同。英语存现动词中未完整体标记的使用频率未显示出明显的规律,而汉语中状态动词的未完整体标记远远高于成就类动词。最后,在存现结构与语法体的关系上,英语存现结构倾向于和表达未完整体的进行体相排斥;但汉语存现结构与语法体之间的共现关系取决于动词的事件类型。表达状态事件的存在类动词的存现句与完整体相排斥,而表达成就事件的发生类、出现类、消失类动词的存现句与未完整体相排斥。

我们认为,导致这些差异的主要原因是存现结构在英汉语中的类型、意义、使用范围等方面存在的区别。

首先,英汉存现结构的类型和意义不同。英语存现结构主要包括 there 句式和方位语倒装句,在存现动词句子中,存现结构以前者为主要形式。There 构式对应的是静态存在事件,其图式构式具有[+持续]、[-完结]和[+静态]的特征,通常表达抽象和静态的存在意义(田臻等,2015),方位语倒装句与之类似(Levin & Rappaport, 1995)。而汉语存现构式复杂得多,可根据动词表达的意义分为存在句和隐现句。存在句可以根据动词表达状态还是动作进一步分为静态存在句和动态存在句,前者具有［+静态］、［+持续］的特征，后者具有［-静态］、［+持续］的特征（聂文龙，1989：103）；隐现句中的动词表示出现义或消失义（宋玉柱，1989），因此具有［-静态］、［-持续］的语义特征。

其次，英汉存现结构在意义和类型上的差别影响到可以出现在存现结构中的事件类型。由于英语存现构式表达抽象和静态的存在意义，因此存现动词能否出现在这一结构中取决于动词事件类型能否满足存现构式对动词的语义选择条件。研究发现，与英语 there 句式相容度最高的是表达状态事件的存在类动词，相容度最低的是表达成就事件的消失类动词。相比之下，由于汉语存现句既包括存在句也包括隐现句，因此汉语存现动词出现在存现构式中并不受到动词事件类型的影响，表达状态事件的存在类动词出现在静态存在句是典型用法，而出现/消失类动词出现在隐现句中也是典型用法。

再次，存现结构在英汉存现动词句子中的使用范围存在非常大的差异。英语语料中，存在结构的出现频率仅为 0.2%，而汉语为 38.4%。

最后，英汉存在结构在类型、意义上的差异影响到出现在这一结构中的存现动词的语法体。英语 there 结构由于表达静态的存在意义，无须使用进行体来标明事件进程的特定阶段，因此极少和以进行体为主要表现形式的未完整体共现；而无标记项（主要包括一般现在时和一般将来时）不指明状态或事件的进行或完成，可以和表达各种词汇体的动词语义相容，因此在 there 结构中出现频率最高。而汉语存现句类型众多，包括存在句和隐现句，［±静态］和［±持续］意义都能表达，因此可以和各种语法体共现，但不同意义的存现结构对出现在句中的存现动词的语法体具有明显影响：首先，包含表达状态事件的存在动词的存在句一般为静态存在句，表达［+静态］和［+持续］意义，往往与完整体相斥，而与未完整体相容，"着"的使用尤为频繁。通常认为，状态动词本身表示状态的持续，因此一般不和同样具有持续意义的"着"字同现，如何解释"着"在存现结构中的高频出现呢？从以上对存现结构的综述可以看出，存在句中动词后出现"着"是非常常见的一种结构，有的研究者甚至将带"着"的存在句作为单独一类（范方莲，1963；张学成，1982；宋玉柱，1982，1991；等）。例如，按照宋玉柱（1991），静态存在句可进一步分为"有"字句、"是"字句、"着"字句，经历体存在句（"过"）、定心谓语句和名词谓语句。其中前两种结构中有固定的表达存在意义的动词，后两种不需要动词，而经历体存在句只能表达曾经发生或存在过，不能表示持续意义，因此，包含其他存现动词的静态存在句只能采取"着"字句方式。可以说，本章中的汉语存在类动词句子中，很大一部分"着"是存现结构赋予的。其中，动词"存在"语料中，存现结构出现比例占包含"着"的句子总数的84.6%；而动词"居住"语料中，存现结构出现比例占包含"着"的句子总数的100%。其次，包含发生/出现/消失类动词的存现句，具体来说属于隐现句。这些动词为瞬时性动词，表达成就事件。崔建新（1987）认为，隐现句中的动词后必须有"了"，也有的研究指出（陈建民，1986），隐现句B段有以下三种形式：(1) 动词+了；(2) 趋向动词（+"了"）；(3) 动+趋向成分。由此可见，隐现句中动词后加完整体标记"了"属于典型用法。总体来说，隐现句表达的意义倾向于与未完整体相斥。

因此，虽然不是所有的存现动词都可以出现在存现结构中，但英汉存现结构在类型、意义和使用范围上的广泛差异在很大程度上影响了存现动词在句法和语法体方面的表现。

七 结语

基于以上研究，我们发现，英汉存现动词事件类型、语法体、存现构式这三者之间存在密切的互动关联，但总体来看英汉之间个性大于共性。两者之间的共同点只在于：在存现动词事件类型和语法体的关联方面，完整体在成就动词中的使用比例高于状态动词，未完整体的使用频率普遍较低。而在其他联系上，英汉语言存在广泛差异。导致这些差异的原因除了英汉体系统上的差别外，英汉在存现构式的类型、意义和使用范围上的深层差异也是主要原因。这说明，一种语言中动词的时间特征、语法体形式和动词的句子结构形式之间存在千丝万缕的关系，但是受每种语言在这三个方面的特异性的影响，这一联系很少具有跨语言普遍性。由此可见，在跨语言研究中，对某一语言现象的对比分析应该联系到语言的整体和本质，才能避免碎片化和现象性的探寻（王文斌，2017），发现不同语言之间的本质差异（王菊泉，2017）。

第七章　英汉单次体动词比较研究

单次体（semelfactive，也称为一次体、单活动体）来自拉丁语 semel，意思是"一次"（once），后来在斯拉夫语言中用作后缀，表示单个事件。Moens and Steeman（2005）将它定义为单体事件（atomic event），在时间上是一个点。这一体范畴可以用表示频率的词汇和短语表达（如 once/twice，for several times），也可以体现在动词形态和句法结构上。Lieber（2010）将表述动词数量的体范畴定义为事件发生的频率，包括单次体（semelfactive）、反复体（iterative/frequentative）和习惯体（habitual）。单次体动词既可以表达单次体意义，也可以表达反复体意义，但对这一类动词的研究并不多见。本章重点从动词语义特征、事件类型、句法结构和语法体等方面对英汉单次体动词开展基于语料库的比较研究。

第一节　英汉单次体动词研究综述

一　英语单次体动词研究

（一）单次体动词的定义

关于动词类型的早期研究中，单次体动词通常被看作一种特殊的成就类动词（Vendler, 1957; Dowty, 1979; Verkuyl, 1993）。这可能是因为，如果将其视为单独的动词类型，将给基于语义特征的动词分类理论带来困难，因为如果基于两个语义特征［+终结性］、［+阶段性］，得到的动词类型应该是四种（即 2^2），而如果基于三个语义因素，即［+动态性］、［+持续性］、［+终结性］，应该得到八种类型（即 2^3）（Rothstein, 2004: 29）。Smith（1997: 29-30）最早给予单次体动词独立动词类型的地位，与状态动词、活动动词、完成动词、成就动词并列。

以往的研究认为,单次体动词主要表现出以下语义特征:(1) 瞬时性。虽然单次体动词所表达的事件可能持续一段时间,比如咳嗽一声,或鸟扇动一下翅膀,但在人们的意识中只是一瞬间的动作,因此通常概念化为瞬时性事件(Rothstein, 2004)。典型的单次体事件往往快速发生,且不产生结果,包括身体动作(如眨眼、咳嗽)、光学现象(如光闪烁)、行动(如敲、啄、踢等)。(2) 动态性。单次体动词都具有明显的动态语义特征。(3) 终结性。关于单次体动词是否具有[+终结性],学界持有争议。Vendler(1957)、Dowty(1979)、Smith(1997)等认为此类动词具有[-终结性]语义特征,因为此类动词表达的事件不包含状态变化。但 Rothstein(2004)认为,决定动词语义是否包含[终结性]的因素并不在于动词是否表达了一个变化事件,而在于它是否是一个包含一个最小原子事件的集合。也就是说,如果谓语动词 P 在任何语境下都由可数的个体单位组成,那么 P 就具有终结性。虽然终结性和变化含义并不相同,但一个表达变化事件的动词自然地就是终结性动词,因为变化具有原子性,变化事件的开始和结束决定于变化的开始和结束。单次体动词表达一个原子事件的集合,但和成就动词、完成动词不同的是,它的原子性不是由变化决定,而是由原子元素的自然凸显性和个体性所决定。对此,Smith(1997)也认为,单次体动词只表达单次事件,因此具有内在的有界性(bounded)。此外,单次体动词一样可以和 in α time 以及其他通常使用在终结性事件中的时间短语共现。因此,我们认为,虽然单次体动词表达的事件不引起状态变化,但具有原子性,因此具有终结性。

(二) 单次体动词与其他类型动词比较

单次体动词是一种极其特殊的动词类型,为了进一步解释其语义特点,我们主要基于 Rothstein(2008)的研究将其与几种语义相近的动词类型进行比较。

1. 单次体动词和活动动词

通过比较活动动词 walk、run 和单次体动词 jump、knock 我们可以看出两者的区别:观察一个延伸一段时间的 jumping 或 knocking 事件时,我们可以很容易地分辨出一个个最小事件;但要将一个 walking 或 running 事件分为最小事件则具有一定任意性。具有单次体意义的动词所表达的事件包含一个自然原子事件集合,而活动动词所表达的事件包含一系列相互重合的最小个体事件（Rothstein，2004：186）。这两者之间的差异类似于可数名词（如 dog、person、cap）和不可数名词之间的差异（如 water），也与人们对世界的认知息息相关。这两类动词之间既存在明显区别也存在紧密联系。

在句子层面，这两类动词表现出以下差异（Rothstein，2008）：

A. 这两类动词与频率副词连用时，前者往往产生歧义，而后者不会。例如：

(1) a. Dafna jumped/skipped once/twice.
b. Dafna ran once/twice.

Once/twice 修饰单次体动词时，这一句子往往产生歧义：句 a 中的 jump 可以指最小原子事件（跳了一下/两下），也可以是一段具有时间延展性的事件（跳了一次/两次）。而句 b 则只能指后者。

B. 同样，这两类动词和时间副词共现时也表现出不同的含义：

(2) a. Mary jumped at twelve o'clock.
b. Mary ran at twelve o'clock.
(3) a. John jumped in two minutes.
b. John ran in two minutes.

和表示某一点的时间副词（at α time）连用时，例 2a 只能表示单次体事件，而例 2b 只能表示活动事件，确切地说，表达起动意义。和框架时间副词（in α time）连用时，例 3a 表示单次体事件，而例 3b 则只能表示活动事件。

C. Again and again 这样的副词短语可以修饰 jump 的单次体事件也可以修饰活动事件。

D. 这两类动词在名词化后表达的含义也不同。单次体动词名词化后表示单个最小原子事件，而活动动词名词化后表达的是具有时间延展性的运动事件。

单次体动词和活动动词之间也存在极其紧密的联系。单次体动词的语义具有模糊性，当此类动词表达"一次"这一含义时可以和 at α time 一类的时间副词连用，不出现在未完整体句子中，不和表示时间持续的状语同现。这是由此类动词的时间特征决定的。但当这些事件重复发生，这时就被视为多个事件构成的活动事件。导致这种多个事件的解读的往往是句中的副词等信息。作为活动动词时，往往和未完整体或表示持续时间的副词连用。此外单次体动词会导致未完整体悖论（imperfective paradox），但用作活动动词时，则不会导致未完整体悖论。

根据 Rothstein（2008：182），英语中所有的单次体动词都可以用作活动动词，但不是所有的活动动词都可用作单次体动词，如 run、walk、swim 等都不能用作单次体动词。

2. 单次体动词和成就类动词

Vendler（1957）、Dowty（1979）等将单次体动词描述为非终结性成就动词，即这两种动词类型之间的本质区别在于是否具有［+终结性］（Smith，1997）。Rothstein（2004，2008）认为，这一描述并不正确。首先，这两类动词的差异在于，就时间特征来说，成就类动词不具有内部结构，而单次体有。成就类事件不具有时间上的延展性，而具有瞬间性，包括两个时间上相邻的时刻，即起点和终点：在起点的最后一刻 -φ 成立；在相邻的下一刻，即终点，φ 成立。虽然单次体动词通常被概念化为具有瞬时性语义特征，但就单次体动词所指示的事件本身而言，它在时间上具有延伸性和内在的时间结构，如 jump、flapping a wing、kick 等动词都具有一定的运动轨迹，包含一系列动作，如 flapping the wing 需要放低翅膀然后再抬起。因此，这一类事件并非瞬时性事件。

其次，我们认为单次体动词和成就动词一样，具有终结性。单次体动词一样也可以和 in α time 以及其他通常使用在终结性事件中的时间短语共现。

通常研究者们（Dowty，1979；Smith，1997）认为，成就类动词、完成类动词可以和 in α time 等表示终结性的时间短语共现，因此具有终结性。但是，和此类时间短语共现并不是成就类和完成类动词的本质特征，这两类动词的本质特征是它们都包含变化事件。单次体动词不包含变化事件，但具有原子性和内在自然终结点，因此也具有终结性。

（三）英语单次体动词的分类

关于单次体动词的分类的研究并不多见。Smith（1997）在确立单次体动词独立的动词类型的同时，也对此类动词进行粗略的分类，认为典型的英语单次体动词主要包括生理活动类，如 blink、cough 等；内在活动动词，如 flicker、flash；以及行为类动词，如 tap、kick 等。Katalin（2011）在她的分类基础上将英语单次体动词分为五类：生理活动类；内在活动类；与动作有关的瞬时性动词，如 knock；瞬时性感知类动词，如 shout out；和暗含后续状态的瞬时性动词，如 find, explode。由于 Katalin（2011：123）将单次体动词定义为"描述发生一次事件的动词"，因此她将一些在直觉上不属于单次体动词的动词也包括在内，如上面的第四、五类，尤其第五类通常被视为成就类动词。

二 汉语单次体动词研究

对动词所表达的情状（事件）进行分类是汉语研究中的一项重要课题。早期对汉语动词时间特征的研究中，虽然各个学者的分类方法不同，但大多将单次体动词视为活动动词的一部分。马庆柱（1981）根据能不能在动词后加"着"将动词分为两类：不能加"着"的为非持续动词，能够加"着"的为持续性动词。对于"敲、碰、咳嗽"这些典型的单次体动词，虽然"动词所表示的动作本身不能延续，但可以多次重复，可以加'着'"（马庆柱，1981：1），因此被归为持续类动词（V_b）。具体来说，此类动词属于弱持续性动词中的看类动词（V_{b21}），在单用的时候没有歧义，加"着"时只表示动作行为的持续，所表达的意义是：[+完成]、[+持续]、[-状态]，也就是说，这些动词既能表示瞬间完成的动作行为，又能表示持续的动作行为，但不能表示状态；但当出现在 V+（了）+T+了（T 为时量宾语）结构中，就会产生歧义，时量宾语或表示动作持续的时间，或表示动作行为完成以后经历的时间，如"敲了三分钟了"（马庆株，1981）。

陈平（1988）基于 Vendler（1967）的分类，根据[±静态]、[±持续]、[±完成]这三组区别性语义特征将汉语句子所表现的情状分为五种类型：状态、活动、结束、复变、单变，其中"咳嗽"一类的动词被归属为活动动词，具有[-静态]、[+持续]、[-完成]的特点，可以在"V+着"和"在+V"这两种句法中出现，表示有关动作正处于进行或持续状态。

郭锐（1993）分析了汉语动词的过程结构，即由动词表示的动作或状态的内部过程，包括起点、终点和续段三个要素。根据这些要素的有无和强弱，汉语动词的过程结构被分为无限结构、前限结构、双限结构、后限结构和点结构五大类共十个小类，构成一个完整的渐变系统。其中"敲、咳嗽"等单次体动词被归为双限结构动词（Vc），即有起点、有终点、有续段。此类动词根据起点、终点、续段的强弱可以分为五类，而单次体动词属于第四类，可以和"了""着""过""在/正在"等体标记共现，可以加时量宾语。在后来的研究中，郭锐（1997：165）明确指出，"敲"一类的单次体动词应该归为动作动词。

Smith（1997）首次将单次体动词作为独立的动词类型，并对英、汉、法、俄等语言中的单次体动词进行简单分析。她认为单次体动词表达"一次"的含义时，不出现在进行体中，也不能和表达持续时间的副词短语同现，当含有单次体动词的句子使用进行体以及和表达持续时间的副词短语时，此类动词指的就不是一次事件，而是活动事件。根据 Smith（1997），汉语单次体动词的论元应具有量化特征，语义具有 [+动态性] 特征，不能和未完整体或表示持续时间的副词同现，也不和表达完成的动补结构相容（Smith，1997：181）。

Smith（1991，1997）之后的研究也开始将汉语单次体动词独立对待。戴耀晶（1997）将"踢、碰、咳嗽"等单次体动词归为瞬间动作动词。瞬间动词具有非持续的语义特征，表现在时间上是一个封闭状的点，起点始终与终点"重合"在一起，缺乏过程，具有"单变"（simple change）的特点，通常与"着"不相容。但戴耀晶（1997：84）也认为，"敲""砍""跳"一类表瞬间语义的动词与"着"同现的句子并不少见。

由以上研究可以看出，汉语界对单次体动词的动词类型归属和语义特征的观点并不统一，甚至相互矛盾。如在动词归属上，马庆株（1981）将其归为持续类动词，而戴耀晶（1997）将其归为瞬间动作动词。在语义特征上，郭锐（1993）、陈平（1991）认为此类动词具有 [+持续]、[-完成] 的特点，而戴耀晶（1997）认为其具有 [-持续]、[+完成] 的语义特征。这些争议反映了单次体动词在语义上的模糊性。

单独对汉语单次体动词分类的研究也不多见。Lamarre（2015：245）发现，不同语言中单次体动词类型具有一致性，汉语的单次体动词和俄语中的非常接近，主要包括以下几种：身体活动类、手势类、接触类、不受控制的生理反应类（如"打嗝"）等。这可能是因为，绝大多数此类动词的语义特征都基于人们的日常身体体验。

第二节　一次体与反复体

近年来，研究者们（Yu，2003；van Geenhoven，2004；刘鸿勇等，2013）发现，复数特征不仅体现在名词和代词上（plurality），也可以标注在动词词根上（plurationality），即使用形态方式作为反复体标记来表示动作的反复，将单个活动或事件复数化。这种显性的反复体标记在很多语言中存在，如阿留申语、车臣语、西格陵兰爱斯基摩语、四川凉山彝语等。也有很多语言，如英语和汉语，没有体标记，但可以使用其他手段来表达动作或事件的反复。早期研究中，单次体动词表达在一定时间内多次发生的事件时，通常被认为是活动动词，具有［+持续性］意义（Smith，1997；戴耀，1997），但随着反复体研究的进展，学者们发现，确切地说，此类动作多次发生时表达的是反复体意义（frequentative）（van Geenhoven，2004；Lamarre，2017）。

一　英语中的反复体

英语不存在反复体标记，不使用形态手段来表达动作或事件的反复，但可以使用隐性语法手段和显性词汇手段表达反复的意义（van Geenhoven，2004）。在语法手段方面，van Geenhoven（2004）发现，当句子中的动词为完成动词和成就动词，补语为带不定冠词的可数名词，或光杆复数名词，或抽象名词，且句中有 for 引导的时间状语时，句子表达反复体。例如：

(4)？Mary ate a sandwich for an hour.
(5)？Mary discovered a flea on her dog for six weeks.
(6) Mary ate sandwiches for an hour.
(7) Mary discovered fleas on her dog for six weeks.

在以往的研究中，Dowty（1979）、Krifka（1989，1992）等往往从动词的持续性与 for 引导的时间状语之间的相容性角度来解释上面句子的接受度。如 Dowty（1979）认为，for 引导的时间状语是全称量词，当动词处于 for 引导的时间状语的辖域中时，它的论元也在后者的辖域范围内，因此上面的例（6）、例（7）都获得窄域解读；而例（4）、例（5）中的宾语名词为不定冠词形式，属于存在量词，对 for 引导的时间状语采取宽域解读，因此使这两句读起来非常奇怪。Krifka（1989，1992）认为，for 引导的时间状语往往修饰非终结性事件，即具有非量化性质（或累积性）的事件。如上面的例子中，例（4）和例（5）中 ate a sandwich、discovered a flea 都是量化的事件，例（6）和例（7）中 ate sandwiches、discovered fleas 都是非量化的事件，因此后两者可以和 for 引导的时间短语搭配。但 van Geenhoven（2004）认为，上面的句子，无论听起来是否奇怪，都表达了一种反复意义，只是这种反复体在一些语言，如西格陵兰爱斯基摩语中，具有形态标记，而英语中没有形态标记。这种反复体的表达并不因补语是单数还是复数名词而改变，如在西格陵兰爱斯基摩语中，在表达反复体的句子中，无论作为补语的名词是否单复数，完成动词和成就动词中都需要加上表示反复体的标记-tar-。

Van Geenhoven（2004）指出，英语中反复体的表达是通过存在于动词中的一个隐性的反复体算子（FREQ），当补语名词为光杆复数形式时，该算子将宾语所指的物体分配到各个次事件中，这时作为谓语动词内论元的宾语名词就获得窄域解读。例如：

（8）Bill dialed phone numbers for an hour.
　　i. #Bill dialed some phone numbers and he dialed them again and again for an hour.
　　ii. Bill dialed a phone number and he dialed another phone number and … for an hour.

上面的例（8）只能解读为例 8ii，即 Bill 每次拨打的是不同的电话号码，因为 dial 中的反复体算子将不同号码分配给每次的拨打活动。但当宾语名词为不定冠词单数形式时，由于其具有不可分配性和非累积性，存在于动词中的反复体算子（此时为 FREQP，其中 P 代表参与者）无法将其分配到各个次事件中。宾语名词和动词的不相容性导致宾语名词必须在反复体算子的辖域范围之外，因此获得宽域解读。例如：

（9）Bill dialed a phone number for an hour.

i. Bill dialed a phone number and he dialed it again and again for an hour.

ii. #Bill dialed a phone number and he dialed another phone number and ⋯ for an hour.

上面的例（9）只能解读为例9i，即 Bill 每次拨打的是同一个电话号码。虽然 van Geenhoven（2004）也像 Dowty（1979）一样采取宽域/窄域来解释句子，但是区别在于：（1）前者认为影响宾语名词所属辖域范围的是存在于动词中的隐性反复体算子，而不是后者所认为的 for 引导的时间状语；（2）前者从动作的反复性角度对句子进行解读，而不是后者所认为的动作的持续性。

此外，英语中还使用显性词汇手段来表达反复体，最常见的是频率副词、频率形容词和表达次序意义的限定词（van Geenhoven，2004）。例如：

（10） Mary discovered fleas on her dog repeatedly for a month.（频率副词）

（11） John wrote a daily letter for a week.（频率形容词）

（12） Carl picked one flower after another for the whole afternoon.（表达次序意义的限定词）

Van Geenhoven（2004）将频率副词视作分配算子（distributive operator），能够将次事件的时间分配在整个事件所占用的时间段内。频率形容词是频率副词所表达的抽象频率算子的形容词形式，而表达次序意义的限定词，如 one N after another，是一种将反复体嵌入名词表达的一种方式，表示名词的所指也被置于时间分配中。

二　汉语反复体的研究

研究者普遍认为，汉语同样缺乏反复体形态标记（刘鸿勇等，2013；Lamarre，2017），反复体的表达主要采取词汇手段和语法手段。

从现有文献看，关于汉语反复体的研究历史并不长。戴耀晶（1998：86）最早提及动作重复这一概念。他在论及"着"与瞬间动词（即单次体动词）之间的关系时提出：瞬间动词与"着"共同表达的事件，其持续性表现为动作的重复，而非瞬间动词带"着"构成的持续过程则不含动作重复的语义。在他之后，钱乃荣（2000）首次提出了汉语反复体这一概念。但这一研究的重心不在反复体，而是对汉语动词重叠式 VV 的语义特征和语法意义进行探究。他认为，现代汉语的动词重叠式表达动作行为的反复体。在汉语动词重叠式的语义研究中，应该考虑到动词对象是否为定指。当动词对象为不定指名词时，动词重叠表示动作行为的长时反复进行；当名词为定指时，动词重叠表示动作行为的短时反复进行。值得注意的是，后来的研究者在分析反复体的句法形式时都没有将"VV"包括进来。陈前瑞（2008）将这种动词重叠视为汉语短时体的表达手段之一。

最先提出将反复纳入汉语体范畴并对其作深入研究的是李宇明（2002）。他将汉语中的反复定义为"用一定的语言手段表达一种或多种动作反复进行、一种或多种现象反复出现的语义范畴"（李宇明，2002：210）。从时点的角度来说，反复体具有"双重时点"的特征：单个基本动作或现象的时点（t）和这一动作或活动重复发生若干次所组成的整体事件的时点（T）。前者具有完成性，而后者是持续性的，也是主要的体特征，因为 t 时点只是构成反复体的必要成素，而 T 时点决定反复体的基本性质。

李宇明（2002）将汉语中表达反复的主要语言手段分为词汇手段和语法手段。词汇手段主要包括表示动作反复进行的词汇和动量词语等；语法手段根据不同的类型而采取不同的手段。李宇明（2002）根据语义将反复分为三种类型：（1）同动反复，指同一种动作或现象的不断反复，主要包括"V 啊 V 啊""V_1 啊 V_2 啊""V 了又 V"等结构；（2）异动交替反复，指不同的动作或现象的交互替换反复，包括"$V_1V_1V_2V_2$""V_1 了（又）V_2，V_2 了（又）V_1"等结构；（3）异动并时反复，指不同动作或现象的同时反复，即"V_1V_2"两个动词的施事是多个个体或同一个体的时间顺序可以忽略的两个动作。由上面的论述可以看出，李宇明（2002）对反复的定义显然更加宽泛，其第（2）、（3）种反复类型都不属于英语反复体的范围。对于第（1）类，李宇明（2002）的研究似乎没有考虑到反复体的两个单个活动之间的时间间歇，因此没能将其与持续体区分开来。

陈前瑞（2008：73）从重复和反复这两个语义范畴来考察汉语的反

复体。根据动作重复的量的限制，他把重复分为限量重复和非限量重复，前者又可进一步分为精确量重复和非精确量重复。精确量重复明确表明了动作重复的次数，如"他咳了三声"。非精确量重复只是给出了动作重复的概数，如"他咳了几声"。非限量重复指动作不限次数的重复。陈前瑞（2002）把后者称为反复，反复的语义或者由状语或补语成分表达，如"他不断地咳嗽""他咳个不停""他一阵一阵地咳嗽"，或者由动词复叠表示，如"他在那儿一咳一咳的"。他将谓词的复叠式所表达的非限量重复称为反复体。从意义的角度说，反复体根据动作之间的关系可以分为同一动作的反复、不同动作的交替反复、由不同主体交替进行的相对动作的反复、不同动作的同时反复和不同动作的循环反复。基于这一分类和李宇明（2002）对汉语复叠类型的研究，陈前瑞（2008）把反复体的形式类型归纳为六种：（1）加叠，主要为"AA+BB"式；（2）对叠，即通过套结词语的作用将两项词语对举迭结起来，如"闪来闪去"；（3）回叠，即利用顶真式的手段，形成回文一样的镜像结构，如"谈了打、打了谈"；（4）某些形式的超词复叠，如"一跳一跳"；（5）某些形式的完全复叠，如"忽闪忽闪"；（6）某些形式的间接复叠，即复叠成分之间嵌有其他成分，主要是"又""啊"等。从以上分析可以看出，陈前瑞（2008）所说的反复体只关注句法层面的表达手段，不包括词汇手段。

　　刘鸿勇（2013）基于 van Geenhoven（2004）对反复体事件的定义，认为汉语反复体事件主要通过语法手段和频率副词表达。其中语法手段主要采取"V-了-又-V"动词重叠形式及其两个变体"V-了一遍又一遍"和"V1-了-（又）-V2，V2-了-（又）-V1"。词汇手段包括频率副词（如"经常""不断地/不停地"）或动量词和时量词的重叠构成的时间状语（如"天天""一遍一遍"等）表达。他认为，汉语中纯粹的数量补语并不能表达反复体，如"看了三遍/无数遍"都不能算重复体，前者不是非限量重复，而对后者人们无法观察到单个事件的重复，容易将其理解为一个完成体。相比李宇明（2002）、陈前瑞（2008）的研究，刘鸿勇等（2013）所提及的语法手段虽然主要是动词重叠方式，但在重叠类型上明显少于前两位研究者；在词汇手段方面，刘鸿勇等（2013）主要按照 van Geenhoven（2004）对反复体事件的定义，认为只有非限量次数的重复才能保证反复体的无界性，因此词汇手段只包含了表达非限量次数意义的频率副词。

三 反复体的语义特征

Van Geenhoven（2004）基于对西格陵兰爱斯基摩语中反复体形态标记的研究，认为表达反复体的句子通常具有三个语义特点：重复性（repetitive），即两个次事件之间必须存在间歇（hiatus）；分配性（distributive），即每个次事件线性地分布在时间轴上，不能同时发生；累加性（cumulative），即同一事件在某个时间段内重复的次数不受限制。由于van Geenhoven（2004）认为，反复体标记的是同一个次事件在某个时间段内的不定量重复，因此反复体事件具有无界性。在西格陵兰爱斯基摩语中，具有反复体标记的动词可以和表达无界性的状语同现；同样，在英语中，表达反复体的句子也通常包含有 for 引导的时间状语。例如：

(13) John found his son's tricycle in the driveway for six weeks.

在导致反复体事件无界性的原因方面，van Geenhoven（2004）和 Krifka（1989）的观点不同，他认为导致反复体事件具有无界性的不是宾语名词的累加性和非量化特征，而是包含隐性反复体算子的动词的累加性特征。他认为，英语中状态动词和活动动词与 for 引导的时间状语共现时通常表达持续的意义，而完成动词和成就动词与 for 引导的时间状语共现时在语义上产生冲突，这种冲突会导致句子产生反复体意义的解读。基于此，刘鸿勇等（2013：34）认为，反复体事件是由具有终结性语义特征的谓词表达的单个事件构成的整体事件。

陈前瑞（2008）认为，汉语反复体具有：（1）动态性。汉语中所有类型的动词都能够出现在构成反复体事件的基础动作中。（2）持续性。不论构成反复体事件的基本动词是否具有持续特征，反复体事件都具有持续性。（3）非终结性（无界性）。由于反复体是一种非限量重复，因此是一种开放情状，不具有限定的终止点。由于 van Geenhoven（2004）和陈前瑞（2008）对反复体的定义都为无确定数量的重复，因此，在反复体事件具有无界性这一特点上也观点一致。对于出现在反复体事件中的动词语义特征，van Geenhoven（2004）、刘鸿勇（2013）认为这些谓词具有终结性，即完成动词和成就动词，而陈前瑞（2008）认为，汉语中所有动词，无论是否具有终结性特征，都可以出现在反复体事件中。

四　英汉单次体动词不同意义的表现形式

（一）英汉单次体动词的一次体意义表现形式

汉语单次体动词的一次体意义表达可归纳为词汇和句法两种形式。词汇方面，当单次体动词和动量词语"一下、一次"搭配时，表达一次体意义（Lamarre，2017）。在句法手段方面，通常认为，典型的表达一次体意义的句法结构是"一V"。关于这一结构学界已有很多研究，包括王力（1985）、吕叔湘（1982）、詹开第（1987）、殷志平（1999）、陈光（2003）、Jeeyoung Peck et. al（2013）、Lamarre（2015）等。在语义上，这一结构表示动作、行为出现了一次或状态变化发生了一次（殷志平，1999：117）。Lamarre（2015）认为，"一"和其他事件类型的动词组合时具有一种"一次化"效果（semelfactivizing effect），突出一个突然的、瞬间的、不带来位置变化和状态变化的躯体动作。当"一"出现在单次体动词前时这种"一次化"效果尤其显著（需要注意的是，此处的"一V"结构不包括"一……就"结构）。此外，和"一V"结构具有类似作用的还有"V了一V"结构。

和汉语一样，英语单次体动词也可以使用"once"这一频率副词表达一次意义，但英语中不存在类似汉语"一V"这种具有"一次化"效果的句法结构。

（二）英汉单次体动词的反复体意义表现形式

相比之下，单次体动词的反复体意义的表达更为复杂。如果将反复体定义为同一个次事件在某个时间段内的不定量（或非限量）重复（van Geenhoven，2004；陈前瑞，2008），并按照反复体的三个语义特征：重复性、分配性、累加性（van Geenhoven，2004），那么反复体的表现形式在英汉语言中可以归纳如下。

英语反复体意义的表达可以采取词汇手段。根据 van Geenhoven（2004），频率副词、频率形容词和表达次序意义的限定词是常用的词汇手段。英语没有表达反复体的形态手段，在句法方面，反复体的表现形式主要是通过附着在动词词根的隐性反复体算子表达，这时单次体动词所在的句子中往往出现 for 引导的时间状语（van Geenhoven，2004；刘鸿勇等，2013）。

汉语反复体的表达也分为词汇手段和句法手段。词汇手段主要包括频率副词（如"经常""不断地/不停地"等）、动词补语成分（如"他咳个不停"）、动量词和时量词的重叠构成的时间状语（如"天天""一遍一遍"等）等（陈前瑞，2008；刘鸿勇等，2013）。句法手段主要包括：（1）动词后的时量词语，如"敲了半天"；（2）部分动词重叠结构。汉语动词重叠结构众多，并不是所有的单次体动词重叠结构都能表达反复体。考虑到反复体的无界性特征，并综合李宇明（2002）、陈前瑞（2008）、刘鸿勇（2013）和Lamarre（2017）等人的研究，我们认为，就单次体动词来说，表达反复体的重叠结构主要为"V-了-又-V、一V一V"等。

（三）英汉单次体动词的定量重复意义表现形式

除了反复体表现的不定量（或非限量）反复外，单次体动词还可以表达定量或限量重复的意义。当单次体动词表达限量重复意义时，句子表达的事件具有有界性，这是限量重复和重复体的关键区别。英语中表达这一意义的词汇手段包括"twice、several times、many times"一类的频率副词。汉语中的动量补语也表达限量重复意义，如"两下、几下"等。Lamarre（2017）认为，此类表达具有事件计量作用。Van Geenhoven（2004）、陈前瑞（2008）、刘鸿勇（2013）都没把这一类归入反复体词汇表现形式内，如刘鸿勇（2013：30）明确指出，"汉语中纯粹的数量补语并不能表达反复体"。Van Geenhoven（2005）将"frequently、every now and then"等表达反复体的词汇手段称为频率副词（frequency adverbs），而把"twice、several times"等称为基数副词（cardinal adverbs）。他认为，前者修饰的谓词表达了一个无界性反复体事件，而后者修饰的谓词表达的是一个有界性重复事件。由于反复体事件具有累加性语义特征，能够和for引导的时间状语连用，因此限量重复被排除在反复体表现形式之外。

汉语中还有部分动词重叠结构可以视为表达限量重复意义，如"V-V、V-了-V"。这两个结构往往被视为短时体，表达"量少时短"的意义（刘月华，1983；朱景松，1998）。短时体包括动作的短暂持续或少量重复，有的研究者将其与反复体归为一类。例如，刘丹青（1996）讨论苏州方言时就把这两者统称为持续反复体。但大部分研究者倾向于将两者分开讨论。石毓智（1992）认为，动词重叠式表示的是一个程度较小的确定量。沈家煊（1995）在讨论动词的"有界"与"无界"时指出，动词重叠表示的是有固定终止点的"定时动作"。李宇明（1998）赞同沈家煊（1995）的观点，认为动词重叠所表示的动作的确有一个终止点，但是这个终止点在哪里有一定的模糊性，因此不易用特定的数量词语来表现。陈前瑞（2008）认为，动词重叠的语法意义之一是"量短次少"或减弱动量，使动作不能无限延长或重复，表达封闭情状（Smith，1990），具有"限制终止点"，与重复体正好对立。基于以上研究者的观点，我们认为"V-V、V-了-V"这一类的重叠结构具有有界性，表达非精确量的限量重复意义，不同于具有无界性语义特征的重复体。

（四）总结

根据以上分析，我们可以将英汉单次体动词表达不同意义时的各种方式总结如表7-1所示：

表7-1　英汉单次体动词表达各种意义时的词汇和语法形式

	英语			汉语		
	一次体	限量重复	反复体	一次体	限量重复	反复体
词汇形式	once	twice, several times	频率副词、频率形容词、表达次序意义的限定词	一下一次	两次、几次等频率副词	频率副词、动词补语成分、动量词和时词的重叠构成的时间状语
语法形式			附着在动词词根的隐性反复体算子（for-）	-V、V（了）-V	V-V、V-了-V	时量词语 V-了-又-V、-V-V

第三节　基于语料库的英汉单次体动词比较研究

为了进一步比较英汉单次体动词在语义句法上的异同，我们运用语料库，对部分典型英汉单次体动词的意义、句法行为和语法体标记进行深入分析和比较。

一　语料收集

基于Smith（1997）、Katalin（2011）、Lamarre（2015）等研究者对单次体动词的分类，我们将基本的单次体动词分为三类：（1）生理活动类，如英语中的 blink、cough、hiccup、sneeze、burp，汉语中的眨（眼）、咳嗽、打嗝等；（2）躯体动作类，如英语中的 nod、knock、tap、kick、hit、slap、clap，汉语中的点头、敲门、拍打、踢、拍手等；（3）光学现象类，如英语中的 flash、glimmer、flicker、shimmer，汉语中的闪、闪烁等。我们从两种语言中各选出 5 个基本单次体动词，其中"blink/眨、cough/咳嗽"为生理活动类，"nod/点（…）头＊、knock/敲"为行为动作类，"flash/闪"为光学现象类。英语语料来自于美国当代英语语料库（COCA）的小说子语料库，汉语语料来自于北京语言大学开发的语料库（BCC）中的文学子语料库（外语汉译小说除外）。收集的语料数量如表 7-2 所示：

表 7-2　　　　　　英汉单次体动词选择及语料收集情况

英语动词	cough	nod	blink	knock	flash	总计
	425	962	1449	789	1090	4715
汉语动词	咳/咳嗽	点（…）头	眨（巴）	敲	闪	
	1117	2084	737	1183	894	6015

二　语料分析

完成语料收集后，我们对所有语料进行穷尽性分析。首先，剔除了语料中以上动词用作名词的句子。其次，为了使语料具有可比性，这些动词的引申用法和非典型用法也予以排除。例如，"flash/闪"在英汉语中除了表达光学现象外，都可以表示"快速移动"的意义，后一种用法由于不表达光学现象，被排除在合格语料之外；"knock"在英语中一般和门、窗等搭配，而"敲"在汉语中还常用于锣鼓等乐器，因此汉语中这一用法也被排除在汉语语料之外。再次，我们对单次体动词表达一次体意义、反复体意义、限量重复意义时所使用的词汇和句法手段进行归纳。最后，我们对以上动词的句子的语法体标记进行了统计。

三　英语单次体动词表达不同意义的词汇和语法手段

下面两个表格（表 7-3 和表 7-4）是英语单次体动词表达一次体、限量重复、反复体意义时词汇和语法手段使用情况。

表 7-3　　英语单次体动词表达各种意义时的词汇手段

	一次体	限量重复	反复体	小计	语料总数
blink	15（1.0%）	61（4.2%）	6（0.4%）	82（5.6%）	1467
cough	9（2.3%）	6（1.5%）	7（1.8%）	22（5.6%）	392
knock	12（1.5%）	18（2.2%）	2（0.2%）	32（3.9%）	817
flash	4（0.8%）	4（0.8%）	0（0%）	8（1.6%）	491
nod	1（0.1%）	2（0.2%）	1（0.1%）	4（0.4%）	962
合计	41（1.0%）	91（2.2%）	16（0.4%）	148（3.6%）	4129

表 7-4　　英语单次体动词表达各种意义的语法手段

	一次体	限量重复	反复体	时量	小计	语料总数
blink	0（0%）	0（0%）	0（0%）	1（0.1%）	1（0.1%）	1467
cough	0（0%）	0（0%）	1（0.3%）	10（2.6%）	11（2.8%）	392
knock	0（0%）	0（0%）	0（0%）	1（0.1%）	1（0.1%）	817
flash	0（0%）	0（0%）	0（0%）	1（0.2%）	1（0.2%）	491
nod	0（0%）	0（0%）	0（0%）	0（0%）	0（0%）	962
合计	0（0%）	0（0%）	1（0%）	13（0.3%）	14（0.3%）	4129

（注：为了突显表达反复体的不同语法手段，我们将表达反复体的句法结构和时量短语分开统计。以下汉语语料统计也一样。）

根据语料以及上表的统计数据，英语单次体动词在表达不同意义时主要使用词汇手段：表达一次体意义时使用"once"，表达限量重复意义时主要使用"twice、three times、once or twice、two or three times、several（a few、a couple of）times"等频率副词，表达反复体意义时主要使用"ceaselessly、a lot、continually、repeatedly"等副词。英语单次体动词缺少表达不同意义的语法手段，主要使用隐性反复体算子表达反复体，即 for 引导的时间状语（van Geenhoven，2004；刘鸿勇等，2013）。例如：

（14）I knocked on the door for a long time, thinking I heard someone move around inside...

唯一用于表达反复体的语法结构见于"cough"语料中：

(15) ... his heart's pumping merges with the tugs and swellings of the sea. He coughs and coughs and his eyes take on tears.

这一结构类似于汉语中的动词重叠结构"V 啊 V 啊",但在英语中此类用法极为少见。

四 汉语单次体动词表达不同意义的词汇和语法手段

(一) 汉语单次体动词表达不同意义的各种手段统计

根据语料,汉语单次体动词表达一次体、限量重复、反复体意义时的词汇手段使用情况见表 7-5。

表 7-5　　　汉语单次体动词表达各种意义时的词汇手段统计

	一次体	限量重复	反复体	小计	语料总数
眨(巴)	43 (5.9%)	25 (3.4%)	39 (5.3%)	107 (14.6%)	733
咳(嗽)	263 (24.4%)	138 (12.8%)	64 (5.9%)	465 (43.2%)	1077
敲	66 (10.2%)	61 (10.0%)	3 (0.5%)	130 (20.1%)	646
闪	13 (2.0%)	5 (0.8%)	4 (0.6%)	22 (3.4%)	645
点(…)头	198 (9.7%)	23 (1.1%)	189 (9.3%)	410 (20.1%)	2037
合计	583 (11.3%)	252 (4.9%)	299 (5.8%)	1134 (22.1%)	5138

根据语料和统计结果,汉语单次体动词表达不同意义时所使用的词汇手段与英语大同小异:表达一次体和限量反复时通常使用"一下、一次、一声"和"两下、两次、两三下、几下、十几下"等动量词、表达反复体时通常使用"频繁地、一阵、不停、不住、连连、直、一个劲儿"等频率副词。

相比之下,汉语表达不同意义时的语法手段比较多样化,除了像英语一样使用时量短语外,还可以使用其他结构。根据语料,这些结构可以归纳为表 7-6:

表 7-6　　　汉语单次体动词表达各种意义时的句法形式

	一次体意义	限量重复意义	反复体意义
眨(巴)	一眨(巴)、眨了一眨	眨了(几)眨 眨(巴)眨(巴)	一眨(巴)一眨(巴)、眨了又眨

续表

	一次体意义	限量重复意义	反复体意义
咳/咳嗽	一咳（嗽）		
敲	一敲、敲了一敲	敲了敲	敲了又敲
闪	一闪，闪了一闪	闪了闪、闪了几闪	一闪（又）一闪、一闪一亮
点（…）头	一点（头）、点一点头	点（了）点头	

汉语单次体动词表达一次体、限量重复、反复体意义时的语法手段使用情况统计见表 7-7。

表 7-7　汉语单次体动词表达各种意义时的语法手段使用统计

	一次体	限量重复	反复体	时量	小计	语料总数
眨（巴）	31（4.2%）	221（30.2%）	14（1.9%）	4（0.5%）	270（36.8%）	733
咳（嗽）	6（0.6%）	0（0%）	0（0%）	49（4.5%）	55（5.1%）	1077
敲	16（2.5%）	3（0.5%）	1（0.2%）	26（4.0%）	46（7.1%）	646
闪	116（18.0%）	2（0.3%）	5（0.8%）	1（0.2%）	124（19.2%）	645
点（…）头	213（10.5%）	127（6.2%）	0（0%）	0（0%）	340（16.7%）	2037
合计	382（7.4%）	353（6.9%）	20（0.4%）	80（1.6%）	835（14.6%）	5138

由于汉语单次体动词表达不同意义时的语法手段复杂多样，且不同动词偏爱不同的语法手段，因此这里我们将重点对这些语法手段进行分析。

（二）表达一次体意义的句法手段

表 7-7 显示，总体来看，表达一次体意义时，这五个单次体动词语料中都以"一V"结构为主，有少数动词（如"点（…）头"）还使用了"V（了）一V"。但是"一V"结构在不同动词中的使用频率相差很大。例如，在动词"闪"的语料中，"一闪"这一结构共有 112 例，占 17.4%，而"一咳（嗽）、咳了一咳"只有 6 例，在"咳"的语料中仅占 0.6%。导致这一差异的原因可能首先和"一V"结构表达的意义有关。通常人们认为"一V"这一结构表达瞬时体（陈光，2003），或完成（完整）体（陈前瑞，2008），表示一个突然的动作（王力，1985；吕叔湘，1982）或短暂的动作（詹开第，1987：303）。由于光学现象的特点，

"闪"相比于其他单次体动词如"敲、咳"等,在突然性和短暂性上尤其突出,因此也更可能出现在"一V"结构中。

此类结构的用法一般分为两种:非结句用法和结句用法。前者必须接后续小句,表达一个短时动作及变化的完成或出现,并预示着达到某种结果;后者用在句子末尾,并不预示着达到什么结果或状态。在"闪"的语料中,绝大多数"一闪"为非结句用法。这种用法在语篇中主要表示背景性动作(陈前瑞,2008:216)。Lamarre(2017)认为,"一V"往往出现在人物说话前后,交代叙述对象的人物的背景动作和表情,虽然是标注瞬间动作,但是它的无界特征使它不能推动故事的进展,进而滋生出背景化功能。例如:

(16) a. 风雨声、呐喊声,响成一片,蓝色电光哗地一闪,眼看白浪滔天而起。
b. 他不知所措的眼光在厚厚的眼镜片后一闪,终于转化出和善的笑意。
c. 他说着,忽然两只眼睛一眨巴说:"嗨,下一个月发饷时……"

(三) 表达反复体意义的语法手段

在表达反复体意义时,多数单次体动词都可以使用"V了(又)V""一V(又)一V"等重叠结构。此外,在表达反复体意义时,不同动词似乎偏爱不同的结构。"V了(又)V"使用范围最广,出现在"敲、眨、闪"这三个动词的句子中,其次是"一V(又)一V",主要出现在"闪"的句子中,而"咳"没有使用任何动词重叠式来表达反复体意义。

值得注意的是,时量短语也是表达反复体的语法手段。当单次体动词不使用"V了(又)V""一V(又)一V"等重叠结构时,可以转而使用时量短语。例如,"咳(嗽)、敲"几乎不使用重叠结构或使用比例极低(0%,0.2%),但时量短语的使用比例都相对较高(4.5%,4.0%)。

(四) 单次体动词表达不同意义时词汇手段和语法手段之间的关系

将汉语单次体动词所使用的词汇手段(表7-5)和语法手段(表7-7)进行对照后可以发现,在表达同一意义时,这两种手段既相互补充,又相互排斥。相互补充体现在,当某个单次体动词缺乏语法手段时,可能会借助于词汇手段来表达相同或相近的意义。例如，所研究的 5 个动词中，"咳（嗽）、敲"表达这三种意义时所使用的语法手段在类型上比较少，在各自语料中所占的比例是这 5 个动词中最低的（5.1%、7.1%）；但词汇手段类型比较丰富，使用频率在各自语料中所占的比例在 5 个动词中是最高的两个（43.2%、20.1%）。总体上来看，汉语单次体动词表达不同意义时，词汇手段和语法手段的使用频率呈现出反向相关的倾向。

另外，汉语单次体动词在使用中，词汇手段和语法手段之间存在相互排斥的倾向。首先，这一排斥表现在当两种形式表达不同含义时。例如，表达限量重复的"V 了 V"重叠结构一般不能和表达反复体的频率副词或时量副词同现，例如：

(17) a. *他频频点了点头。
b. *他点了点头一会儿。

"V 了 V"结构往往表达动作持续时间短、次数少的非精确量重复意义（刘月华，1983；等），而"频频、一会儿"等频率副词和时量副词表达反复体意义，因此无法出现在一个句子中。

其次，在表达相同或相近的含义时也出现这种排斥现象。例如：

(18) *他敲了敲门三下。

虽然频率副词与一些句法结构都可以表示限量重复，但两者不可一起使用。李宇明（1998）认为，动词重叠式排斥数量词语的主要原因是动词重叠已内蕴有不能用数量词语标示的量的意义。陈立民（2005）发现，动词重叠和数量成分在意义上相冲突。Xrakovskij（1997：60）发现，所有有反复体标记的语言在带反复体标记的句子中根本不能出现表示具体次数的数量短语，因为反复体标记构成的是一个不可数的（mass）整体时间，因此句子中无法出现具体的次数。汉语中，"V 了 V"表达限量重复中的非精确量重复，而"三下"表达精确量重复，相互冲突，因此不能共同出现。

(五) 汉语单次体动词重叠结构的语义分析

Christine（2017）总结出几条汉语单次动词的判定标准：能否带未完

成体标记表达重复意义；能否带"几下、三下儿"一类动量补语；能否构成"V（了）几V"一类重叠式；能否构成结句的"一V"式；能否构成"一V一V"式。本书研究的语料分析显示，这些用法都出现在本书的单次体动词句子中，但不同的标准适用于不同的动词。例如，"V（了）几V""一V一V"等动词重叠结构几乎不出现在"咳（嗽）"的语料中；"一V一V"式在这5个典型单次体动词中的使用并不普遍，甚至使用最为普遍的"V了V"也并非出现在所有5个单次体动词中，在"咳（嗽）"和"闪"的语料中没有"咳了咳""闪了闪"这一结构。这说明，动词重叠这一句法结构的使用具有选择性。朱景松（1998：382）认为，动词重叠式（主要指VV结构）表示人在基本活动中对外部世界做出的能动的、积极的反应，表现出行为、动作主体极强的主动性和动作性，因此，从语义上说，重叠能力较强的往往是自主动词。在本书的5个动词中，"咳（嗽）"和"闪"这两个动词为非自主动词，动词重叠结构比例显著较低。"眨（巴）"的动词重叠结构比例较高，可以表达非自主意义，但也可以表达自主的、有意识的动作。"敲"具有较强的自主意义，但在本书语料中，这一动词的重叠结构并不多见，在表达限量重复和重复体意义时，倾向于使用词汇手段。由此可见，影响单次体动词选择词汇手段还是语法手段的因素不仅限于动词的自主性，动词的其他语义以及词的音节数量等因素都可能影响到动词对表达手段的选择。

五 英汉单次体动词表达各种意义的方式之比较

语料分析结果显示，英汉单次体动词在表达不同意义时所使用的手段存在共同点和不同点。这两者之间的共同点主要体现在：首先，总体来说，英汉此类动词都能够运用词汇手段表达一次体、限量重复和反复体意义，并且词汇手段的类型也都大同小异，主要使用频率副词。其次，就具体动词的用法来说，这两组动词也存在一些共性。例如，"flash/闪"表达反复体意义时频率副词和时间副词都比较少；而"nod/点头"在表达反复体意义时，都不使用for引导的时间状语或时量补语，这可能是由这一动词所表示的动作的性质决定的——由于生理功能的限制，一个人可以点几下头，但很难做到连续点一段时间的头。

但英汉之间的差异更加显著。首先，在词汇手段上，汉语表达一次体意义时的词汇手段多于英语，除了"一下"这种比较普遍的用法外，还可以根据动词特点使用"一声、一次"等。其次，词汇手段和语法手段在汉语语料中的类型和使用频率大大高于英语，而英语除了使用少量词汇手段和 for-引导的时间短语外，缺乏表达不同意义的句法结构。各种手段在英汉语料中的使用频率可以总结如表 7-8：

表 7-8　英汉单次体动词表达各种意义时使用的词汇和语法手段所占比例

英语	blink	cough	knock	flash	nod	平均
	5.7%	8.2%	4.0%	1.8%	0.4%	3.9%
汉语	眨（巴）	咳（嗽）	敲	闪	点（…）头	平均
	51.4%	48.3%	27.9%	22.6%	36.8%	38.4%

上表显示，表达不同意义时的各种手段在汉语中的使用比例几乎是英语中的 10 倍。汉语单次体动词表达不同意义时不仅手段丰富多样，包括频率副词、时量副词以及以动词重叠为主要形式的句法结构等，且使用频率很高。这表明，汉语倾向于使用各种手段对此类动词所表达的意义加以区分和明确化，这种用法在汉语流水句中往往能够起到描写和提供背景信息的作用。例如：

（19）a. 她从怀里摸出一方手帕，掩住嘴咳了几声嗽，过后又带着苦笑说……

b. 他不知所措的眼光在厚厚的眼镜片后一闪，终于转化出和善的笑意……

相比之下，英语单次体动词往往不使用词汇手段来对意义加以明确，即保持歧义和模糊性。例如：

（20）As the front doors opened, he blinked in the sunlight, glad to be above ground again.

对英语单次体动词来说，反复体意义和一次体意义似乎都是此类动词的基本意义。Rothstein（2008：187）认为，英语中表达单次体动词中的最小原子事件和延伸事件（如 jump）时使用的是同一个动词，造成歧义，但其他语言可能使用不同的动词表达这两种事件，如斯拉夫语中，单次体动词由活动动词加缀派生而来。汉语中虽然没有形态手段对单次体动词的这两种用法加以区分，但往往通过各种词汇手段和句法手段加以区分。

Van Geenhoven（2004：144）认为，事实上，英语中除了单次体动词具有歧义（在句子中可以表达单次或反复的意义）外，其他类型动词，如活动动词也是如此，但使用者同样并不试图加以区分。例如：

（21）John slept on the guest bed.

这句话既可以理解为具有一次体意义：John slept on the guest bed once（e.g., last night）. 也可以理解为表达反复体意义：John slept on the guest bed regularly/repeatedly/regularly（e.g., in the last few weeks）.

英语单次体动词的这种歧义性可能是因为，当英语需要表达或强调"一次"或"几次"的含义时，可以借助于和单次体动词同形的名词。例如：

（22）a. In a blink she had stripped the Dalton gang from their horses and savagely ripped out their throats.
b. Tiffany tacked up her puppy pictures. Just then there was a knock at the door.
c. The camera guy gave him a nod and swung the camera assembly around.

相比之下，汉语单次体动词用为名词的现象较少。

最后，就每种语言单次体动词内部而言，英语此类动词之间在句法结构上具有高度一致性，但汉语动词之间在句法结构上相差较大。表达意义的语法手段影响到动词的句法结构，但除了 for- 引导的时间短语外，英语中几乎不存在表达不同意义的语法手段；汉语中不仅存在表达不同意义的语法手段，且可以使用不同的语法手段表达相同的意义，如表达限量重复时可以使用"VV"和"V了V"等动词重叠手段，表达重复体意义时可以使用"V了又V"和"一V（又）一V"等结构。不同动词所偏好的语法手段也不相同，如"眨（巴）"表达限量重复时偏爱使用"VV、V

了 V"结构，而"咳（嗽）"较少使用语法手段表达不同意义。导致这一现象的原因是多方面的，既涉及语法结构本身的意义，也涉及动词语义和音节韵律等原因。

第四节　英汉单次体动词语法体标记使用的比较研究

根据以上分析，英语很少对单次体动词在使用中的歧义加以区分，而汉语往往借助丰富的词汇和句法手段对此类动词表达的意义加以明确化。值得注意的是，汉语的很多语法手段不仅可以帮助单次体动词表达不同意义，而且可以同时表达句子的体。例如，"一V"结构可以表达瞬时体，标示动作行为、状态瞬时完毕（陈光，2003：17）。鉴于汉语一些句法结构所表达的体意义争议性较大，且英语单次体动词缺乏表达不同意义的句法结构，不具有可比性，因此这里我们主要是基于所收集的语料，对英汉动词的语法体标记进行统计。并对两种语言在这方面的共同点和差异进行分析。

一　英语单次体动词语法体标记的使用

对英语单次体动词所在句子的语法体进行归纳后我们得出表7-9：

表 7-9　　　　英语单次体动词语法体标记的使用频率

语法体 动词	完整体		未完整体	无标记体	总计
	过去时	现在完成时	进行时		
blink	1269（86.5%）	1（0.0%）	47（3.2%）	150（10.2%）	1467
cough	304（77.6%）	0	35（8.9%）	53（13.5%）	392
knock	639（78.2%）	1（0.1%）	38（4.7%）	139（17.0%）	817
flash	414（84.3%）	0	31（6.3%）	46（9.4%）	491
nod	834（86.7%）	0	6（0.6%）	122（12.7%）	962
Total	3460（83.8%）	2（0.0%）	157（3.8%）	510（12.4%）	4129

由上表可以看出，英语单次体动词在语法体方面表现出高度相似性。首先，此类动词出现在完整体句子中频率最高（83.8%），且频率比较接近，其次是无标记体（12.4%），出现在未完整体句子中的频率最低（3.8%）。当此类动词出现在完整体句子中时，几乎都是过去时形式，只

有 2 例现在完成时：

（23） a. . . . he's looking me over again. All this time he's never blinked, not even once.
b. She saw me waving. "Have you knocked?" she asked when she joined me.

二 汉语单次体动词语法体标记的使用

汉语语料中的语法体标记使用情况见表 7-10：

表 7-10　　　　汉语单次体动词语法体标记的使用频率

语法体 动词	完整体 了	完整体 过	完整体 小计	未完整体 着	未完整体 在/正在	未完整体 小计	中立体	总计
眨（巴）	111 15.1%	0 (0%)	111 15.1%	191 26.1%	4 0.5%	195 26.6%	427 58.3%	733
咳（嗽）	305 28.3%	2 0.2%	307 28.5%	97 9.0%	16 1.5%	113 10.5%	657 61%	1077
敲	175 27.1%	3 0.5%	178 27.6%	177 27.4%	17 2.6%	194 30.0%	274 42.4%	646
闪	17 2.6%	31 4.8%	48 7.4%	338 52.4%	2 0.3%	340 52.7%	257 39.8%	645
点（…）头	494 24.3%	0 0%	494 24.3%	12 0.6%	11 0.5%	23 1.1%	1520 74.6%	2037
总计	1102 21.4%	36 0.7%	1138 22.1%	815 15.9%	50 1.0%	865 16.8%	3135 61%	5138

由上表可以看出，汉语各个单次体动词在语法体方面表现出很大的差异性。首先，除了"闪"之外，中立体在其他动词中的使用比例最高。在"闪"语料中，使用频率最高的语法体标记是未完整体标记"着"，这在汉语动词语法体标记的使用中极为少见，因为通常来说，中立体在汉语动词语法体中都占据最高比例。其次，虽然总体来看，这些动词出现在完整体句子中的比例高于未完整体句子中（22.1% vs 18.4%），但只有"咳嗽、点头"这两个动词表现出这一特点，而其他三个动词"敲、眨、闪"

正好相反。其中"闪"的用法最为特殊,未完整体的比例(52.7%)远远高于完整体(7.4%)和中立体(39.8%)。此处我们对各个体标记在语料中的使用进行简单归纳。

(一) 完整体标记的使用

汉语单次体动词出现在完整体句子中,主要以动词后"了"为主要形式,因此这里只分析"了"在语料中的使用情况。"了"出现在单次体动词句子中主要可以归纳为以下三种情形:

1. 句子中存在时量短语,表达事件持续的时间长度,使句子表达的事件具有完整性。例如:

(24) a. 唐不文咳了一阵,朝小痰盒里吐了几口痰说……
b. (他)便又转到后门去,敲了半晌,一个江北娘姨给他开了门。
c. 他没笑,眨巴了一阵眼睛,似乎看我有点奇怪。
d. 他看到电视上一片雪花,雪花闪了几分钟后,画面出现了……

2. 句子中存在修饰动词的表达具体或概数的频次的副词,这也使句子表达的事件具有完整性。

(25) a. 因经理已指明了要她答复,她就微微地点了两下头,笑道……
b. 她从怀里摸出一方手帕,掩住嘴咳了几声嗽,过后又带着苦笑说……
c. 如水还在床上翻身,陈真忽然在沙发上面低声咳了两三下。
d. 有人轻轻地敲了一下门:"张老师起床了吗?"
e. 老全眼睛慢吞吞地眨了一下,像是看了一会我们,随后嘴巴动了动……

3. 除了以上两类副词短语外,"了"还出现在表达重复体的动词重叠形式中,主要在"V 了 V"形式中。例如:

(26) a. 他眨了眨眼睛，泪珠从眼角慢慢地往耳边滚下来……
　　 b. 琴敲了敲门。没有声响。等了一下……
　　 c. 像一只跳蚤一样兴高采烈，他只是赞许地点了点头。
　　 d. 墙壁是石头砌的，门也闩上了。也许你敲了又敲，可是它不开启……

（二）未完整体标记

汉语单次体动词出现在未完整体句子中，主要以动词后"着"为主要形式，见下例。戴耀晶（1997：86）认为，瞬间动作动词（即单次体动词）与"着"同现时所表达的持续性表现为动作的重复，但这一组合不能表示动作重复的具体次数（如"敲着两次"不成立），也不能表示动作重复的具体时间（如"敲着三分钟"不成立）。其实，未完整体标记也是一种反复体意义的表达方式，由于反复体表示无限量重复，因此不能和表示重复的具体次数共现；同时，使用了"着"体标记，一般来说，句子就无须再使用其他句法结构或时量成分。

(27) a. 不用愁，袁腮眨着眼睛，诡秘地说，到时候哥们帮你想办法。
　　 b. 这时，忽然有人用手指敲着他们屋门上的玻璃。
　　 c. 找到村尾，看见有一座离群独立的房子，窗上闪着灯光……

汉语单次体动词使用中立体的比例最高。当句子中存在频率副词、程度副词时，或是在"一 V"句式中，或表达限量反复意义的"VV"和重复体意义的"一 V 一 V"等动词重叠形式中，都不使用任何语法体标记。

（三）导致不同单次体动词在语法体标记使用上的差异的原因

从上表可以看出，汉语单次体动词在各种语法体标记的使用上表现出很大差异。以"闪、点头"为例。这两个动词所在的语料中，完整体标记"了"分别为 7.4% vs 52.7%，未完整体"着"所占的比例为 24.3% vs 1.3%。这一现象和本书研究的其他语义类型的动词的语法体使用状况有很大区别。导致这一差异的原因可能有以下几个方面：

1. 汉语不同层面的体的表达方式与单次体动词语义之间相互选择的结果。

一方面，汉语的体貌系统非常复杂，存在众多不同层面、表达不同体意义的形式。虽然"了、过、着"通常被视为表达汉语完整体和未完整体的语法体标记，但并非是唯一的选择。陈前瑞（2008）认为，汉语体貌系统是一个由情状体、阶段体、边缘视点体、核心视点体组成的四层级系统，其中情状体即动词及相关成分组合成的小句的时间结构，主要包括Vendler（1967）提出的状态、活动、结束、成就四种。阶段体是对情状的具体阶段的表现，包括使用虚化的趋向成分和补语性成分表示的起始体、延续体、完结体、结果体，以及用动词重叠和复叠等结构表示的短时体和反复体。边缘核心视点体指语法化程度相对较低的视点体，核心视点体指语法化程度相对较高的视点体，包括完整体和未完整体。体貌是说话人对事件时间特征有选择的观察和表述，这种表述是有层次的，可以在情状体层面具体表现，也可以在阶段体层面以较抽象的方式表现，还可在视点体层面以高度抽象化的方式来表现。具体的选择常常是动词语义、语法和语用相互作用的产物（陈前瑞，2008：65）。

不同层面的体的表达方式在体的意义上有重合的部分，在实际运用中有时具有相互排斥性。以动词重叠结构为例。李宇明（1998）指出："动词重叠本身就是一种体。"虽然对这一结构到底属于什么体说法不一，有"短时""少量""轻微""不定量"等说法，如果按照现代汉语体的两分法（即完整/未完整），多数研究者倾向于认为动词重叠属于完整体。如Smith（1991）认为汉语的动词重叠在语义上具有完整体的特点，戴耀晶（1983）、陈前瑞（2008）也认为这一结构具有"完整性"。当表达已然事件时，动词重叠可以加完整体标记"了"，也可以不加"了"（陈前瑞，2008：64）。

再以部分单次体动词中常见的"一V"结构为例。这一结构用法通常分为"结句"和"非结句"的"一V"。一些研究者认为，前者往往表达完整体，而后者表达完成体，即在过去发生、但对当前情景具有现时相关性（吴春仙，2001；陈前瑞，2008）。通常，句子无论表达完成体还是完整体意义都涉及语法体标记"了"的使用，但当动词选择使用"一V"结构，则句中无须出现语法体标记"了"。

另一方面，不同的单次体动词表达意义时可能偏爱不同的表达方式。

汉语单次体动词能够表达一次体、限量重复和反复体这三种意义，这些意义都和事件的时间结构有关，可以采用的方式多种多样。不同动词根据自身语义特点，在表达相同意义时所选择的手段不同，由此导致语法体标记上的差异。例如，本书中"闪"在表达瞬间已然发生时，通常使用"一闪"这种表达一次体意义的句法形式，这一用法在这一动词所有句子中占大约18%，与此相对应的是，"闪"的语料中语法体标记"了"的使用只有2.6%，在所有动词中比例最低。如果将"闪"的语料中这一结构的使用频率与"了、过"作为语法体标记的使用频率相加，所得到的总频率（25.4%）与其他动词相差无几。再比如"点（…）头"这个动词，由于人的生理特征所限，这个动作不可能持续很久，因此多用于表达一次体和限量反复意义，而用于表达重复体意义的句法结构、时量短语和未完整体语法标记的比例在所有动词中都是最低（0%、0%、1.1%）。

2. 句子结构和动词语法体标记之间的关联

一些句子结构也会影响动词的语法体，而其中一个就是存现结构。汉语存现结构可以表达静态存在，这时句子通常以"着"为语法体标记。戴耀晶（1997：90）认为，当施动者不出现，尤其是在"存在句"中，"着"表现出较强的静态。杨素英等（2009：487）等认为，"着"的主要功能是将动态事件或活动在某一期间状态化。在本书的5个单次体动词中，"闪"出现在存现构式中的比例最高，因而"着"的比例也最高。例如：

（28）a. 尼罗河水闪着万点银光，欢畅地横流着过去……
　　　b. ……偶然间露出一间小屋，屋顶上闪着火光，水面上摇曳着火光颤抖的倒影……

相比其他动词，"闪"之所以能够经常出现在存现句中，很大程度是因为，首先，"敲、点头、咳嗽、眨"等动词所表示的动作发出者往往是人，而"闪"的动作发出者往往是物；此外"闪"还可以表达"出现"的意义，即表达存现动词的含义。由此可见，虽然本书中的这5个动词都属于单次体动词，但由于不同词之间在语义特点上的不同，因此所使用的句子结构也不相同，由此导致了体标记使用频率上的差异。

三　英汉单次体动词语法体标记上的异同

由以上可以看出，总体来看，英汉单次体动词在语法体标记的使用上异大于同。两者的主要差异表现在以下两方面。

首先，从动词角度来看，英语单次体动词在完整体、未完整体和无标记体上表现出高度统一性，而汉语各单次体动词之间在语法体标记上存在很大程度的差异性。导致这一差异的主要原因是，首先，英语体系统比较简单，而汉语体系统相对来说复杂得多。英语语法体的表达往往借助于时态手段，而汉语除了使用"着、了、过"等非强制性的语法体标记外，还存在众多抽象程度不同、表达各种体意义的结构，如动词重叠和"一V"结构等。这些结构和语法体标记一起构成了汉语错综复杂的体系统，相互补充，有时也相互排斥。此外，一些汉语句法结构，如存现结构等，影响句子语法体的使用。

其次，从语法体标记使用的角度来看，汉语单次体动词句子中未完整体标记使用频率显著高于英语（18.4% vs 3.8%）。导致这一差异主要有以下几个因素：（1）汉语中表达未完整体的标记种类多于英语。本书中所统计的汉语进行体标记主要是"在、正在、正、着"等。虽然这些标记表达不同的意义，但都属于未完整体范畴。而一直以来英语只有进行体被视为未完整体。（2）汉语单次体动词句子中常用"着"表达伴随动作，而英语中表达伴随动作时常常使用单次体动词的现在分词形式。例如：

(29) a. 小契眨巴着因长期熬夜变成的红眼睛，得意地望着大家……
   b. 经梳妆完毕。她拿着一根玉簪，在案上轻轻地敲着……
   c. 他的脚被拖住似地回过身，两只滚圆的眼睛闪着异常的光芒。

(30) a. ... of light, they were back in Josie's bedroom. Josie looked around, blinking.
   b. "I tried to sweep up the flour," Beth Ann explained, coughing.
   c. "Mi Cario, I call her," he said, nodding proudly at his car.

由于在英语语料分析时，主要考虑动词用作谓语时的语法体，作为现在分词的用法被排除在外，导致英语单次体动词的未完整体句子比例低于汉语。

总体看来，由于两种语言体系和句法形式的差异，英汉单次体动词在语法体标记使用方面的差异大于相同点。

第五节　英汉单次体动词语义句法比较与分析

基于以上研究，我们可以看出，英汉语单次体动词虽然都可以表达一次体、限量重复和反复体的意义，动词类型也基本相同，但在句法上表现出的个性大于共性。

一　英汉单次体在句法上的共同点

英汉单次体动词在句法上的共同点表现在：

（1）英汉单次体动词基本不出现在被动句中。这是因为，首先，部分单次体动词为不及物动词，如 cough/咳（嗽）、flash/闪 这两对动词。其次，对于其他三对单次体动词来说，虽然它们为及物动词，但都不具有致使性。由于没有被动用法，英语单次体动词句子中一般不使用过去分词形式作名词前的修饰语，例如，*the knocked door/ the blinked eye，汉语中同样如此，"*被敲的门/被眨的眼睛"等都不可接受。

（2）英汉单次体都可以表达一次体、限量重复和重复体意义。一次体意义是单次体动词的基本意义，当其与各种频率副词、时量短语以及句法结构、语法体共现时，就可以表达限量重复或重复体意义。

二　英汉单次体动词在句法上的差异

从语料分析结果来看，英汉单次体动词在句法表现上的差异尤为显著，主要表现在以下三方面。

（1）英汉单次体表达不同意义时的手段在类型上存在很大差异。英汉语都能够运用词汇手段表达一次体、限量反复、反复体意义，但汉语中的词汇手段更加丰富多样；在语法手段上，除了使用 for-引导的时间短语表达隐性重复外，英语没有显性句法手段，而汉语可以运用各种不同结构表达不同意义。例如，在表达一次体时，主要使用"一V"结构；在表达限量反复时，主要使用动词重叠结构"V-V、V-了-V"；在表达反复体意义时，主要使用"V-了-又-V、一V一V"等结构。

（2）英语单次体动词表达不同意义时各种手段的使用频率大大低于汉语。英语倾向于在实际运用中保留动词的歧义和模糊性，而汉语倾向于使用各种词汇手段和语法手段将此类动词所表达的意义加以区分和明确化，包括频率副词、时量副词、动词重叠等句法结构和语法体等，且使用频率非常高。

（3）两者之间的最大差异在于每种语言动词内部的句法表现上。英语单次体动词在句法行为上存在高度一致性，都较少使用词汇手段来表达不同意义，几乎不存在表达不同意义的句法结构，不同动词在各种语法体标记的使用频率上都比较接近。与此相反，汉语单次体动词之间在句法行为上表现出较大差异性，具体表现在：不同单次体动词表达相同意义时所使用的词汇手段不尽相同；在语法手段上，不同动词偏爱不同的语法手段；在语法体方面，汉语单次体动词在各种体标记使用频率和类型上同样存在广泛差异。

三 导致英汉单次体动词句法差异的原因

导致英汉单次体在句法行为上的显著差异的可能有以下几个主要原因。

首先，影响英汉单次体动词句法行为的语义因素不同。英汉单次体动词都具有［+瞬时性］、［+动态性］、［+终结性］这三个基本语义特征，本身可以表达一次体意义。不同于成就类动词的是，这些单次体动词表达的事件可以反复发生，具有时间上的持续性，表达反复体的意义。单次体动词的这三个基本语义特征对英语此类动词的句法行为具有重要影响，从语法体特征可以看出，英语单次体动词和成就类动词非常相似。但影响汉语单次体句法行为的除了上面提及的［+瞬时性］、［+动态性］、［+终结性］这三个基本语义特征外，不同动词的本体意义（或个体性语义特征）同样影响句子的结构。如"闪"具有存现意义，因此常常出现在存现结构句子中；此外，"闪"由于表达短暂、突然的含义，因此出现在"一V"结构中的频率大大高于其他动词。

其次，英汉体系统之间存在很大差异。英语的语法体系统相对简单，但汉语表达体意义的手段语法化程度不一，形式复杂多样。"着、了、过"通常被视作高度语法化的时体标记，表达句子的完整体和未完整体；"一V"通常被视为瞬时体，动词重叠表达短时体，通常被认为属于半语法化的结构（陈前瑞，2008）；而频率副词和时量词语为纯粹的词汇手段，这些构成了表达汉语时体语法化程度的连续体，不同单次体动词可以根据各自词义的特征灵活搭配这些时体手段，且不同手段之间相互补充。

除了以上两个主要原因外，其他因素也影响动词的句法行为。语言是"系统的系统"。语言中的各个主要系统之间，以及主要系统与次要系统之间存在着千丝万缕的联系。除了动词的语义特征外，英汉单次体动词的句法行为同样受到各个语言内部系统的影响和制约。例如，英语中，由于单次体动词可以名词化，因此在需要表达一次体意义时可以不借助句法手段。同样，由于现在分词短语在英语中的普遍使用，因此使用进行体形式表达未完整体的比例较低。以上这两个方面在汉语中都需要借助词汇手段、句法手段或语法体来表现。

第八章 英汉动词事件性特征与语法体标记之间的关联

在关于动词词汇体的研究中,词汇体和语法体之间的联系是一个令很多研究者感兴趣的方向。本书基于前面的语料库分析,对英汉动词的事件性特征与语法体标记之间的联系进行深入分析。在英语中,我们主要关注的语法体是作为完整体标记之一的现在完成式和作为未完整体标记的进行时,而在汉语中,我们重点关注的是作为完整体标记之一的"了"和作为未完整体标记的"着""在/正/正在"。

第一节 英语动词事件性特征与现在完成式的关联

关于现在完成式的研究具有很长历史,相关文献非常丰富(详见第二章)。目前为止,语言学界关于英语现在完成式表达的各种意义主要有两种解释:一种观点认为,现在完成式所表达的各种意义是语用意义(Brinton,1988;Fenn,1987;Klein,1992);另一种更广为人接受的观点认为,现在完成式本身具有多义性(McCawley,1971;Comrie,1976;Quirk et al.,1985;Michaelis,1994 等)。本书倾向于第二种观点,即现在完成式能够表达不同意义,但同时认为,现在完成式所表达的具体意义与句子的组成部分,主要包括动词的事件性特征和句子的副词成分,存在紧密联系。

一 现在完成式的分类

自从 McCawley(1971)使用时间逻辑来分析现在完成式的意义以来,许多研究者开始关注这一问题:现在完成式所表达的不同意义究竟是从具体的交际语境中推导而来,还是现在完成式本身所具有的? Brinton(1988)、Fen (1987)、Klein (1992) 等倾向于前者,认为现在完成式所表达的各种意义是基于语言特征和非语言语境而推导出的语用意义。这一观点的主要问题是,用来区分不同意义的语境因素并不可靠,具有很大的不确定性(Michaelis, 1994: 126)。更多的研究者认为,现在完成式本身具有多义性(McCawley, 1971; Comrie, 1976; Quirk et al., 1985; Michaelis, 1994; 等)。证据之一是,跨语言比较研究发现,一些语言在表达现在完成式的不同意义时运用不同的形态对意义加以区分。例如,在吠陀梵语中,表达结果意义和近过去时意义的现在完成式用不定过去式(Aorist)表达,而普遍意义、存在意义等用完成式表达(Kiparsky, 1998)。汉语普通话中,结果意义和存在意义(经历意义)分别用不同的形式表达,前者用动词后"了",后者用动词后"过"(Comrie, 1976; Li et al., 1982)。

总体来说,后一种观点更为人所接受。研究者们试图对现在完成式表达的意义进行分类,但在具体类型和数量上存在一定分歧,主要有五分法、四分法、三分法和二分法。

Comrie (1976) 根据现在完成体表达的不同意义将其分为四种:结果完成体(perfect of result)、经历完成体(experiential perfect)、持续情状完成体(perfect of persistent situation)和近过去完成体(perfect of recent past)。在结果完成体中,一种现在的状态被指称为过去某一情状的结果,这是一种过去情状的现在关联最清楚的表现之一,如 John has arrived. 经历完成体表示一种给定情状在从过去到现在的某一时间内至少发生了一次,这一用法类似于汉语普通话中用作体标记的"过"。如:Bill has been to America. 持续情状完成体描述一种过去开始但继续(持续)到现在的情状,如:We have lived here for ten years. 近过去完成体所指称的过去情状与现在的相关仅仅是一种时间上的接近,即过去情状是刚刚发生的。英语中完成体一般不能和特定的时间结合,但当特定的时间是副词 recently 或与之意义接近的一个词时,这种制约就不成立。例如:I have recently learned that the match is to be postponed.

Kiparsky (2002) 将现在完成式表达的意义分为五种:存在意义、普遍意义、结果意义、近过去意义和静态现在意义(stative present)。这一分类总体上和 Comrie (1976) 的分类相似,所不同的是最后一类,但这一意义只出现在"have got"结构中。Kiparsky（2002）将其包括进来主要是因为这一结构在其他语言中比较普遍，但在英语完成式研究中这一种意义通常不被考虑在内。

Comrie（1976）和 Kiparsky（2002）的分类中都包括了近过去完成体和近过去意义，但是关于完成体的这一意义是否能够被看作一种独立的意义还存在疑问。McCoard（1978）、McCawley（1981）认为，近过去意义其实是存在意义的一种，Michaelis（1994）认为，近过去意义其实是结果意义的特殊表现形式。

大多数研究者倾向于认为现在完成式具有三种基本意义。McCawley（1971）的研究中，现在完成式的意义包括：（1）普遍性/持续性意义（universal/continuative），即一种状态在某个间隔时间段内持续存在，这一时间段的上限是说话时间。如 We have been sitting in traffic for an hour。（2）存在/经历意义（existential/experiential），即在包括现在时刻的一个时段内某一事件发生一次或多次，如 We have had this argument before。（3）结果意义（resultative），即过去发生的事件的结果持续到现在。例如，The persons responsible have been fired。

Quirk et al.（1985）认为，现在完成式所表达的"与现在时刻相关"的含义可以分为三种：（1）相关的时间段延续到现在时刻；（2）事件是近期发生的，句子中的时间副词通常距离现在时刻较近；（3）动作的结果持续到现在，通常适用于动词蕴涵状态变化结束的句子。基于此，现在完成式表达三种意义：（1）持续到现在时刻的一种状态；（2）在延续到现在的一段时间内发生的不定事件；（3）在延续到现在的一段时间内的习惯动作或反复发生的动作与过去时相比，现在完成时中这一时段延续到现在。这三种意义中，第（1）种类似于 McCawley（1971）所说的持续性意义，第（2）、（3）种类似于 McCawley（1971）所说的经历意义。

Michaelis（1994）将现在完成式表达的意义归为两大类：一类称为时段完成式（time-span perfects），所表达的意义是：一个事件或阶段性的状态被置于一个包括现在时刻的时段内，包括现在完成式的持续意义和存在意义。另一类称为结果完成时（resultative perfects），即某个事件发生后所产生的结果在某个时间内的延续。Michaelis（1994）的分类总体上属于三分法。

还有一些研究者认为，现在完成式表达两种基本意义。Mittwoch

(1988)认为这一结构表达持续意义和存在意义,而将结果意义视为存在意义的一种次类。Brinton(1988)则认为,现在完成式虽然可以表达四种意义(Comrie,1976),但可以归为两种基本意义:结果意义和持续意义,其中存在意义(经历意义)和近过去意义都可以归入结果意义中。

总体看来,虽然对现在完成式所表达意义的类型的归纳不尽相同,但总体来看,结果意义、经历/存在意义和结果意义被视为现在完成式的基本意义(McCawley,1971;Michaelis,1994)。

二 现在完成式与事件结构

在这一部分,我们主要介绍 Kiparsky(2002)从事件结构的角度对现在完成式意义所作的描述和分析,并以这一分析为框架对现在完成式在不同事件特征的动词中的使用进行研究。

参照 Reichenbach(1947)的三个时间点理论,Kiparsky(2002)确定了三个与现在完成式相关的时间参数:(1)E(事件时间,即事件发生的时间);(2)R(参照时间,即句中副词所指示的时间);(3)P(视点时间,即时间轴上的"现在时刻")。这三个参数都表示时间片段。时间关系主要有两种:一种是先后关系(如 A—B 表达的意义是 A 发生在 B 之前);一种是时间包含关系(如 A⊆B 表示"B 包含 A",也可以用箭头表示)。

同时,Kiparsky(2002)将事件结构中的主要成分用不同的符号表达,谓语动词所表征的事件为 ϵ,复杂事件由活动事件 ε 和表达结果的状态事件 r 组成。

在现在完成式中,E、R、P 这三个时间参数的关系如下面图 8-1 所示,即事件时间(E)在参照时间(R)之前,而视点时间(P)被包含在参照时间(R)之内。但将事件结构与现在完成时联系起来后,不同类型的现在完成式表现出不同的特点。

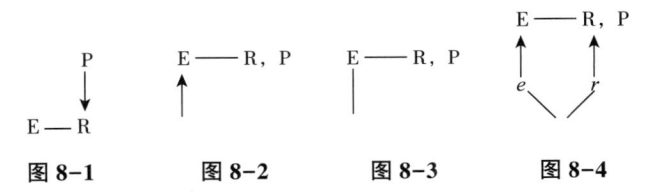

图 8-1　　图 8-2　　图 8-3　　图 8-4

根据 Kiparsky(2002),现在完成式表达的意义分为五类:存在意义、普遍意义、结果意义、近过去意义和静态现在意义（stative present）。这一分类总体上和 Comrie（1976）的分类相似，所不同的是最后一类，但这一意义只出现在"have got"结构中，虽然在英语中使用并不普遍，但在其他语言中比较普遍。近过去意义有时不被视为一种独立的意义，有的研究者将其作为其他三种意义的变体（McCoard, 1978; McCawley, 1981; Michaelis, 1994）。Kiparsky（2002）自己也将其视为结果意义的一种。因此，这里我们主要采用 Kiparsky（2002）的框架，从事件结构角度重点分析现在完成式的存在意义、普遍意义和结果意义。

现在完成式的存在意义：当一个具有非终结性特征的谓语动词或表达一个终结性动作反复发生的谓语动词所表征的事件包含在事件时间（E）内时，现在完成式表达的是存在意义，这一事件与时间参数之间的关系如图 8-2 所示。包含这一意义的句子表达这样的含义：在 E 时间片段内，该类型事件发生一次或多次。这一事件不一定占据整个 E 时间片段，直到 R 时间的起点。例如：

(1) Fred has visited Paris for several times.

这个例子中，在从过去某个时间点开始并延展到 R 的 E 时间段内：Fred 多次参观巴黎。

现在完成式的普遍意义：当一个具有非终结性特征的谓语动词或表达一个终结性动作反复发生的谓语动词所表征的事件与事件时间（E）重合，现在完成式表达的是普遍意义，也称为持续意义（continuing sense），如图 8-3 所示。图 8-3 使用无箭头的垂直线来表达时间上的重合。包含此类意义的句子中，动词所表达的状态或动作必须持续整个事件时间（E），直到参照时间（R）。例如：

(2) I have known him since 1960.

表达普遍意义的完成式句子要求有一个表示持续时长的副词成分，如上例中的"since 1960"或者"always, for two hours"等。

现在完成式的结果意义：完成动词和成就动词所表达的复杂事件都包含一个状态变化次事件，当这一状态变化在时间上位于现在完成式时间图示中的事件时间（E）和参照时间（R）之间时，句子表达的是结果意义，如图 8-4 所示。对完成谓词来说，状态变化在时间上处于 R 的起点，导致这一状态变化的活动必须发生在 R 时间之前。例如：

(3) The police have probably caught the suspect by now.

在上例中，"追踪嫌犯"这一活动位于 E 时间内，即从 R 之前的某个时间直到 R 时间，而状态变化发生于 E 和 R 之间，结果状态也从变化发生的那一个时间点开始。由于现在完成式中 P ⊆ R，因此上面例句所蕴涵的意义是：这个嫌犯目前仍处于羁押中。

对成就动词来说，状态变化在时间上位于 R 的起点，但是在 E 时间内没有活动事件。

就时间副词的使用来说，表达结果意义的现在完成式句子中可以接受包含视点时间（P）的时间点，如"now、already、at this point"，但排斥 P 之前的时间点，如"yesterday、last year"，这是因为时间副词与参照时间（R）有关，而现在完成时中 R 包括 P（即现在时刻）。表示时间段的副词短语，如"these days"，也不能出现在此类句子中，这可能是因为，在表达结果意义的句子中，时间成分将 E 和 R 之间的分割点，即状态变化发生的时间点，加以明确化，因而和表达时间段的副词成分不相容 (Kiparsky, 2002: 6)

三 基于语料库的英语动词事件性特征与现在完成式的关联研究

对现在完成式的研究多关注这一形式的语法功能，但对动词事件结构方面的研究还不够多见。Bauer（1970: 189）发现，现在完成式的不同意义，具体来说，其结果意义和持续意义，是由动词的词汇特点和副词修饰语产生的，而不是来自于这一形式的不同意义。Brinton（1988）将完成式与动词和副词之间的关系总结如下：(1) 如果动词补语是非终结性的，且伴随有表达持续时间的副词（since three, for two hours 等），完成式表达的是持续性意义；(2) 当句中没有此类副词，而有表达频率的副词，如 twice 时，完成式表达的是存在意义；(3) 如果补语为终结性的，完成式表达结果意义。

但这种总结过于简单化，多数研究者避免将现在完成式的意义与某一种动词事件类型之间的联系固定化。要全面了解语法体和词汇体之间的关系需要借助于充分的语料分析。本书在前面研究的基础上，将对状态变化动词、情感动词、存现动词和单次体动词中的现在完成式的使用进行基于语料库的分析。这一研究希望回答以下问题：（1）现在完成式的使用和词汇体中的终结性/非终结性、瞬时性/非瞬时性等语义因素是否存在关联？（2）现在完成式的不同意义和动词事件结构之间存在什么关联？

（一）现在完成式与终结性/非终结性、瞬时性/持续性

终结性/非终结性是动词词汇体和事件结构中的核心语义之一。前面我们对英汉各类动词的事件结构进行比较时，也重点对这一语义因素与语法体之间的关系加以分析，这里我们将所有动词语料中现在完成式的使用按照终结性/非终结性动词进行归类汇总，结果见表 8-1：

表 8-1　终结性/非终结性动词中现在完成式使用情况汇总

动词类型	动词					总计
	非终结性动词					
非终结性渐变动词	widen 3 (0.4%)	shorten 1 (0.5%)	lengthen 4 (1.4%)			8/1324 (0.6%)
ES 情感动词	dislike 2 (0.5%)	fear 5 (0.4%)	love 64 (0.5%)	tolerate 9 (1.3%)		80/14668 (0.5%)
存在动词	exist 30 (3.7%)	live 86 (5.8%)				116/2306 (5%)
	终结性动词					
终结性渐变动词	dry 10 (2.3%)	empty 5 (1.5%)	straighten 0 (0.0%)			15/1776 (0.8%)
瞬时性 COS 动词	break 45 (1.7%)	collapse 6 (0.8%)	crash 2 (0.3%)	explode 5 (0.6%)	shatter 3 (0.7%)	61/5267 (1.2%)

续表

动词类型	动词						总计
EO 情感动词	annoy	disappoint	frighten	worry			47/2818 (1.7%)
	8 (1.4%)	27 (6.4%)	5 (1.4%)	7 (0.5%)			
发生/消失动词	happen	occur	appear	disappear	perish	die	343/4924 (7%)
	85 (6.2%)	55 (6.2%)	29 (5.0%)	92 (16.1%)	7 (5.9%)	75 (5.3%)	

上表未包括单次体动词中的现在完成体使用情况，因为：首先，对这类动词是否具有终结性存在争议；其次，此类动词语料中现在完成式的使用只有2例，几乎可以忽略不计。为了便于比较，在后面的汉语语法体标记研究中我们也未将单次体动词包括在内。

瞬时性/持续性动词的归类与终结性/非终结性动词非常接近，因为很多终结性动词同时是瞬时性动词，如发生/消失类动词、瞬时性状态变化动词等，所不同的是表达持续性的状态变化动词被纳入到持续性动词范围内。由于两个表格的数据相近，因此这里我们不再重新列出现在完成式分别在瞬时性/持续性动词语料中的使用，仅将现在完成式在不同事件特征的动词中的使用总体情况列出如表8-2所示：

表8-2 现在完成式在终结性/非终结性、瞬时性/持续性动词中的使用

现在完成式的使用	非终结性动词	终结性动词
	204 / 18298（1.1%）	466 / 14785（3.2%）
	持续性动词	瞬时性动词
	219 / 20074（1.1%）	451 / 13009（3.5%）

卡方检验结果表明，终结性/非终结性动词之间在现在完成式使用频率上存在显著差异（Loglikelihood = −168.69，P = 0.00<0.01）。也就是说，现在完成式更多出现在终结性动词句子中。此外，卡方检验结果也表明，瞬时性/持续性动词之间也存在显著差异（Loglikelihood = −213.93，P = 0.00<0.01）。这也说明，现在完成式更多地出现在瞬时性动词中。

现在完成式与动词的终结性、瞬时性语义之间存在更加紧密的关联，这可能与这一语法体标记所表达的意义有关。Brinton（1988：12）认为，

现在完成式在与体相关的意义上主要包括两个方面:"现时相关性"意义和"完成"(completion)意义。关于前者,Comrie(1976)、Twaddell(1963)等人做了比较具体的解释。关于"完成"意义,Charleston(1941)指出,完成式表达至说话时刻为止完全结束的一个行为产生的一个当前状态、结果或影响。Poutsma(1926)、Curme(1931)等研究者甚至认为,"完成"意义而不是"现时相关"意义应该被视为完成式的基本意义。Brinton(1988:12)虽然认为不应该将"完成"意义视为完成式的唯一意义,但显然这两者之间存在天然联系,这一观点具有很大的代表性。Comrie(1976:52)指出,"完成式观察一种情状着眼于后果(consequences),尽管一种未完成的情状也可能有后果,但更为可能的是,这些后果是一个已经完成的情状的后果"。

由于完成式包含"完成"意义,因此与终结性动词具有更加紧密的联系。在一些语言如俄语中,动词可以有形态标记来表达完成体。英语中虽然没有体现在动词形态上,但完成式与终结性意义之间依然存在一定联系。

(二) 动词事件类型与现在完成式意义之间的关联

Kiparsky(2002)从事件结构的角度描述了现在完成式的三种意义:普遍意义、存在意义和结果意义。本书将基于语料库,对这一形式的不同意义与动词事件类型之间的联系进行分析。

1. 现在完成式的普遍意义

Kiparsky(2002)认为,表达普遍意义的现在完成式中,一个具有非终结性特征的谓语动词或表达某一终结性动作反复发生的谓语动词所表征的事件与事件时间(E)相重合。从这个定义可以看出,表达普遍意义的动词既包括非终结性谓词,如状态和活动动词,也包括终结性动词。但多数研究者似乎更强调状态的持续,如 Michaelis(1994:137)认为,普遍意义表明一种状态一直持续到说话时间。在本书语料中,存在动词和 ES 类情感动词表达状态事件类型,因此出现在现在完成式中时通常表达普遍意义。例如:

(4) a. I've disliked him from the moment I first saw him.

　　b. ... is an extremely conservative Tory whom I have always disliked.

c. I have never feared any man as much as I fear the man in black.

d. I've loved you for a thousand years.

e. We have tolerated his arrogance long enough.

f. It is estimated that more than 95% of the species that have existed over the past 600 million years are gone...

g. Utopia has never existed.

h. My kinfolk have lived here for generations.

i. That would mean St. Joe for me, although I've never lived there.

此外,一部分成就动词也可以表达现在完成式的普遍意义。由于成就动词具有瞬时性特征,因此一般不能与表达持续时间段的副词成分共现,但当动词的主语为复数形式,表示多个事件发生时,便具有了时间上的持续性。本书研究的语料中,部分发生/消失类成就动词,如 happen、occur、disappear、die、perish 等都可以表达现在完成式的普遍意义。

(5) a. During the past 45 years, more than 100 ships and planes have disappeared in the triangular region...

b. Since the beginning of 2006, eight more Americans have died, including one last week.

c. At least 37 have died in aquarium tanks during the past three decades.

d. ... and over the years many have perished in aborted attempts to carve out a homeland of their own...

e. At least 40 such injuries have occurred this year, and in the past six weeks the casualties...

f. But the sharpest staff and enforcement falloffs have occurred since the high-profile hearings.

g. ... in fact, nothing morally wrong has occurred.

h. None of that has happened.

无论是状态动词还是成就动词，表达现在完成式的普遍意义时，通常使用表示一段时间的副词"before"、标明时间段下限的"since"和"from"引导的副词短语，或表示具体持续时间段的短语，如"for a thousand years"，或出现在否定句中。

2. 现在完成式的存在意义

Kiparsky（2002）认为，表达存在意义的现在完成式中，一个具有非终结性特征的谓语动词（或表达一个终结性动作反复发生的谓语动词）所表征的事件包含在事件时间（E）内。Michaelis（1994）认为，此类完成式不激发一个具体的过去时间段，而是一个包括现在时刻的时间段，在这个时间段内某类事件发生一次或多次。这个时间段可以用表示一段时间的副词"before"，也可以用标明时间段下限的 since 副词短语。因此，存在意义的 PrP 常常和频率副词同现，但也可以用于只发生一次的事件；此外，存在意义完成式可以用方式副词来修饰，还通常出现序数副词，例如：This is the first time that Mel has ever eaten sushi. Mittwoch（2008）进一步将这一类完成式句子的特点概括为：使用数量词修饰、系列同类事件同现、非限定时间（如 before）、可重复性。

在本书研究的语料中，由于所选动词特点的限制，表达存在意义的现在完成式用法并不多见，只有 happen、occur。例如：

(6) a. ... it has happened frequently.
　　b. That's happened a number of times.
　　c. Such an extreme divide has occurred only seven previous times in 30 years...
　　d. But the buildings are still vulnerable to the major earthquakes that have occurred there once or twice a century...

这两个动词虽然是具有瞬时性和终结性的成就动词，但其表征的事件可以反复发生，因此出现在完成式中可以表达存在意义。

持续意义和存在意义在语义上非常接近。Michaelis（1994：137）认为，这两者的共同之处是：事件或状态被置于包括现在时刻在内的一段时间内。前者中，一个状态占据了整个时间段；后者中，某个事件在这一时间段内发生一次或几次。在时间副词上，两者都可以使用 since 引导的副词短语。两者之间的区别在于：存在意义表达在持续到现在的一个事件段内发生一个或多个事件，而持续意义表达一种状态一直持续到说话时间。在否定句中，这两个意义的完成式具有同义性。

3. 现在完成式的结果意义

Kiparsky（2002）认为，完成动词和成就动词所表达的复杂事件中，状态变化次事件在时间上位于事件时间（E）和参照时间（R）之间时，句子表达的是结果意义。Micharlis（1994：114）认为，表达结果意义的现在完成式聚焦于某一过去事件所产生的、且现在依然存在的后果和影响，而不像过去时那样聚焦于过去事件本身。这一类完成式中，结果状态提供了一个决定下一步行动的情境，指示听话者将过去发生的事件与作为事件结果的目前状态的某个特点联系起来，一般只出现在肯定句中，不可以用方式副词修饰。Mittwoch（2008）进一步将此类完成式分为强结果意义完成式和弱结果意义完成式，前者的句子往往具有终结性，表达转换，包含一个事件和一个由谓词意义决定的结果状态；句子的内论元是状态句的客体或主语，如"John has arrived in Paris//John is in Paris."后者的句子不涉及结果状态，此类句子中没有能够成为状态句子客体的内论元，如"Have you seen my slippers？"

在本书语料中，能够表达现在完成式的结果意义的动词主要为状态变化类动词，EO 类情感动词和出现/消失类动词，表征完成事件或成就事件。例如：

(7) a. The shirt-sleeves have been shortened but the shoulders...

b. Judy's tears have dried and she has snuck into the living room, where...

c. Patrice, I think my stowaway has broken the clasp.

d. ... the corridors leading to the room have collapsed, and...

e. It looks empty, its windows dark where the glass has shattered.

f. because something has frightened them, or a personal crisis has taken them out of the arena...

g. ... he gets word that his expatriate bachelor uncle has died, leaving him a house and vineyards in the south of France...

h. The most powerful man in Hollywood has disappeared.

能够表达现在完成式结果意义的句子中的谓词都表征完成事件或成就事件；由于强调结果状态，句中一般没有时间副词、频率副词和方式副词。

四 总结

基于以上研究，我们可以看出，Bauer（1970）、Brinton（1988）关于现在完成式的几种意义与动词事件类型之间关系的结论过于简单化，两者之间不存在一对一的对应关系。例如，部分成就类动词既可以表达普遍意义和存在意义，也可以表达结果意义，而一种意义也可以由几类动词来表达，如状态动词、成就动词可以表达存在意义。影响动词所表达的意义的因素，除了动词事件类型本身，还包括句子的时间成分、客体（动词的主语）的单复数形式以及句子的肯定/否定形式等。

第二节 动词事件性特征与进行时之间的关联

动词事件性特征和语法体标记之间的联系比较突出地体现在进行时与动词的相互选择关系上。本书基于前面的语料分析结果，将对英语动词词汇体和进行时之间的关系进行深入分析。

一 关于动词语义与进行时联系的相关研究

由于进行体表达"动态性""持续性"，因此通常与活动动词和完成动词共现（Smith，1997：171），而与状态动词、成就动词在语义上不相容。Kruisinga（1931：361-362）发现极少出现在进行时中的有两组动词：一类动词通常不和有限时间联系在一起，如 love、consist 等；另一类是纯粹具有完成性的动词，如 recognize 等。Brinton（1988：28）也指出，和进行时不相容的动词在行为类型上主要有两个特征：非动态性和瞬时性。但这并不意味着进行体绝对不能和这两类动词共现。下面我们主要对关于进行时和这两类动词共现时的意义特点的研究进行综述。

（一）进行体与状态动词

关于状态动词一般不使用进行体形式有多种解释，取决于研究者对进行体意义的确定。Joos（1964：107-108）认为，由于状态动词没有终点，因此在时间上不能受到进行体的限制。Palmer（1974：71-79）认为，状态动词本身具有持续性，因此和进行体共现显得多余。而根据 Comrie（1976：35），状态动词不和进行体共现是因为这些动词缺乏动态性……如果将进行体定义为"进行的意义和非静态意义的结合"，那么静态动词自然没有进行体意义，因为一旦静态动词使用了进行体形式，动词的静态和进行体必不可少的非静态特性之间就会产生内在矛盾。Brinton（1988：39）则认为，由于进行体将情境视为一个正在发生的、进展中的事件，在情境的时间框架内处于持续的非完成状态，因此状态动词一般不能出现在进行体中。这有两个原因：首先，尽管状态具有持续性，但不涉及变化，因此不能被看作处于发展之中或正在进行。其次，状态在某种意义上具有完整性，如 Hirtle（1975）所说："一个状态在其持续时段的每一片刻都作为一个整体存在。"

关于不能使用进行体的状态动词，一些研究者也作了具体分类。Brinton（1988：28）认为，非动态性动词主要包括三类动词：感觉动词（包括 feel、hear、see、smell、taste），认知动词（情感动词和思维动词）（如 believe、think、imagine、like、hate 等）以及关系/状态动词（如 be、have、own、resemble、contain 等）。

另外，虽然状态动词与进行时的语义不相容，但在实际使用中也时有出现。关于这一用法所表达的意义存在四种解释：（1）状态动词所表达的状态转变为临时性的或偶尔发生的，而非永久性或本质性状态（Jesperson，1932；Twaddell，1963；Joos，1964；Leech，1971；Comrie，1976；Mulwene，1984）。（2）状态动词所表达的状态获得了一种"活动"或"事件"意义（Kruisinga，1931；Joos，1964；Leech，1971；Comrie，1976；Smith，1983）。这两种解释也可以结合起来，认为状态动词的进行时用法表达了一种非常规现象（Calver，1946）或偶然性活动（Hirtle，1967）。（3）进行体与状态动词结合后，给予后者一种动态性意义。"将一个状态看作事件后，状态就具有了事件所具有的动态性。状态动词的这一用法具有很多修辞学上的原因。"Smith（1983：498）（4）一些进行时用法和 always、forever、continually 共现，表达一种习惯行为。例如：He is always saying the wrong thing. 此类用法具有一种感情色彩，一种谴责、反对或恼怒的意味。有时这一用法被认为具有夸张的作用（Hirtle，

1967l；Leech, 1971），即事件频繁地重复发生以至于可以看作是一种持续的状态。因此表达习惯用法的进行体的效果是将不具有持续性的习惯行为表述成具有持续性（Brinton, 1988: 41）。

（二）进行体与成就动词

由于进行体表达"动态性""持续性"，而成就动词表征的事件具有瞬时性，一旦开始就结束，具有[-阶段性]的特点，因此通常认为此类动词与进行体的语义不相容，极少以进行体的形式出现（Dowty, 1977: 49）。一些成就动词的进行体用法被视为不可接受。例如：

(8) a. Mary is reaching the summit of the mountain.
b. John is spotting his friend at the party.

但在实际运用中，确实存在此类动词和进行体共现的现象（Verkuyl, 1989; Mittwoch, 1991; Smith, 1991）。例如：

(9) a. The old man is dying.
b. Jane is just reaching the summit.

对于这一现象研究者有几种不同解释。这些解释总体上可归为两类：一类观点将成就动词视为特殊的完成动词。如 Verkuyl（1989）认为，成就动词事实上属于完成动词，只是与后者相比，其活动事件的时间极短，当出现在进行体中时，这一活动时段被"激活"。Mittwoch（1991）虽然认为成就动词和完成动词是根本不同的两种类型，但当成就动词使用进行体时，所表达的事件可以延长，从而可以解读为完成动词。另一类观点认为，成就动词虽然可以用于进行体，但和完成动词表征不同的事件类型。如 Zucchi（1998）认为成就动词的进行体用法类似于电影中的"慢动作"镜头——一个现实世界中的瞬间动作在感觉上被拉长了。Smith（1991）则认为，成就动词的进行体形式往往聚焦于动词所表征事件中相对独立的前期预备性阶段，如上面的"The old man is dying"。Rothstein（2004）强调，成就动词并不是完成动词的一种特殊类型，而是独立的动词类型，因为这两类动词在时间短语和进行体形式所表达的意义这两方面存在显著差异。当成就动词和进行体共现时，在进行体算子 PROG 的激发下，事件在体方面发生了类型转变,成就意义被提升为"抽象的"完成意义,表达事件 e,包含一个其特征未在词汇层面明确化的活动次事件,以及成就动词所指示的一个结果次事件。也就是说,该成就谓词的意义表达在结果事件中,但对活动事件在词汇层面上没有具体表达和限制。

因此,成就动词与完成动词是两种不同的类型,进行体使用在成就动词中时所需要的条件和表达的意义都不同于它在完成动词中的使用,在具体分析时应该考虑到成就类动词的词义特点和动词所使用的语境。

二 基于语料库的动词词汇体与进行体关联性的研究

本书将基于前面对不同类型动词语料中进行时的使用统计对进行体和词汇体之间的关联进行深入分析,希望回答以下问题:(1)不同事件类型的动词在进行体的使用上存在什么差别?影响进行体使用的动词语义因素是什么?(2)进行体对状态动词和成就动词的语义具有什么影响?

(一)状态动词与成就动词中进行体的使用

终结性/非终结性、瞬时性/持续性是动词词汇体和事件特征上的两个核心语义。本书所抽样的四类动词主要以状态动词和成就动词为主。由于相关文献中,终结性/非终结性这一语义和进行体之间没有显著联系,此处我们重点关注瞬时性/持续性这一语义和进行体之间的关联。由于本书抽样的动词没有活动动词,完成动词的数量也较少,因此这两类动词不在数据统计范围内。状态动词和成就动词句子中的进行时使用统计见表8-3:

表8-3　　　　英语状态动词/成就动词中进行体的使用

	状态动词				总计
ES 情感动词	dislike 1/0.3%	fear 6/0.4%	love 25/0.2%	tolerate 7/1.0%	39/14668 (0.3%)
存在动词	exist 0	live 147/9.9%			147/2306 (6.4%)
	成就动词				
瞬时性 COS 动词	break 118/4.6%	collapse 19/2.4%	crash 24/3.6%	explode 24/3.0%	shatter 0	185/5267 (3.5%)

续表

	状态动词						总计
EO 情感动词	annoy	disappoint	frighten	worry			96/2818 (3.4%)
	27/4.9%	17/4.1%	3/0.8%	49/3.3%			
发生/消失动词	happen	occur	appear	disappear	perish	die	307/4924 (6.2%)
	176/12.8%	46/5.2%	0	36/6.3%	0	49/3.5%	

经过统计，状态动词语料中共有 16974 个句子，其中使用进行时的句子有 186 个，比例为 1.1%；成就动词语料中共有 13009 个句子，其中使用现在时的句子有 588 个，比例为 4.5%。卡方检验结果表明，这两者之间存在显著差异（Loglikelihood = -339.97，P = 0.00 < 0.01）。也就是说，在进行时的使用上，成就动词显著高于状态动词。由于本书将单次体动词单独作为一种事件类型，而不是作为成就动词，因此上表的统计不包括单次体动词。事实上，如果将此类动词视为成就动词，进行体在成就动词中的使用频率也依然显著高于状态动词（Loglikelihood = -354.09，P = 0.00 < 0.01）。

从以上数据可以看出，状态动词和成就动词的进行体使用频率都很低。虽然在语义上进行体和这两类动词都不相容，但相比之下，其出现在成就动词中的频率更高，这可能是因为，虽然成就动词具有瞬时性，与进行时所表达的持续性相矛盾，但此类动词同时具有动态性，符合进行时的另一基本语义，因此能够更多地出现在进行体中。

（二）状态动词在进行体中的意义

在本书中，状态动词主要分为两类：存在动词（exist、live）和 ES 类情感动词（dislike、fear、love、tolerate）。总体上看，进行体在状态动词语料中的使用非常少。

两个存在动词在进行体使用上差异较大，exist 没有进行体用法，而 live 的用法在状态动词中比例最高，形成鲜明对比。这可能是因为，虽然这两个都是状态动词，但在 [+静态] 这一语义程度上存在差别。显然，exist 的静态程度显著高于 live，因为某一事物的"存在"相对来说具有稳定性。

状态动词使用进行体主要表达这几种意义：

1. 表达临时性/暂时性状态

(10) a. ... with children on an informal or infrequent basis often don't realize that we are living in a new world in which a well-intentioned hug can become a criminal offense.
b. But last week they were living apart.
c. As a friend told the Daily News, "They're both very where he and his wifeLynne are living while the Vice President's residence is being renovated. In the Oval Office...

这一意义是状态动词进行体形式的最主要意义。状态动词出现在进行体中时

通常表达这种临时性意义。句子中一般会使用时间状语、地点状语等成分表明一个临时性状况或新条件的出现。例如，例 10a 中的"in a new world"，例 10b 中的"last week"，以及句 10c 中的 while 从句。

2. 表达说话者的情感和态度

进行时的很多用法受到使用者主观性的影响，可以表达不赞成等负面态度和情感、夸张、强调、主观性解释，还可以增加叙述的生动性（Kranich，2010）。本书研究的两类状态动词中，存在动词的进行体用法似乎不受主观性因素的影响，而情感动词的进行体用法则倾向于表达使用者的态度或情感。这一用法与显性/隐性语境有关。Ljung（1980：50）发现，虽然情感动词（如 like）和感知动词通常不使用进行体，但这两类动词偶尔出现在隐性情境中，可以视为进行体的"非正常"用法，表现了说话者的主观性解释。

在本书研究语料中，情感状态动词的进行体用法虽然并不多见，但多表现出明显的主观性。例如：

(11) a. Rhodes knew he was listening in and loving every minute of it, however.
b. "I'm loving the smoky eye," Taylor said, studyingAlexa's eye makeup.
c. I'm loving my new life. I'm taking sculpture classes at the art

academy.

d. "... the time, like Mom, like she's just tolerating me."

e. Why doesn't my friend object? Why is she tolerating this monstrous stranger sitting next to her?

上面这些例子中，进行体主要用来强调，可以是强调正面情感，也可以强调负面情感。例如，例 11a 强调的是正面的，而例 11c 强调负面的，尤其是 just 的使用更加强了这种强调意义。

事实上，这一主观意义与进行体所表示的"临时性"意义密不可分。主观意义的表达往往取决于状态动词本身的意义以及句中的其他成分，如状语成分等。存在状态动词（如 live）一般不用于表达主观性意义。

（三）成就动词在进行体中表达的意义

本书中，成就动词主要包括瞬时性 COS 动词、EO 情感动词、发生/消失类动词。经分析发现，成就动词的进行体用法可以归纳为以下几种。

1. 虽然成就动词具有瞬时性，但主语的性质决定了事件过程具有一定的持续性，尤其是当主语为抽象名词、句子表达比喻意义时。这一用法类似于完成动词的进行体用法，进行体的使用令人聚焦于事件的过程而非结果。例如：

(12) a. And the younger set in Miami isn't frustrated only by what's been happening over a six-year-old.

b. A whole way of life is disappearing.

c. Is my church dying? I can not be the only Catholic in America asking this question.

d. It was evident from the racket that, rung by rung, the ladder was collapsing.

e. Human civilization is in decline. Some people even say it's collapsing.

f. Her heart was exploding in her chest. She wished for a split second that it would hurry up

g. My heart is crashing in my chest. I can't see anything outside the ring.

2. 主语或宾语为复数形式，动词所表征的瞬时性事件反复发生，导致整个过程具有持续性。Brinton（1988：41）发现，由于进行体将情境视为一个在一段时间内正在发生的、持续的事件，与成就类动词共现后，将具有瞬时性的成就类动词表征的事件表达为在此段时间内反复发生，这一重复发生产生了时间上的延展性。这时整个事件表现为反复体，而不是进行体通常表达的持续性。例如：

（13） a. Scientists have long warned that animals and plants are disappearing at an alarming rate.
b. Women are still dying of breast cancer in appalling numbers, while...
c. The beds were collapsing and stained, all the windows looked...
d. But today the walls were crashing in on her.
e. They bruise and dent easily. You're squinting eyes and breaking teeth.
f.... his bear hug was breaking his ribs, Zee realized.

3. 表达事件的起始阶段或聚焦于动词所表征事件中相对独立的前期预备性阶段（Smith，1991）。此类用法主要出现在动词所表征事件可以存在相对独立的起始或预备性阶段，如 die，但这类用法在成就类动词中并不多见。这类动词可以使用 slowly、gradually 加以修饰。例如：

（14） a.... first season's most arresting scene, he smothers to death a preacher who is dying slowly of a brain tumor.
b. At the time, his son was dying from cancer caused by Agent Orange.

4. 部分成就动词的进行体用法也可以和状态动词一样，表达主观意义，尤其是在口语叙述中用于强调。但此类用法一般限于 EO 情感类动词。例如：

(15) a. Also, Peter is really annoying her, "I want my mother," he says.
b. People were always disappointing her, or trying her patience...
c. "Stop it! You're frightening me." She narrowed her eyes...
d. "Father? Your demeanor is worrying me." And he was not yet foxed.

由以上分析可以看出，成就动词的进行体用法很难有单一的解释，不同动词由于语义差别，进行体所表达的意义也并不相同。如上面所列的四种用法中，聚焦于过程的第（一）种用法和表达反复体的第（二）种用法适用于大多数成就动词，而表达起始/预备性阶段意义的第（三）种用法一般仅限于少数成就动词，如 die、arrive 等，而第（四）种用法通常只在情感类成就动词中出现。

第三节 汉语完整体标记"了"与动词的事件性特征

通常认为，汉语完整体标记主要包括"了"和"过"。本书的语料分析表明，动词后的"过"使用频率非常低，因此，本书重点对"了"作为完整体标记的使用进行分析。

关于不同位置的"了"作为汉语完成体标记存在较多争议（见第二章）。本书中的完整体标记主要包括动词后"了"和一部分句尾"了"。基于前面的语料分析结果，这一部分将对汉语的完整体标记"了"和动词的事件性语义特征之间的关联进行深入分析。

一 作为完整体标记的"了"的相关研究

现代汉语的"了"，按照使用位置通常分为两种：出现在动词词尾的"了"和出现在句尾的"了"。前者通常称为"了1"，后者通常称为"了2"。关于这两种"了"是否具有相同的语法意义，汉语界长久以来存在两种观点。一种认为，"了1""了2"具有不同的语法作用，应该区别对待（黎锦，1924；赵元任，1968；朱德熙，1982；王力，1985；刘勋宁，1990；孙英杰，2007；等）；另一种观点认为，这两种"了"实质上是处于不同句法位置上的同一个词（高名凯，1948；石毓智，2000；等）。笔者倾向于认为，区分这两种"了"很有必要，因为"了"处于不同位置上时语法功能也不相同；但另一方面，这两种"了"在意义和功能上也存在部分重合。

汉语界对词尾"了"的语法意义的讨论可谓旷日持久，基本观点可归纳为三种（具体分析见第二章）："完成"说、"实现"说和"现实"说。最早研究"了"的语法意义的著作认为动词后的"了"表达"完成"的意义。黎锦熙（1924/2000：232）认为，"了"表示"完成"，是"国语中动词的 perfect"，此后的一些研究者也倾向于认为"了"的语法意义可以概括为"完成"（吕叔湘，1980；高名凯，1948；朱德熙，1982；赵元任，1968；金立鑫，1998；等）。

随着汉语界对"了"的探讨日趋深入，传统的"完成"说开始受到质疑。一些研究者认为，词尾"了"应当看作动词"实现体"的标记（刘勋宁，1988；竟成，1993）。"实现"说在学界产生了较为广泛的影响和争议。王还（1990）认为"实现"与"完成"其实是一致的，它们之间的主要区别在于状态和动作，动作可以说是完成与实现，但状态不能，状态往往是动作完成后的结果。

除了"完成"说和"实现"说，戴耀晶（1997：35）等认为"了"是完整体中的现实体标记。完整体中的现实体表达的是一个现实的动态完整事件，用附在动词后的形态成分"了"为形式标记（即了1）。现实体的三项主要语义内容是：动态性、完整性、现实性。

总之，不论词尾"了"表达的是"完成""实现"还是"现实"的意义，一般来说它都被视为完整体的标记（宋绍年、李晓琪，2001；孙英杰，2007；尚新，2006）。

相比词尾"了"，句尾"了"所表达的语法意义相对复杂得多，需要根据具体语境确定。总体上来说，词尾"了"的用法可分为三类：作为语气词使用，出现在祈使句中，以及表达时体意义。表达时体意义时，可以表示状态的变化（吕叔湘，1980；朱德熙，1982；刘月华，1983；刘勋宁，2002；等），也可以表达类似英语完成体的意义（Li and Thompson，1981；Li，1982；望月圭子，2000）。这些用法和词尾"了"的语法意义是重合的（刘勋宁，2002）。

在本书中，被视为完整体标记的"了"主要包括词尾"了"和表达时体意义的句尾"了"。

二 动词事件性语义特征和完整体标记"了"的关联

终结性/非终结性、瞬时性/持续性这两个重要的事件性特征和完整体标记"了"之间是否存在联系？首先，我们将完整体标记"了"在汉语语料中的使用按照终结性/非终结性动词句子进行了归纳和统计，结果见表8-4：

表8-4　汉语终结性/非终结性动词中完整体标记"了"的使用

动词类型	非终结性动词						总计
非终结性渐变动词	加宽	拓宽	加长	拉长	伸长	缩短	478/1456 (32.8%)
	13 (35.1%)	18 (48.6%)	10 (27.8%)	173 (46.5%)	154 (29.3%)	110 (24.5%)	
个体性情感动词	害怕	热爱	喜欢	讨厌	容忍		3/12722 (0.02%)
	0	0	0	1 (0.1%)	2 (0.02)		
存在动词	存在	居住					21/1202 (1.7%)
	11 (1.1%)	10 (4.4%)					
	终结性动词						
终结性渐变动词	擦干	晒干	倒空	清空	拉直	伸直	345/1323 (26.1%)
	109 (21%)	54 (27.4%)	22 (40.7%)	10 (27.0%)	24 (22.6%)	126 (30.7%)	
瞬时性COS动词	打破	倒塌	崩溃	爆炸	断裂		1009/2494 (40.5%)
	678 (49.4%)	58 (29.4%)	159 (33.1%)	92 (31.9%)	22 (14.2%)		
阶段性情感动词	担心	失望	惹恼				165/11612 (1.4%)
	14 (0.2%)	6 (0.3%)	145 (65%)				
发生/出现/消失动词	发生	降临	出现	消失	死		701/4510 (15.5%)
	136 (13.0%)	118 (10.5%)	226 (17.2%)	146 (17.6%)	75 (37.9%)		

（各个动词内的百分比是"了"作为完整体标记的使用在这一动词语料中的比例。为了便于和英语进行比较，以上统计不包括单次体动词。）

经过统计，非终结性动词语料中共有 15380 个句子，其中使用完整体标记"了"的句子有 503 个，比例为 3.3%；终结性动词语料共有 19939 个句子，其中使用"了"作为完整体标记的句子共有 2220 个，比例为 11.1%。卡方检验结果表明，这两者之间存在显著差异（Loglikelihood = -769.08，P = 0.00<0.01）。也就是说，在完整体标记"了"的使用上，终结性动词显著高于非终结性动词。

其次，我们将前面研究中的状态动词和成就动词的语料对完整体标记"了"的使用进行了统计，主要排除了非终结性和终结性渐变动词的语料。统计结果为，状态动词语料中共有 13924 个句子，其中使用完整体标记"了"的句子有 24 个，比例为 0.2%，而成就动词共有 18616 个句子，其中使用完整体标记"了"的句子有 1875 个，比例为 10.1%。卡方检验结果表明，这两者之间存在显著差异（Loglikelihood = -1877.42，P = 0.00<0.01）。也就是说，在完整体标记"了"的使用上，成就动词显著高于状态动词。

从语料中可以看出，非终结/终结性动词和状态/成就动词之间存在紧密关联，状态/成就动词在非终结/终结性动词语料中占有很大比例。但是，非终结渐变动词和终结性渐变动词之间在完整体"了"的使用上非常接近，前者甚至高于后者。因此，我们认为，和完整体标记"了"的使用关联更密切的是［±持续］这一语义因素。

从语料中看，完整体标记"了"在语料中主要有以下几种用法：

1. "了"使用在动词和时量成分之间，这种用法几乎出现在所有动词的句子中。例如：

(16) a. 临近河堤时，三条狗道汇集在一起，狗道加宽了一倍。
　　 b. 父亲挨近了，那些彩带好像迎着他又伸长了一段。
　　 c. 谁会相信一粒种子，在一种仙人掌的液汁里浸透又晒干了二十一次之后，就……
　　 d. 他们在我出发前担心了整整一个晚上，害怕首饰匠不能按时完工。
　　 e. 秦枫谷回到自己的家里，无可避免地又失望了一次。
　　 f. 他是巴西人，已经在伦敦居住了 3 年。

2. "了"出现在自主意义较强的及物动词之后，或出现在"把"字句的句尾。这两种用法存在紧密联系，因为"把"字句从语义上来说主要表示一种有目的的行为，表达一种处置义（王力，2003：408）或掌控义（牛保义，2008：123），因此出现在这一结构中的 V 一般是自主性较强的动词（牛保义，2008：125；张伯江，2000：29）。例如：

(17) a. 父亲到达西结古的时候已是傍晚，夕阳拉长了地上的阴影。
   b. 曲强再来，他也不作答，显然曲强的揶揄惹恼了他。
   c. 不声不响地走了十来步之后，董小宛终于打破了沉默。
   d. 他在餐桌上伸长了上半身，好像想凑到卡格里奥斯特罗的面前似的……
   e. 因为他不顾市议会的反对，硬是把散步道拓宽了。
   f. 当你上岸坐着的工夫，太阳就把你的衣衫晒干了。
   g. 他大声嚷着说，一面皱着眉头慢慢地伸着腰，最后终于把腰完全伸直了。
   h. 这一下把小伙子惹恼了。

3. 动词为瞬时性不及物动词时，"了"通常出现在句尾，表达"状态的变化"或"动作的完成"。这种用法充分证明句尾"了"具有时体意义，因为词尾"了"通常出现在及物动词中，但对于不及物动词，"了"只能出现在句尾。例如：

(18) a. 我回国后不到一个星期，中日战事就爆发了。
   b. 然而未及他举刀，那乞丐的精神已经崩溃了。
   c. 那座修道院现在已经倒塌了。
   d. 我们之间所有的纽带在我胸中都已断裂了。
   e. 少先队员把旅客陆续送出站台后，夜幕已经降临了。
   f. 经过近一年的观察，她以前的心烦症状彻底消失了。
   g. 莎丽，我的小狗死了。

4. "了"作为完整体标记使用在隐现句和领主属宾句中。宋玉柱

(1989)认为,完成体动态存在句表示动作处于完成状态,其 B 段的形式通常为"动词+了",所表达的语法意义是:从变化过程的角度叙述"什么地方存在什么人或物"这一事实已经实现。王勇、周迎芳(2014)也指出,隐现句中,动词多带完成体标记"了",表明其较强的有界性,动词所表达的事件显著度较高。李杰(2009)认为,体标记"了"对"隐现"意义的产生有重要贡献。体标记"了"表示完结,表示某个事件已告一段落,强调某种状态的新发生,这是"隐现"意义的重要来源。汉语中能够表达隐现意义的除了隐现句外,还有领主属宾句。本书的语料中,此类用法主要出现在表达"发生、出现、消失"类的隐现句和领主属宾句中。例如:

(19) a. 最近养鸡场内忽然不明原因死了几百只鸡。
　　　 b. 前面立着一堵破墙,已经倒塌了一段,现出一个大洞……
　　　 c. 这时天空上爆炸了一连串响雷。
　　　 d. 发现水库南侧大堤坝出现管涌,有些地方还出现了 20 至 30 平方米的塌方滑坡。
　　　 e. 这套丛书是如何产生的?具体写作过程中又发生了哪些故事?

在部分存现类动词中,隐现句中的"了"比例非常高。如在"出现"一词中,这一用法在该动词所有"了"作为完整体标记的用法中占 91%。这说明,存现结构对这"了"的用法具有显著影响。

三　总结

从以上研究可以看出,汉语完整体标记"了"在成就动词中的使用频率显著高于状态动词,此外,和不同事件性特征的动词共现时表现出的用法也不同。所有类型的动词后出现时量成分时,都可以使用词尾"了"。当动词为及物动词且具有较强的自主意义时,"了"作为完整体标记可以出现在动词后,也可以出现在"把"字句的句尾。动词为瞬时性不及物动词时,"了"通常出现在句尾,表达"状态的变化"或"动作的完成"。而对表达隐现意义的动词来说,"了"作为完整体标记常常出现在存现结构中。

第四节　汉语动词事件性特征与进行体标记的关联

关于汉语进行体标记类型和数量存在较多争议（见第二章第四节）。本书中的进行体标记主要包括两种："着"和"正在、在、正"。基于前面的语料分析结果，这一部分将对汉语的两组进行体标记和动词的事件性语义特征之间的关联进行深入分析，重点回答两个问题：（1）动词的事件类型对"着"和"正在、在、正"的使用具有什么影响？（2）这两组进行体标记之间存在什么异同？

一　汉语进行体标记研究

（一）基于二元对立的进行体标记语义分析

传统的汉语语法体标记研究倾向于认为，"着"和"正在、在、正"这两组进行体标记的基本差异在于：前者表达静态语义，而后者表达动态的语义。

1. 进行体标记"着"的意义和用法

总体来说，汉语界认为"着"所表达的体意义为："非完整性""持续"和"进行"。Smith（1991：363）认为现代汉语的"着"主要表达非完整体的观察点，其焦点是显示某一事件的结果状态。戴耀晶（1996：80）认为，"'着'不反映事件的起始或终结，也不反映事件的整体。它对事件的观察着眼于内部，因而具有非完整性和持续性"。一些研究者认为，由于持续体的非完整的性质，时间词语、动量词语、动结式词语都不与"着"同现，因为它们都会破坏"着"观察事件内部构成的非完整性。关于持续性的特点，"着"指明了句子所表达的事件正处在连续不断的过程之中，指的是事件过程的连续性。持续意义通常被视为"着"的最显著意义，因此有的研究者将其视为持续体标记。

另一些研究者认为，"着"也可以表示动作进行（吕叔湘，1944；王力，1945；赵元任，1968；潘允中，1982；等）。这种用法往往理解为行为动作的持续，即一种动态的持续（陆俭明，1999）。事实上，当一个动作延续一定时间时，我们既可以说其正在进行，也可以说这一动作具有持续性。戴耀晶（1996）关于"着"的动态/静态二重性也反映了"着"

可以表示动作进行这一意义。

2. 进行体标记"在、正、正在"的意义和用法

虽然存在一些争议，但多数汉语研究者将"在、正在、正"视为进行体标记。就共同点来说，"正在、在、正"作为体标记，其主要功能是修饰其后的 V 或 VP，表明一个动作或事件正在进行，语义指向均为其后的 V 或 VP（郭风岚，1998）。肖溪强（2002）认为，不具动性或动性不强或不含（进行）义素的动词，一般都不能受"正在、在、正"的修饰。

虽然这三个体标记词往往被认为用法和意义上非常接近，并常被放在一起分析，但三者之间还是存在一些差别。"正在、正"通常被认为更加接近，前者有时被看成后者的双音节形式（郭风岚，1998），因此，此处我们主要对"正（在）"和"在"加以区分。首先，"在"与"正（在）"在表达时间的持续性/延续性方面存在差异。肖溪强（2002）、石毓智（2006）认为，"在"表达的是一个时间区间，"正"所表达的是一个时间点。其次，在句法使用条件上两者也存在不同。郭风岚（1998）用自足性语句和非自足性语句来概括这两个体标记词在句法使用条件上的差异。"在"语句与其周围语句的关系是松散的，不受周围语句的牵制，具有自足性。而"正"强调动作行为的时位，需要有另一动作行为的时间时点作参照，因此其所在的句子与其周围语句的关系时互相依赖、相互牵制的关系，为非自足性语句。再次，由于这两个体标记词在时量/时点上的差别，句子中用于修饰动词的副词也不相同。由于"还、常常、一直、仍旧、总、老"等时间副词具有时量上的延续性意义，因此常常和"在"一起出现（郭风岚，1998），而"正"表示某一具体时点动作的进行，因此与"一直""经常"等表示反复进行和长期持续的副词相排斥（石毓智，2006）。最后，"在"与"正"语义上的不同对二者的语句重音位置也有很大影响（郭风岚，1998）。

"着"和"在（正在、正）"都是非完整体的标记，但也有诸多不同。从体的角度看，这两组标记都可以表示持续义，但学界普遍认为，"着"偏于表持续，"在"等偏于表进行，换句话说，"着"偏向于表静态，而"正在、在、正"偏向于表动态（龚千炎等，1995；杨素英等，2009；Xiao & McEnery，2004）。

（二）事件结构视角下的进行体标记研究

从事件语义角度对语法体进行的研究以进行体标记"着"居多。Lin

(2002）发现，能够跟"着"共现的只能是非终结性动词结构。如在"*张三写着两封信"和"张三写着信"这两句中，前者宾语论元具有明确的数量"两封信"，动词结构具有终结性，即内在的自然终结点，因此不能和"着"共现，而后一例中"写信"的事件可以在任何时间停止，理论上也可以无限延长，动词结构没有终结性，可以和"着"共现。

王媛（2011b：37）从事件语义学的角度研究谓词结构的事件性特征对语法体标记的选择限制，认为能够跟"着"共现的谓词结构都具有均质性（homogeneity），即 HOMO（P）：$\Leftrightarrow \forall e\,[P\,(e) \to \forall e'\,[e' \leq e \to P\,(e')]]$，也就是说，谓词性结构 P 具有均质性，即对所有事件 e 而言，如果 P（e）为真，那么对所有子事件 e'，P（e'）也都为真。她指出，传统认为的"着"的静态持续义可能只是一种表象，根本的语义机制在于"着"对谓词性结构的均质性语义的要求。

基于这一研究，王媛（2012a：235）认为，影响进行体标记"在""着"的使用的是动词结构的事件性特征："动态/静态"的对立只能说明"在"的使用限制，即"在"只能跟动态的动词结构共现，而"着"只能跟具有均质性特征的谓词结构共现。这一根本差异可以用来解释"动词+数量宾语"结构、复合事件、瞬间性谓词结构、连动结构和存现结构中"在"与"着"的使用。

王媛（2012b）还讨论了进行体用于复数化事件时，"在"和"着"的使用条件和表达的意义。复数化事件可分为两类：重复性语义解读造成的复数化事件和受名词论元的复数性特征的影响所造成的复数化事件。研究提出片段重复和事态重复的基本对立：片段重复可以构成一个整体的均质性事件，重复发生的每一个片段都具有相同的指称；事态重复的每一个子事件都具有不同的指称，要么涉及不同的参与对象，要么涉及不同的时间/空间位置。能够跟"着"共现的只有片段重复，事态重复只能跟"在"共现。

二 基于语料库的动词语义特征和进行体标记"着"的关联性研究

终结性/非终结性、瞬时性/持续性这两个重要的事件性特征和进行体标记"着"之间是否存在联系？首先，我们将前面研究中的终结性/非终结性汉语动词的语料对进行体标记"着"进行了统计，结果如表 8-5 所示：

表 8-5　汉语终结性/非终结性动词中进行体标记"着"使用

动词类型	非终结性动词					总计
非终结性渐变动词	加宽 1（0.07%）	拓宽 0	加长 0	拉长 20（1.4%）	伸长 17（1.2%）	41/1456 （2.8%）
个体性情感动词	害怕 0	热爱 2（0.02%）	喜欢 0	讨厌 0	容忍 0	2/12722 （0.02%）
存在动词	存在 123 （10.2%）	居住 19 （1.6%）				142/1202 （11.8%）
	终结性动词					
终结性渐变动词	擦干 0	晒干 0	倒空 0	清空 0	拉直 2（0.2%）	9/1323 （0.7%）
瞬时性 COS	打破 1（0.04%）	倒塌 1（0.04%）	崩溃 0	爆炸 7（0.3%）	断裂 2 0.08%	11/2494 （0.4%）
阶段性情感动词	担心 117（1%）	失望 2（0.02%）	惹恼 0			119/11612 （1.0%）
发生/出现/消失动词	发生 7（0.2%）	降临 0	出现 0	消失 1（0.02%）	死 0	8/4510 （0.2%）

（为了便于和英语进行比较，以上统计不包括单次体动词。）

经过统计，非终结性动词语料中共有 15380 个句子，其中使用进行体标记"着"的句子有 185 个，比例为 1.2%；终结性动词语料共有 19939 个句子，其中使用"着"的句子共有 147 个，比例为 0.7%。卡方检验结果表明，这两者之间存在显著差异（Loglikelihood = 19.80，P = 0.00 < 0.01）。也就是说，在"着"的使用上，非终结性动词显著高于终结性动词。

其次，我们将前面研究中的状态动词和成就动词的语料对进行体标记"着"进行了统计，结果见表 8-6：

表 8-6　汉语 状态动词/成就动词中进行体标记"着"使用

动词类型	状态动词					总计
个体性情感动词	害怕 0	热爱 2（0.02%）	喜欢 0	讨厌 0	容忍 0	2/12722 （0.02%）

续表

动词类型	状态动词					总计
存在动词	存在	居住				142/1202 (11.8%)
	123（10.2%）	19（1.6%）				
	成就动词					
瞬时性 COS	打破	倒塌	崩溃	爆炸	断裂	11/2494 (0.4%)
	1（0.04%）	1（0.04%）	0	7（0.3%）	2（0.08%）	
阶段性情感动词	担心	失望	惹恼			119/11612 (1.0%)
	117（1.0%）	2（0.02%）	0			
发生/出现/消失动词	发生	降临	出现	消失	死	8/4510 (0.2%)
	7（0.2%）	0	0	1（0.02%）	0	

经过统计，状态动词语料中共有13924个句子，其中使用进行体标记"着"的句子有144个，比例为1.0%；成就动词语料共有18616个句子，其中使用"着"的句子共有138个，比例为0.7%。卡方检验结果表明，这两者之间存在显著差异（Loglikelihood = 7.80, P = 0.00<0.01）。也就是说，在"着"的使用上，状态动词显著高于成就动词。

以上两个表格之间存在紧密联系，状态动词都是非终结性动词，而成就动词都是终结性动词。从上面两个表格可以看出，进行体标记"着"在非终结性动词（包括状态动词）和终结性动词（包括成就动词）中的使用并不普遍，很多动词不使用进行体标记"着"。对"着"在语料中的使用加以分析后，我们发现，这一进行体标记主要有以下几种用法：

（一）静态存在句中

静态存在句往往以"处所+动词+着+存在主体"的形式出现，本书中的存在/发生类动词出现在这以结构中时后面都必须有"着"。存在句中的"着"的使用比例非常高，尤其是在状态动词（本语料中主要包括"存在、居住"这两个动词）中。例如：

(20) a. 闽南话语系当中，其表述与腔调也存在着差异。
b. 柳州目前的发展存在着"一长三短"问题。
c. 汽车的生产制造也存在着流行。
d. 绿茵环绕的社会福利中心居住着160多名老人。

e. 在撒哈拉沙漠里，居住着一个游牧部落……

f. ……税费改革后的农村，正发生着日新月异的变化。

(二) 连动结构中

"着"往往出现在连动结构的前一个谓语位置上，这一用法的作用是提供背景信息（方梅，2000；戴耀晶，2001），或提供其他情状描述的时间框架，表达静态的状态义。本书的语料中，具有这一用法的主要是非终结性和终结性程度成就动词（渐变动词）。这些用法并不表示动作的进行，而是动作结果的持续。例如：

(21) a. 人群的最后边，老老少少的……都拉长着脖子踮着脚，生怕漏了柳乡长的一句话，一个手舞的姿势儿。

b. 他从厕所屋顶上下来，但也没忘了彻底检查一下完工的新厕所，这才拉长着脸扬长而去。

c. 基罗始终站在那里，伸长着颤抖的胳膊，甩手指指着尼罗。

d. 怒气冲天的阿立沃父子立在他跟前，并且把他和观众相隔绝，拉直着嗓子威吓他并且辱骂他。

e. 在滔滔的海面上，她和它，都伸直着脖子往美国的所在观望着。

f. 梅女士失望着要走了，忽然从身后闪出一个人形来……

上面例子中，"拉长着""伸长着""伸直着""失望着"表示结果状态的持续，而不是动作正在进行。

(三) 复数化事件中

动词主要论元的性质会影响整个谓词结构的事件性（Verkuyl，1972，1989；Krifka，1998；王媛，2012b）。Vendler（1957）提出的成就动词、Smith（1991）提出的单次体动词以及郭锐（1993）提出的点结构动词等，都具有 [-持续] 的事件语义特征，通常被认为不能用于进行体，因为它们不具有从内部进行观察的过程。但在实际运用中，这些动词出现在复数化事件中时，可以和进行体标记共现，因为具体事件多次重复的发生造成时间上的延展性。王媛（2012b）进一步将复数化事件分片段重复和事态重复：片段重复所指称的动作的重复发生在时间或者空间上是连续的，可以构成一个整体的均质性事件，重复发生的每一个片段都具有相同的指称；事态重复的每一个子事件都具有不同的指称，要么涉及不同的参与对象，要么涉及不同的时间/空间位置，无法构成一个均质的整体事件。能够跟"着"共现的只有片段重复，尤其当主语（或宾语）为无生命事物时。通过分析语料，我们发现这一解释基本适用于本书中成就动词使用进行体标记"着"的现象。例如：

(22) a. 于是又引来成群的乌鸦，在周围盘旋起落，以它们刺耳的聒噪，打破着荒野的寂静……
b. 一栋栋的平房，在烈火里轰轰地倒塌着，楼房的窗口喷着长长的火舌。
c. 他用火香把纸炮点着，纸炮在他的手中爆炸着，裂响着，他却面不改色地握在手中。
d. 白森森的杨树干嘎嘎吱吱地断裂着，树上栖息的数千只鹦鹉纷纷飞起。
e. 村庄里的树枝巴格巴格地断裂着，那是被蝗虫压断的。

此类瞬时性动词和"着"共现时，强调整个事件中一个个次事件发生时，时间上的连贯性，这从例 d、e 中"嘎嘎吱吱地""巴格巴格地"这两个拟声词的使用可以看出，作者使用这些词旨在强调"一个接一个"的状况。汉语瞬时性状态变化动词和"着"共现时通常表征这种复数化事件。

（四）用于描写动作或状态的持续

除了以上用法之外，动词和"着"共现表示动作或状态的持续。在一些语境中，动词有时和"着"共现用来描写静态情境，起到描画情状的作用（费春元，1992）。此类用法和第（二）种用法比较接近。例如：

(23) a. 他们连走带跑地从人群中挤了出来。竹内焦灼地拉长着脸。
b. 他穿着夜礼服、戴着草帽，径直走到饭店门口的台阶下散步，一边担心着他们的行踪。

c. 火把依旧燃着，爆炸着，在两人前后映照着。
d. "一个杀人犯！"奥斯克回答，他还呆呆地站在那儿，伸直着胳膊。

基于以上分析我们可以看出：首先，进行体标记"着"表达的意义往往和动词本身的事件特征之间存在关联。如瞬时性状态变化动词和"着"共现时常用于表达复数化事件，非终结性和终结性程度成就动词和"着"共现时表达动作发生后的结果状态的持续。其次，"着"的使用与句式之间存在密切联系。存在句和连动句式中"着"的使用非常普遍。一些通常被认为和"着"语义不相容的动词由于这些句式的作用也和"着"共现。例如，一些研究者认为，"着"不和动结式共现（戴耀晶，1997），但事实上，在连动句式中，"着"和动结式共现的例子很常见。因此，要正确描述进行体的语法意义，不仅要考虑它与不同事件性类别的谓词之间的系统性的互动（王媛，2011：31），还要考虑到句式对语法体的使用的影响。

三 基于语料库的动词语义特征和进行体标记"在/正/正在"的关联性研究

（一）"在/正/正在"在不同事件性特征的动词句子中的使用

同样，本小节对终结性/非终结性、瞬时性/持续性这两个重要的事件性特征和进行体标记"在/正/正在"之间的联系进行基于语料库的分析。首先，我们对语料中"在/正/正在"的使用根据终结性/非终结性动词进行了归纳，结果见表 8-7：

表 8-7 汉语终结性/非终结性动词中进行体标记"在/正/正在"的使用

动词类型	非终结性动词						总计
	加宽	拓宽	加长	拉长	伸长	缩短	
非终结性渐变动词	0	1 (0.07%)	2 (0.1%)	2 (0.1%)	7 (0.5%)	10 (0.7%)	22/1456 (1.5%)
	害怕	热爱	喜欢	讨厌	容忍		
个体性情感动词	3 (0.02%)	0	0	1 (0.01%)	1 (0.01%)		5/12722 (0.04%)

续表

动词类型	非终结性动词					总计
存在动词	存在	居住				0/1202
	0	0				
	终结性动词					
终结性渐变动	擦干	晒干	倒空	清空	拉直	伸直	6/1323
	4(0.3%)	0	0	1(0.07%)	0	1(0.07%)	(0.5%)
瞬时性COS	打破	倒塌	崩溃	爆炸	断裂		26/2494
	4(0.2%)	4(0.2%)	16(0.6%)	1(0.04%)	1(0.04%)		(1.0%)
阶段性情感动词	担心	失望	惹恼				228/11612
	225(1.9%)	3(0.03%)	0				(2.0%)
发生/消失动词	发生	降临	出现	消失	死		14/4510
	2(0.04%)	2(0.04%)	0	10(0.2%)	0		(0.3%)

经过统计，非终结性动词语料中共有 15380 个句子，其中使用进行体标记"在/正/正在"的句子有 27 个，比例为 0.2%；终结性动词语料共有 19939 个句子，其中使用"在/正/正在"的句子共有 274 个，比例为 1.4%。卡方检验结果表明，这两者之间存在显著差异（Loglikelihood = -176.50，P = 0.00<0.01）。也就是说，在"在/正/正在"的使用上，终结性动词显著高于非终结性动词。

其次，我们将前面研究中的状态动词和成就动词的语料对进行体标记"在/正/正在"进行了统计，结果见表 8-8：

表 8-8　汉语状态动词/成就动词中进行体标记"在/正/正在"的使用

动词类型	状态动词					总计
个体性情感动词	害怕	热爱	喜欢	讨厌	容忍	5/12722
	3(0.02%)	0	0(0%)	1(0.01%)	1(0.01%)	(0.04%)
存在动词	存在	居住				0/1202
	0	0				

续表

动词类型	成就动词					总计
瞬时性 COS	打破	倒塌	崩溃	爆炸	断裂	26/2494 (1.0%)
	4（0.2%）	4（0.2%）	16（0.6%）	1（0.04%）	1（0.04%）	
阶段性情感动词	担心	失望	惹恼			228/11612 (2.0%)
	225（1.9%）	3（0.03%）	0			
发生/出现/消失动词	发生	降临	出现	消失	死	14/4510 (0.3%)
	2（0.04%）	2（0.04%）	0	10（0.2%）	0	

经过统计，状态动词语料中共有13924个句子，其中使用进行体标记"在/正/正在"的句子有5个，比例为0.04%；成就动词语料共有18616个句子，其中使用"在/正/正在"的句子共有268个，比例为1.5%。卡方检验结果表明，这两者之间存在显著差异（Loglikelihood = -257.91，P = 0.00<0.01）。也就是说，在"在/正/正在"的使用上，成就动词显著高于状态动词。

对"在/正/正在"在语料中的使用加以分析后，我们发现，这一组进行体标记在用法上虽然接近，但并不完全相同。由于"正在"常被视为"正"的双音节形式（郭风岚，1998），因此这里我们将这两者视为一种。

（二）进行体标记"在"的用法

"在"比"正/正在"更强调动作时间上的延续性。肖溪强（2002）认为，"在"强调动作的持续，具有"段"的特点，可刻画为[+持续]，常常与表示时段的时间词共现。郭风岚（1998）发现，在实际语言环境中，"在"的意义侧重表明动作行为进行或动作行为、状态持续的时间的长短、量度，具有可延续性语义特征。语料分析也证明了这一点。但和表达不同事件类型的动词共现时，"在"所表达的意义也不相同。

通常认为，汉语动结式不能用于进行体（戴耀晶，1996；Teng，1979），如"吃完"，但如果表示缓慢实现的意义，如带有表示逐渐义的副词性成分时，部分动结式可以出现在进行体中，强调事件逐渐发生的内部过程，不具有均质性，其进行体只能用"在"（王媛，2012a：241）。本书对语料加以分析后发现，此类动结式（主要包括终结性和非终结性渐变动词）可以和"在""正/正在"一起共现，但和"在"共现时，句子的时间跨度和动作的延续性更长。例如：

（24）a. 自然科学领域在迅速地拓宽，新的发现在不断运往博物馆……
b. 这卷画轴还在拉长下去，大竹岛现在已是庄稼遍地，花果满园的仙岛……
c. 把尼罗投进深渊里，统治了世界……他们还在仰望着天空，他们还在伸长脖子谛听，他们浑身发抖还在祈祷。
d. 走出家门，他开始他的原路程，但不再走完，也许他不自觉地不断在缩短。
e. （她）弄丢了我的差事，葬送了我的前程，害死了我的父亲，每日每时都在缩短我母亲的寿命，还使得我在全镇人面前抬不起头来。

上面的例子中，"在"所在的句子或前后都有"不断地""还""每时每刻"等副词表示时间的延续性。

具有瞬时性语义的动词也通常被认为不能出现在进行体中，但本书语料分析显示，这些动词也可以和进行体标记"在"共现，表达复数化事件。

（25）a. 任何事情都可能发生，而且每天这样的事情都在发生。
b. 他永远在铸造，打破，再铸造他自己。
c. 哦，废墟之地啊，你的一切都在逐渐倒塌，什么痛苦你没说过？

例25a、例25b中，副词"每天""永远"表示事件反复发生，例25c中，"一切"和"逐渐"表示倒塌这一动作的持续。

此外，瞬时性语义的动词和"在"共现，以强调动作的过程，有时动作的主体为抽象名词，使得整个事件具有延续性。例如：

（26）a. 我听到胳膊上发出酥脆的声响，似乎筋骨在断裂。

b. 我们几乎听不到后方骄傲的人类精神在崩溃，听不到龌龊污浊暴戾恣难的卑鄙行径如何横行无阻。

（三）进行体标记"正/正在"的用法

通常认为，"正/正在"表达的是一个时间点（石毓智，2006）。肖溪强（2002）认为，"正/正在"强调动作的正在进行，具有"点"的性质，可刻画为［-持续］，一般不能与表示时段的时间词共现；郭风岚（1998）认为，"正"强调动作行为进行或持续的时间的早晚、位置，这一时位往往是以"正"句子的前后语句中主体的动作行为的时间视点为参照的。语料分析结果也证明以上研究者的观点。但和不同事件类型的动词共现时，"正/正在"表达不同的含义。

动结式（主要包括终结性和非终结性渐变动词）不仅可以和进行体"在"共现，也可以和"正/正在"共现，表达事件内部逐渐发生的变化，但句中或者有表示时间点的副词，或者以上下文主体的动作时间为参照。例如：

(27) a. 突然，喧闹声减弱了。外面街上好像有什么动静，队伍后面的人正伸长脖子张望。
b. 地上的雪，正在加长那个大大的 i 字。
c. 阿布达尔又回头瞥了一眼，发现他们显然加快了速度，正在缩短与他们的"猎物"之间的距离。
d. 一个鱼跃飞身扑到他脚下，看见他裤裆下有另外一双脚正在魔术般地缩短，像正在被墙体吞吃。
e. 就在两人说话的那当儿，其他人已离水上岸了，这会儿正用毛巾擦干身子……

上面例子中，"突然""这当儿"表示一个极其短暂的时刻，而其他例子中，和"正/正在"共现的动词所表述的事件的发生往往是从前后句的主体的视角来观察（如例27c、例27d），或以主体的动作为参照点（如例27b）。

具有瞬时性语义的成就动词和"正/正在"共现时，或者是强调事件中的活动部分，凸显过程，从而使得整个事件具有慢动作效应

(Rothstein，2004：56-58）；或者是因为作为成就动词主语的名词的特征使整个事件具有延续性特征。无论何种情形，当成就动词和"正/正在"共现时，句子中往往带有表示时间点的副词。例如：

(28) a. "而且这会儿就不会是我在打电话，"德克尔说，"而是他们正在打破你那旅馆房间的门了。"
b. 现在，社会主义的春天来到了，思想开始解放，禁区正在打破。
c. 此刻天花板正在下垂，墙壁正在倒塌，一派凄惨荒凉的景象⋯⋯
d. 与此同时，百万苏联红军正以排山倒海之势四路攻入东北，关东军正在崩溃中。
e. 我无法回答，我现在想，是不是因为我的自我意识正在崩溃。

上面的例28a、例28c中，动词表达的事件的变化过程得到强调，例28b、例28d、例28e中，动作的主语，包括"禁区""关东军""自我意识"等抽象名词，使得动作表达的事件具有延续性。此外，句子中都包括表达时间点的副词，如"这会儿""现在""此刻""与此同时"等。

四 进行体标记"着"和"在/正/正在"的比较

从以上分析来看，"着"和"在/正/正在"虽然都是汉语进行体标记，但这两者之间存在较大差异。

首先，从动词的事件类型与进行体标记之间的联系来看，在"着"的使用上，非终结性/状态动词显著高于终结性/成就动词；而在"在/正/正在"的使用上，终结性/成就动词显著高于非终结性/状态动词。这似乎证明了学界对这两组进行体标记语义特点的观点，即"着"更倾向于关注静态的状态持续，而"在/正/正在"更倾向于关注动态的事件过程。

其次，在用法上，这两组进行体标记之间存在一些共同点和差异。作为进行体标记，这两组都表达未完整体事件。但是在具体用法上两者表现出显著差异。首先，"着"的使用和句式之间存在紧密关联，如"着"是静态存在句中必不可少的组成部分，而连动结构中，"着"往往出现在前一个动词后。但"在/正/正在"的使用和句式没有明显关联。其次，"着"更强调动作或状态的持续性和时间上的连贯性与无界性，而"在/正/正在"更强调动作的动态性，句中往往有时间副词；"在"往往和表达时间段的副词共现，而"正/正在"往往和表达此刻的时间点副词共现，或者以主体的动作为参照点。总体上，就时间跨度来说，这几个进行体标记的特征可以概括为："着" > "在" > "正/正在"。在话语功能上，"V 着"往往用于提供背景信息或用于描写情境，而"在/正/正在"倾向于作前景句，推动话语的进行。

导致"着"和"在/正/正在"在用法上的差异的深层原因是，"着"只能跟均质性的动词结构共现，而"在/正/正在"对谓词结构的语义则没有这种要求（王媛，2011：38）

五 英汉进行体标记比较分析

为了对英汉进行体进行比较，我们按照动词事件类型将进行体标记的使用加以归纳。结果见表 8-9：

表 8-9　　英汉进行体标记在不同事件类型的动词语料中的使用

	状态动词	成就动词
英语进行体	186/16974（1.1%）	588/13009（4.5%）
汉语"着"	144/13924（1.0%）	138/18616（0.7%）
汉语"在/在/正在"	5/13924（0.04%）	268/18616（1.5%）

基于以上分析，我们可以看出，英汉进行体标记虽然都可以表达未完整体事件，但两者在意义和用法上存在广泛差异。

首先，这两种语言在进行体方面的最明显差别是：英语只有一个进行体标记，而汉语有两个进行体标记（此处，"在/正/正在"被归为一类）。这一差异决定了在进行体的意义、用法和使用范围上这两种语言之间很少有共同点。

其次，虽然英汉进行体标记都可以表达"持续性"这一基本含义，但每种语言的进行体标记都具有一些独特用法。如英语进行体可以表达临时性/暂时性状态，可以表达使用者的主观性，用于夸张、强调、主观性解释，还可以增加叙述的生动性；一些成就动词还可以表达事件的起始阶段或聚焦于动词所表征事件中相对独立的前期预备性阶段。此类句子中的进行体都不能翻译成汉语中的进行体标记。而汉语进行体标记"着"在静态存在句和连动结构中的用法也为汉语所独有；英语的进行体一般不出现在存现结构中，英语中也没有和汉语连动结构对应的句式，"着"在连动结构中的用法接近于英语中的现在分词结构。

从意义和使用范围来看，英语进行体和汉语的进行体标记"在/正/正在"更加接近。第一，从意义上来看，英语进行时表达"动态性"和"持续性"意义，而汉语的"着"倾向于表达静态持续意义，而"在/正/正在"倾向于表达动作的动态性持续。例如，在和非终结性状态变化动词（如"拉长"/ lengthen）共现时，英语进行时和"在/正/正在"都表示变化过程的持续，而"着"有时表示结果状态的持续。第二，在使用范围上，英语进行时也和"在/正/正在"更加接近。例如，在本书语料中，在英语进行时和"在/正/正在"的使用上，成就动词均高于状态动词，而"着"正好相反。

最后，影响英汉进行体标记使用的因素不同。英语进行体的意义与用法和动词的事件类型之间存在系统性的互动，也就是说，动词的事件性语义特征对进行体的使用具有重要影响。在汉语进行体标记的使用上，虽然动词的事件类型也影响进行体标记的选择和使用，但句式也在其中发挥重要作用，如在"着"的使用上，存在句式和连动结构都影响"着"的使用。

第九章 动词与句法结构互动关联的跨语言比较研究

从 20 世纪 70 年代开始,语言学界围绕句法—语义界面展开的研究发现,动词语义在一定程度上决定句法结构,属于同一语义类的动词具有相近或相同的句法表现。但是另一方面,自 20 世纪 90 年代兴起的构式理论对句子结构的研究也对这一观点构成了挑战。本书基于前面研究的基础上,结合大量语言事实,试图对影响句式的动词语义因素以及动词语义和句法结构之间的互动关联进行跨语言比较和分析。

第一节 英汉动词语义与句法的联系

一 关于句法—语义界面的研究

作为句法—语义界面研究的最重要理论之一,投射理论认为,动词的句法实现形式是动词语义投射的结果,动词的词汇语义表征决定其论元实现形式,"……论元的句法实现——其句法范畴和语法作用——经证明在很大程度上可以从动词的意义中预测出来"(Levin & Rappaport,1996:1;引自沈园,2007:12)。但是一个动词的意义包含很多方面,哪些语义能够决定其论元的句法实现?

对这一问题,语言学家提出不同的概念和解释。Pinker(1989)将和论元实现相关联的意义称为"和语法相关的子系统(grammatically relevant subsystem)",这一子系统所包含的语义成分和关系组成的集合应该比认知上存在的、文化上具有显著性的那些区分组成的集合要小得多。Grimshaw(1993)则将动词的语义分为语义结构和语义内容两个部分:前者指词汇语义在句法层面上表现活跃的部分,后者指词汇语义在句法上表现不活跃的部分。Levin & Rappaport（1995，1998）将前者称为"语义变量"，即随语义表征不同而变化的语义部分，后者称为"语义常量"，即在不同语义表征中保持不变的意义，区别于同一语义类其他动词的意义。这一概念后来又称为"词根"（root）（Pesetsky，1995）。

动词的哪些语义可以被视为和句法相关？Fillmore（1970）最早发现动词的某些语义和句子的论元实现之间存在关联。在比较了 break 和 hit 的句法实现后，他发现，虽然这两个动词都是及物动词，都可以带主语和宾语，但在动词句法表现的很多方面上表现出不同。由此，Fillmore（1970：125）认为，这是因为动词的某些语义特征，如是否表示状态变化，可能和动词的句法表现相关。继 Fillmore（1970）对英语的研究之后，其他语言，如属于印第安语群的温内贝戈语（Winnebago）和北非的柏柏尔语（Berber）也都在这两类动词上表现出对应的差异（Guerssel et al.，1985）。

句法—语义界面的另一具有代表性研究是关于作格动词（有时也被称为非宾格动词）语义特点的研究。Perlmutter（1978）指出，作格和非作格动词的区分是由语义因素决定的。McClure（1990）、Tenny（1987）、van Valin（1990）等人的研究指出，决定作格和非作格区分的语义因素分别是"状态变化"和"活动"。

如何表征动词和句法实现相关的那部分语义？研究者提出了各种理论和分析方法，包括语义角色表（Stowell，1981 等）、特征分析法（Rozwadowska，1988，1992；Reinhart，1996 等）、原型角色理论（Dowty 1991）、宏观角色理论（van Valin，1990，1993；van Valin & LaPolla，1997）等（详细介绍见 Levin & Rappaport，2005；沈园，2007）。本书的分析主要基于 Rappaport & Levin（1998）等研究提出的事件结构理论基础上。

在事件结构理论中，动词被认为是对外部世界发生事件的特点的词汇化和概念化；动词的语义可以分析为动词所指事件的结构表征。事件结构表征主要包括两部分：动词的结构意义和词根意义。动词的结构意义由 ACT、CAUSE、BECOME、STATE 等基本谓词和谓词的论元构成的事件结构模板来体现。动词的词根意义按照本体类型可以表示活动的方式、工具、地点和状态等。结构意义相同的动词拥有相同的事件结构模板，这些动词构成一个语义类，会有相同的句法表现。属于同一语义类的动词之间的区别在于词根意义。词根和事件结构的联系有两种：一种是词根作为基本谓词的论元出现，如［x <STATE>］、［BECOME ［x < PLACE>］］这两个模板中的 STATE 和 PLACE，另一种是词根作为基本谓词的修饰语出现，通常用结构模板中尖括号的部分表示，如［x ACT<MANNER>］。

关于事件结构理论中常见的词汇语义模板（事件结构模板）本书在第三章部分有详细介绍。

二 英汉动词的结构意义与句法实现

如上所述，在句法—语义界面研究中，投射理论认为，动词的语义决定其论元的句法实现。在事件结构理论中，和句法相关的语义常称为语义变量（或语义结构），结构意义相同的动词拥有相同的事件结构模板，这些动词构成一个语义类，会有相同的句法表现。通过对英汉不同类型动词的使用进行基于语料库的分析，动词的结构意义和句法实现之间存在规律性联系这一假设得到了进一步证实。

例如，本研究中，英语状态变化动词（COS）动词属于同一类，可以用同样的事件结构模版表征，唯一的差别在于表征结果的部分(<RES-STATE>)。例如：

(1) dry: ［［x ACT］CAUSE［BECOME［y<DRY>］］］
  ［BECOME［y<DRY>］］

因此，所有的英语 COS 动词都是作格动词，具有使役性转换结构。这种句法特点只出现在 COS 动词中。例如：

(2) a. I dried the dishes with a green dishcloth, warm and damp.
  b. ... the mortar had to be wet, the tiles laid swiftly and precisely before it dried.

虽然英语中的 COS 动词从变化使因来说可以分为外部致使动词和内部致使动词，但几乎所有内部致使动词都具有使役性用法，包括一般被认为是典型的内部致使的"corrode""bloom"（Mckoon & MacFarland, 2000）。

再如，英语的单次体动词在事件结构模板上类似于活动动词，都可以用下面的模板表示，例如：

（3）a. knock：[x ACT$_{<knock>}$]
　　　b. flash：[x ACT$_{<flash>}$]

本书的语料中，英语单次体动词的句法行为比较统一。例如：

（4）a. Ridley knocked briefly and entered before being granted admittance.
　　　b. Lightning flashed outside the kitchen window…

同样，英语情感类动词和存现动词都可以用事件结构模板来表征：

（5）a. frighten：[[x ACT] CAUSE [BECOME [y<STATE>]]]
　　　b. appear：[BECOME [x <STATE>]]

从上面的结构模板可以看出，动词结构意义主要包括三个部分："活动"意义（ACT）、"致使"意义（CAUSE）、"变化"意义（BECOME）。这三个意义成分在很大程度上决定动词的句法形态。

将各类动词的事件结构模板和语料库中句子的结构相比较可以看出，英语动词的结构意义对句法实现起着决定性作用。

汉语一部分动词的结构意义和句法实现之间也存在比较紧密的关联。以状态变化动词为例，很大一部分汉语 COS 动词的事件结构模板和英语 COS 动词接近。例如：

（6）擦干：[[x ACT$_{<擦>}$] CAUSE [BECOME [y<干>]]]
　　　　　　[BECOME [y<干>]]

和英语 COS 动词一样，大部分汉语 COS 动词具有使役性转换结构，即为作格动词。和英语一样，在本书所研究的汉语四类动词中，只有 COS 动词具有这种使役性转换用法。例如：

(7) a. 她擦干一双手，把那张卡片拿给别人看的拿给那些来她家的人们看……
b. 而她笑容满面，眉头愈发舒展，泪眼早就擦干。

但是值得注意的是，一方面，部分 COS 动词虽然在事件结构模板上和英语 COS 动词非常接近，具有上面的使役性转换用法，但实际语料中存在大量的"把"字结构和"使"字结构，无法用动词的事件结构模板来解释。另一方面，汉语还有很大一部分 COS 动词的事件结构模板和英语的不同，也不具有使役性转换用法。例如：

(8) 凝固：[BECOME [y<凝固>]]
(9) ……用吸管吸取凝胶浇注载玻片，每片约 2.5ml，静置半小时后凝固。

这说明，虽然在汉语中动词的结构意义在一定程度上影响句法实现，但并不是唯一的因素，甚至有可能不是最重要的因素。

第二节 构式与句法实现的关系

一 构式理论简介

从投射理论认为，句子的形式是由主要动词决定的，动词的句法动词语义投射的结果（Grimshaw，1990；Pinker，1989）。从这一角度对句法—语义进行的研究揭示了动词语义在论元实现中的作用。这一理论在解释动词的基本和典型句法行为方面具有一定的说服力，但无法解释动词的一些非典型、习惯性用法，以及多重论元实现问题，即一个动词能够出现在不同句子结构中。这促使一些研究者从另一个角度寻求解释，他们提出，投射理论为动词的多重论元实现而假定的动词的多重意义实际上是句法形式赋予的，也就是说，和论元句法实现相关的构式意义是由构式提供的。

构式理论（Goldberg，1995，1997）的基本观点是，论元结构的形式和意义在很大程度上不能归结于动词的意义，也不能归结于动词意义和句子其他部分意义的组合，而是应该从论元结构的整体形式和意义之间存在的系统对应关系中去寻求解释。"构式"是指语言中相对固定的形式与意义的结合体，任何语言表达形式，只要它的形式或意义的某个方面不能从其组成部分推知，都属于构式。和词汇一样，构式也是意义和形式对应的实体。总之，构式语法认为，句子结构本身可以像词一样表示某种独立的意义，这一意义独立于动词的意义；论元结构及其句法实现并不是动词语义投射的结果，而是和构式意义相联系。

另外，虽然构式理论认为构式具有意义，且这一意义独立于动词的意义而存在，但这并不意味着构式能够将意义强加给动词而不考虑动词的意义。Goldberg（1995，1997）认为，论元结构形式是构式意义和动词意义相互作用的结果。动词和构式之间的互动主要是指动词参与者角色和构式论元角色之间的相容性。动词参与者角色和论元角色的"融合"必须遵循两条原则：语义连贯原则和对应原则。但是虽然构式语法认为，动词提供参与者角色，构式提供论元角色，两者的语义都在句法实现中起作用，但在总体上，构式语法更强调构式的作用，即语义和句法表达之间的关系一般由构式决定，在论元角色的层面上进行。

二 构式与动词的句法实现

从前面基于语料库的研究来看，动词的事件结构模板和句法实现之间确实存在紧密联系，尤其是在英语动词的句法实现中。因此投射理论和事件结构理论对于解释英语动词和部分汉语动词的基本句法表现方面具有较强的说服力。但是通过对大量语料的分析，我们也发现，投射理论在很多情形下不能解释汉语动词的句法实现，很多动词的句子结构不能用动词事件结构模板进行解释。此处我们主要以汉语 COS 动词和单次体动词的句法特点为例。

汉语 COS 动词的语料中除了使役性转换用法外，普遍出现的还有"把"字和"使"字结构。绝大多数汉语 COS 动词使用了这两种结构。例如：

(10) a. 球滚到了水洼里，护士用毛巾把球擦干。
b. ……为了克服这种错觉，只好把蓝色条带缩窄，把红色条带加宽了。

(11) a. 如果大量饮茶，进入体内的鞣酸过多，会使体内消化道中的蛋白质凝固……

b. 冷水怎样使高温物体冷却呢？让一块热的铁块和一块冷的铁块接触……

汉语研究发现，这两种结构表达的意义并不相同。"把"字句从语义上来说主要表示一种有目的的行为，表达一种处置义（王力，2003：408）或掌控义（牛保义，2008：123）；出现在这一结构中的 V 一般是动词性较强的动词（牛保义，2008：125；张伯江，2000：29）。自主动词绝大多数带有处置义，因而大部分都能进入"把"字结构，而绝大部分非自主动词因不具备致变性，不能进入"把"字结构（陈光，2007：160）。而"使"字句具有客观致使、静态致使的特点，表现为致使者的无意识性、致果变化的非自主性以及"使"字的弱动力性（董杰，2012：566），因此这一结构倾向于出现在非自主动词句子中。在第四章的第四节，我们对部分汉语 COS 动词语料中这两个结构的使用进行了统计，并对这两种结构的数据进行相关性分析后发现，两者的使用频率之间存在显著负相关，即"把"字结构出现频率越大的动词，"使"字结构的出现频率越小。这说明这两种结构所选择的动词倾向于表达相反的意义。这也就是说，除了使役性转换用法外，汉语中的一些独特的句子结构对动词起着选择作用。

汉语单次体动词的句法实现中构式也起着重要的作用。英汉单次体动词都可以表达"一次体""限量重复""重复体"三种意义。英语单次体动词在使用中一般倾向于保持意义的模糊性，很少对这三种意义加以区分，但在需要区分的时候，一般采用词汇手段（见第七章第三节），而句法手段几乎没有。相比之下，汉语单次体动词在使用中倾向于对不同意义加以区分。除了频繁使用词汇手段外，汉语中也存在大量的句法结构，用以表达不同意义。在表达一次体意义时，汉语中有"一 V""V 了一 V"结构；在表达限量重复意义时，有"V V""V 了 V""V 了几 V"等结构；在表达重复体意义时，有"V 了又 V""一 V（又）一 V"等结构。

虽然汉语单次体动词的事件结构模板可以表征为：敲：[x ACT$_{<敲>}$]，与活动动词类似，但在本书中此类动词在句法实现上和状态变化动词、情感类动词、存现动词都不相同，后面的几类动词都不能表达单次体、限量重复和重复体意义，不能出现在各种表达不同意义的结构中。即便在单次体动词内部，由于内容意义的影响，不同动词所偏爱的结构也不同。例如，动词"闪"在表达单次体意义时倾向于使用"一V"，而"咳（嗽）"在表达这一意义时较少使用"一V""V（了）一V"这种结构，更多地使用词汇手段。"一V（又）一V"这一结构在"眨（巴）"的语料中使用最多，但几乎不出现在"点（头）""咳/咳嗽"这两个动词的语料中。

总体上来看，在汉语动词的句法实现中，结构（构式）发挥着重要作用。首先，构式使用的频率非常高。例如，在存现动词语料中，汉语存现结构的使用频率远远高于英语（38.4% vs 0.2%），在有些动词，如"存在""出现"中，存现结构的使用甚至达到 66.1% 和 68.8%。其次，汉语中构式的类型丰富多样。"把"字结构和"使"字结构是使用范围比较大、较为常见的结构，此外，还有一些使用范围有一定局限性的结构，如单次体动词句子中常见的"V V""V 了（又）V""一V（又）一V"等结构。

第三节 动词语义—句法联系的跨语言比较分析

一 英汉动词语义—句法联系的异同

基于语料库和事件结构理论，我们对英汉状态变化动词、情感动词、存现动词和单次体动词的语义和句法特点进行了深入分析和比较，发现动词语义与句法实现之间的联系呈现出显著跨语言差异：英语动词的语义和句法实现之间存在显著的系统联系，句法行为具有统一性；而汉语动词的句法实现更多受到构式的影响，句法行为表现出多样性。

英语每类动词在句法上表现出高度统一性。例如，英语 COS 动词都是作格动词，具有使役性转换用法。从英语 COS 动词事件结构可以看出，作为原型作格动词的英语 COS 动词的核心语义是：行为义、使役义和结果状态义。Levin & Rappaport（1995：102）指出，作格动词都出现在下列特点的事件类型中：（1）有外部使因；（2）能够在没有施事意志干预的情况下自动发生。也就是说，作格动词既可以表示出由某种外力致使的变化，也可以表示出一种自然的、无须依赖外部使因的、完全由内因主导的状态（曾立英，2009：149）。在构建特定句式时，根据语言使用者在描述事件过程中的认知取向，不同语义因素起不同的核心作用，从而产生及物和不及物这两种转换句式（王文斌等，2009：199）。

与此类似，英语动词在基于情感特征的动词类型—句法表现—事件类型—语法体之间的关系上也表现出高度一贯性和统一性。一贯性表现在，基于情绪/情感的稳定性，英语情感动词可分为阶段性和个体性谓语两类，这一分类和英语情感动词 EO/EO 分类一致，即阶段性情感动词通常为 EO 类动词，而个体性情感动词往往为 ES 动词。同样，英语 ES 动词往往表征简单事件，EO 动词往往表征复杂事件。统一性则表现在，无论是 ES 还是 EO 动词，每一类动词内部在句法结构、事件类型和语法体方面都表现出高度的相似性。

此外，存现动词的句子结构总体上都可以用这两个事件结构模板来表征：[x <STATE>]（存在动词）、[BECOME [x <STATE>]]（发生/出现/消失动词）。而单次体动词的句法行为也都表现为 [x ACT$_{<manner>}$]。总体上，决定英语各类动词句法行为的主要有三个意义："活动"意义（ACT）、"致使"意义（CAUSE）、"变化"意义（BECOME）。

相比之下，汉语动词的句法实现表现出复杂的多样性。例如，汉语 COS 动词内部既包括具有使役性的作格动词，也包括没有使役性的内部使因变化动词，前者具有使役转换用法，后者只有起动用法。此外，句子中还有大量的"把"字结构和"使"字结构，其使用因不同动词而异。

汉语情感动词在动词类型—句法表现—事件类型—语法体之间的关系上没有表现出英语动词那样的一贯性和统一性。虽然基于情感特征汉语情感动词也可以像英语一样分为阶段性/个体性两类，但这一分类与 ES/EO 分类不相一致，部分阶段性动词不属于 EO 动词，而属于 ES 动词。在事件类型上，汉语情感动词更加复杂：个体性动词都表示简单事件，大部分为状态事件，但阶段性动词可以表示活动事件、完成事件和成就事件。而在每组动词内部，特别是阶段性动词内部，不同动词之间在句法表现上存在很大差异。如同为 EO 动词，"惹恼"多使用"把"字结构，"吓唬"则需要在其后加表示终结性的词才能出现在"把"字结构中。

此外，在汉语存现动词和单次体动词语料中，各种构式都起到非常重要的作用，在构式类型和使用范围上都大大超过英语。

总之，英语动词的句法表现基本满足事件结构理论关于动词语义—句法界面假设：结构意义相同的动词拥有相同的事件结构模板，具有相同的句法表现。而在汉语动词的句法表现中，各种构式往往发挥更加重要的作用。

二 导致句法—语义联系上跨语言差异的原因

在句法—语义联系上，本书基于语料库的研究发现，英语动词和句法实现之间存在比较规律性的关联，而在汉语动词的句法实现中结构起着重要的作用。显然，导致这一差异的原因非常复杂，因为在语言这个精密的系统中，各个子系统间相互联系、相互影响，导致两种语言在句法—语义联系方面的差异的原因可能直接涉及很多因素。这里，我们将重点分析其中和动词相关的原因。

在事件结构理论中，动词被认为是对外部世界发生事件的特点的词汇化和概念化。不同的语言中，动词词汇化和概念化的方式不同，这一观点已经被语言学界广泛接受。动词语义确实影响句法实现，但不同语言可能具有不同的词汇化类型，因此在和句法形态相联系的动词语义分类方面存在较大差异。动词语义的哪些方面在词汇内容方面得到实现、哪些在词根上得到实现？不同的语言表现出不同的特点。和句法实现相联系的动词语义分类在不同语言中既表现出相似性又存在差异。在词汇语义跟句法结构之间的映射关系的跨语言对比研究中，Levin & Rappaport（1996，引自詹卫东，2002）提出这一假设：在映射关系上，语言之间的差异应该归结为词汇化模式的不同，而不应该归结为跟联接有关的语义因素集合上的差别。比如，两种语言间有对译关系的词语，它们各自论元的句法表现可能有所不同，这应该归结为两种语言将意义词汇化的方式不同。

基于对大量英汉动词语义和句法行为的分析，我们发现，英汉动词在意义词汇化方面确实存在差异，这一差异在一定程度上影响了动词的句法实现。需要指出的是，动词语义中决定论元实现的语义特征并非一目了然，需要我们在对动词句法形态的划分过程中仔细甄别。由于语义因素相互之间经常有交叉，因此确定正确的与语法相关的语义特征更不容易（沈园，2007：23），而对跨语言研究来说这一工作更加复杂。从本书的动词范围来看，英汉动词在词汇化方面主要存在两个差异：致使性和词根意义。

(一) 致使性

致使性这一语义因素在英语动词中的凸显程度显著高于汉语动词。例如，本书中，在 COS 动词上，几乎所有英语 COS 动词都表现出致使性。在内在结构上，英语 COS 动词主要分为三类：单词素词（如 freeze 等）、由形容词转化而来（如 warm 等）、借助"-en，en-，ize，-ify"等前缀或后缀使形容词动词化（如 harden、enlarge 等）。这类动词的最大特点是将结果状态词汇化（Levin & Rappaport，1995）和使役义词汇化（王文斌、徐睿，2005）。从事件结构可以看出，作为原型作格动词的英语 COS 动词的核心语义是：行为义、使役义和结果状态义。相比之下，汉语中具有致使性的 COS 动词较少，在本书中，部分内因状态变化动词，如"凝固、爆炸、崩溃、爆发"等都不具有致使性，因此也不具有使役转换用法。

同样，致使性语义在英语情感动词中的凸显程度也高于汉语。英语情感类动词分为 ES 和 EO 两大类，EO 类动词都具有致使性。根据徐睿、王文斌（2005：23），情感动词中英语的词化程度较高，使役成分往往在词内体现。使役词化常借助词缀法，如"-en（en-）、-fy、-ise、-ate"等前缀或后缀。此外，英语情感动词中还存在大量的使役同形转换，即名词、形容词等词类经词性转换变为及物动词并以动宾形式表达使役意义的语言现象（如 calm）。使役词化手段的运用使句子表层结构中无须出现"make"类动词。

和英语相比，致使性语义在汉语阶段性情感动词中相对较少。在词汇层面上，表达致使性的汉语阶段性情感动词除了少量的同形转换动词外（如"感动"等），还可以表现为活动动词（如"吓唬"等），或者表现为复合使役，以复合式动补结构为主要形式（如"惹怒"等），但数量较少（张京鱼，2001；徐睿、王文斌，2005）。由于致使性在汉语动词语义中表现不显著，因此需要在句子层面上借助迂回使役表达手段，如"使、令、让、叫"等结构。

(二) 词根意义

在事件结构理论中，动词的意义被分为结构意义和词根意义。词根意义即在不同语义表征中保持不变的意义，区别于同一语义类其他动词的意义。每个词根都属于一定的本体类型，如方式、工具、状态、结果状态、容器等。英汉语在翻译对等的动词上有时具有不同的词根意义。词根和事件结构的联系有两种：一种是词根作为基本谓词的论元出现，另一种是词根作为基本谓词的修饰语出现，通常用结构模板中尖括号的部分表示，如[x ACT$_{<MANNER>}$]。以 COS 动词为例，英语"dry"和汉语"擦干"的事件结构模板可以表现为：

(12) dry：[[x ACT] CAUSE [BECOME [y<DRY>]]]
　　　　　[BECOME [y<DRY>]]
(13) 擦干：[[x ACT$_{<擦>}$] CAUSE [BECOME [y<干>]]]
　　　　　　[BECOME [y<干>]]

比较这两个动词的事件结构模板可以发现，汉语动词事件结构中 ACT 这一基本谓词后的尖括号内有一个表示方式的动词，即动词的词根意义。这一差别主要是由英汉 COS 动词不同的词汇化方式造成的。英语 COS 动词中包含三个主要语义因素：（抽象）行为义、使役义和结果状态义。而汉语 COS 动词大部分为述补式复合词，表现为"V+A"结构，其中 V 为动词，通常表示行为方式，A 为形容词，表示行为结果，如"拉长、拉直、加热"等。因此，这些汉语 COS 动词不仅能像英语 COS 动词那样可以表达状态变化的结果，而且可以表达导致这一结果的具体方式，即动词的词根意义。这可以解释为什么一个英语 COS 动词常常对应两个或两个以上的汉语 COS 动词，如"dry"——"晒干、擦干、晾干、风干"等。

这一词根意义对汉语动词的句法行为具有重要影响。汉语 COS 动词的词根意义不同，导致自主性程度的差异，使动词偏向选择与自身意义一致的句子结构。作格动词的主要语义元素是无意愿控制及非自主（Perlmutter，1978）。英语 COS 动词中，行为义比较抽象，行为义和结果状态义常来自同一动词，不同动词在自主义上没有明显差别。而在绝大多数汉语 COS 动词中，行为义比较具体，行为义与结果状态义来自不同的词，动词在词根意义上的差别决定了动词的自主性程度，继而影响了动词对不同句法结构的选择。自主性高的动词更倾向于使用及物用法和"把"字结构，而自主性低的动词更倾向于使用不及物用法和"使"字结构。如"straighten"所对应的"拉直、伸直、挺直"中，"拉"意味着来自外部的力量作用于某一物体使其发生变化，而"伸、挺"多表示致使者自己施力作用于身体的某一部分。因此前者出现在"把"字结构中的比例远远高于后两者。而"凝固"没有致使义，非自主程度较高，只能用于不及物用法和"使"字结构中。这也体现了动词和句子结构之间相互选择、相互制约的关系。

这种将方式词汇化的现象在汉语中比较常见，尤其见于汉语复合动词中。例如，在汉语情感类动词中，"惹恼"和"annoy"相比，在语义上就多了一个"方式"义。

综上所述，本章基于前面对各类英汉动词的语义—句法研究对动词与句法结构之间的互动关联进行了跨语言比较分析。研究发现，在语义—句法关联上这两种语言之间存在巨大差异：英语动词的语义在很大程度上可以决定它的句法表现，而汉语动词语义虽然在句法实现中起到一定作用，但发挥更大作用的是构式，常见的如"把"字结构和"使"字结构等。导致这一差异的原因非常复杂，我们认为，其中一个原因是动词词汇化方式上的差别：致使性这一语义在英语动词中更加凸显；此外，汉语动词的词根意义也和英语动词不同。但是这一差别只能部分解释英汉在语义—句法联系方面的差异。要深入探析导致这一差异的深层原因，还需要更系统、深入的研究。

第十章 结语

第一节 本书的主要发现

本书基于事件结构理论,从体的视角,对英汉部分基本动词的词汇体—语法体、语义—句法之间的关联进行基于语料库的比较研究。本书的发现主要可以从以下两个方面概括:

一 英汉动词体特征与语法体之间的关联

本书的基本动词涉及状态变化动词、情感动词、存现动词以及单次体动词。不同动词的事件性特征与语法体之间存在不同的关联。

我们将状态变化动词按照变化的时间性特征分为两类:渐变动词和瞬时性变化动词。在渐变动词中,就动词事件性特征与语法体之间的关系来说,英汉之间存在的差异大于共同点。英语渐变动词中,终结性特征对句子的语法体,包括完整体和未完整体标记,没有显著影响。但在汉语渐变动词语料中,终结性特征在完整体和未完整体标记的使用上存在显著影响。非终结性渐变动词在完整体和未完整体标记的使用频率上明显高于终结性渐变动词。英汉瞬时性状态变化动词在语法体方面的共同点是:瞬时性状态变化动词都可以出现在进行体中,且进行体用法都和发生状态变化的主体的性质有关,但未完整体(在本书中主要为进行体)在汉语瞬时性状态变化动词中的使用显著少于英语。

情感类动词在本书中被分为阶段性情感动词和个体性情感动词。英语中这两类动词在完整体的使用上没有显著差异,但在未完整体标记的使用上阶段性情感动词高于个体性情感动词。而在汉语中,在完整体和未完整体标记上,汉语阶段性情感动词都显著高于个体性情感动词。

英汉存现动词中，在动词事件特征与语法体之间的关联上，两者之间的共同点在于：首先，完整体的使用与动词所表达的存现意义和事件类型呈现出非常明显的关联，出现频率由高到低为：消失类＞出现/发生类＞存在类。其次，未完整体的使用频率普遍相对较低。英汉之间的不同点主要是：英汉存现动词在未完整体标记的使用上具有明显不同。英语存现动词中进行体的使用频率未显示出明显的规律，状态类和成就类动词中都有部分动词的进行体比例较高，而完整体和无标记体之间存在明显的反相关关系。相比之下，汉语存现动词中存在动词的未完整体标记，尤其是体标记"着"的使用频率远远高于成就类动词。

在单次体动词的语法体使用上，英汉之间以差异为主：首先，从动词角度来看，英语单次体动词在完整体、未完整体和无标记体上表现出高度统一性，而汉语各单次体动词之间在语法体标记上存在很大程度的差异性。其次，从语法体标记使用的角度来看，汉语单次体动词句子中未完整体标记使用频率显著高于英语。

从以上四类动词的体特征和语法体之间的关联来看，不同语义范围的动词之间，这两者之间表现出的关系并不相同。这是因为，影响动词语法体标记使用的除了动词的词汇体特征外，句子结构特征也起着重要作用。

二　英汉动词句法—语义关联的比较研究

基于语料库，我们对英汉这四类动词的句法行为进行分析和比较，试图了解不同语义的动词在句法行为上存在哪些差异？动词的哪些语义特征与句法结构相关？在语义和句法实现方面英汉存在哪些跨语言共同点和差异？哪些因素导致了这些跨语言差异？

研究发现，在同一种语言内，不同语义范围的动词表现出的句法结构特点不同；同时，在同一语义范围内的动词在句法实现上表现出跨语言差异。

在状态变化动词上，英语 COS 动词都为典型的作格动词，具有使役性转换用法和结果结构，在句法形式上表现出高度统一性；而汉语 COS 动词并不都是作格动词，大多数没有结果结构，句法表现更加多样，除了通常的使动用法和起动用法外，"把"字结构和"使"字结构的句子也非常普遍。

英汉情感动词在语义—句法之间的联系上也存在差别：英语动词在基

于情感特征的动词类型—句法表现—事件类型—语法体之间的关系上表现出高度一贯性和统一性。英语阶段性情感动词通常为 EO 类动词，往往表征复杂事件，个体性情感动词往往为 ES 动词，通常表征简单事件。每一类动词内部在句法结构、事件类型和语法体方面都表现出高度的相似性。而汉语情感动词在动词类型—句法表现—事件类型—语法体之间的关系上没有表现出如此高的一贯性和统一性。虽然基于情感特征汉语情感动词也可以分为阶段性/个体性两类，但这一分类与事件类型之间不存在确定的关联，在句法上每类动词内部也表现出丰富的多样性。

英汉存现动词都是典型的非宾格动词，只有内论元，即存在客体，在表层句法中表现为句子的主语，基本句式为：存在客体+存现动词+存现地点。存现结构都出现在此类动词的语料中，但在使用范围上差别很大。研究发现：在存现动词与存现构式之间的联系方面，英汉之间的差异非常显著。首先，存现结构出现在汉语存现动词句子中的比例远远高于其在英语存现动词句子中。其次，在事件类型与存现构式之间的关系上，英语 there 句式对动词的事件类型具有选择限制，而汉语存现动词出现在存现结构中并不受动词事件类型的影响。

在单次体动词上，英汉之间在句法上的共同点是：英汉单次体动词基本不出现在被动句中；英汉单次体都可以表达一次体、限量重复和重复体意义。但英汉之间的差异尤为显著。首先，英汉单次体表达不同意义时的手段在类型上存在很大差异。英汉语都能够运用词汇手段表达一次体、限量反复、反复体意义，但汉语中的词汇手段更加丰富多样。其次，英语单次体动词表达不同意义时各种手段的使用频率大大低于汉语。最后，在每种语言动词内部的句法表现上，英语单次体动词在句法行为上存在高度一致性，都较少使用词汇手段来表达不同意义，几乎不存在表达不同意义的句法结构，不同动词在各种语法体标记的使用频率上都比较接近。与此相反，汉语单次体动词之间在句法行为上表现出较大差异性，具体表现在：不同单次体动词表达相同意义时所使用的词汇手段不尽相同；在语法手段上，不同动词偏爱不同的语法手段；在语法体方面，汉语单次体动词在各种体标记使用频率和类型上同样存在广泛差异。

基于对英汉不同语义范围动词的句法实现的分析，我们发现，英汉动词在语义与句法实现之间的关联方面最大的差异是：英语动词的语义和句法实现之间存在显著的系统联系，句法行为具有统一性；而汉语动词的句法实现更多受到构式的影响，句法行为表现出多样性。导致这一差异的原因可能直接涉及很多因素，但是就动词本身来看，我们认为可能由两个原因：首先，致使性这一语义在英语动词中的凸显程度显著高于汉语动词；其次，部分汉语动词的词根意义和英语动词不同。

第二节 本研究的意义、待解决的问题和以后的研究方向

一 本研究的意义

本研究的意义主要表现在以下几个方面：

首先，我们对英汉动词的体特征和语法体之间的关联进行了研究。基于对大量语言事实的分析，我们发现，在不同语义范围的动词之间，这两者之间的关联表现出显著的跨语言差异。动词的词汇体和语法体之间在一些动词中存在规律性联系，而在另一些动词之间没有关联。这是因为，影响句子语法体的除了动词的词汇体特征外，句子结构也起着重要作用。

其次，我们运用事件结构理论对英汉动词语义—句法之间的关联进行跨语言比较，发现英语动词的语义在很大程度上能够决定句法实现，同一语义范围内的动词的句法行为具有高度统一性；但汉语动词的句法实现不单纯取决于动词，而是更多受到构式的影响，句法行为表现出多样性。

再次，我们对导致英汉动词语义和句法实现方面的差异的原因进行了分析，认为动词的词汇化方式可能是导致这一差异的原因之一。

最后，本研究将事件结构理论与大量语言事实结合起来，一方面探讨事件结构理论运用于句法—语义研究的可行性，另一方面，基于语料库研究所揭示出的汉英动词在体特征和语义—句法关联上的异同将对中国的英语教学、对外汉语教学、英汉互译、词典编纂等方面提供重要的参考价值。

二 待解决的问题和未来研究方向

本课题也存在一些问题未能解决，留待以后的研究加以完善和补充。

首先，本研究所覆盖的动词范围有限。动词是语言中最重要的词类之一，类型众多。本书包括四类动词：状态变化动词、情感动词、存现动词和单次体动词。限于篇幅，还有很多类型的动词未包括进来，如运动动词

等。以后的研究希望能够将其他类型的动词考虑在内，更加全面地考察语义—句法之间的联系。

其次，动词论元与论元的句法实现是如何映射的？存在哪些跨语言差异？

对这两个问题本书尚没有深入探讨。句法—语义界面研究主要围绕三个问题：（1）动词语义的哪些方面和句法相关？（2）相关的词汇语义表征有哪些特点和本质？（3）动词论元与论元的句法实现是如何映射的，即从词汇语义到句法有哪些映射规则？（沈园，2007：7）本书基于大量语言事实，从事件结构和体的视角对不同类型的动词的句法结构进行了表层分析，试图探究动词语义中影响句法的那部分语义，并进行跨语言比较。本书虽然发现英汉动词语义在不同程度上影响句法实现，但未能对动词语义到句法的映射规则进行深入研究和跨语言比较。这一方面是由于篇幅和研究者的理论水平的限制，另一方面也是囿于这一问题的难度和跨语言句法比较研究的复杂性，尤其是英汉这两种存在巨大差异的语言。

最后，本书发现，英汉在动词语义—句法实现的联系上存在巨大差异，但导致这一差异的原因是什么？影响语义—句法联系的因素极其复杂，需要考虑到语言各个层面的因素。虽然我们试图对英汉动词的词汇化方式进行比较和分析，但这一分析还不够深入和全面。在以后的研究中我们还需要加强对英汉动词的研究，从动词的形态、词汇化方式、动词语义和构式的关系等角度探究动词对句法行为的影响。

参 考 文 献

曹道根：《汉语被动句的事件结构及其形态句法实现》，《现代外语》2009 年第 1 期。

陈光：《准形态词"一"和现代汉语的瞬时体》，《语言教学与研究》2003 年第 5 期。

陈光：《与"把"字结构自主性相关的两个语义语法问题》，《汉语动词和动词性结构（第二集）》，北京大学出版社 2005 年版。

陈平：《论现代汉语时间系统的三元结构》，《中国语文》1988 年第 6 期。

陈前瑞：《汉语体貌的类型学视野》，商务印书馆 2008 年版。

程琪龙：《也谈完成性》，《外语教学》2013 年第 1 期。

董杰：《论"使"字句的句式意义》，《天津大学学报》2012 年第 6 期。

邓守信：《汉语动词的时间结构》，《第一届国际汉语教学讨论会论文选》，北京语言学院出版社 1986 年版。

邓思颖：《形式汉语句法学》，上海教育出版社 2010 年版。

董秀芳：《词汇化：汉语双音词的衍生和发展》，商务印书馆 2011 年版。

戴耀晶：《现代汉语的时体系统研究》，浙江教育出版社 1997 年版。

范方莲：《存在句》，《中国语文》1963 年第 5 期。

丰竞：《现代汉语心理动词的语义分析》，《淮北煤炭师范学院学报》（ ）（哲学社会科学版）2003 年第 1 期。

方梅：《从"V 着"看汉语不完全体的功能特征》，《语法研究和探索》，商务印书馆 2000 年版。

冯胜利：《汉语动补结构来源的句法分析》，《语言学论丛（第 26 辑）》，商务印书馆 2002 年版。

高名凯：《汉语语法论》，商务印书馆 1948/2011 年版。

龚千炎：《汉语的时相·时制·时态》，商务印书馆 2000 年版。

郭锐：《汉语动词的过程结构》，《中国语文》1993 年第 6 期。

顾阳：《关于存现结构的理论探讨》，《现代外语》1997 年第 3 期。

顾阳：《时态、时制理论与汉语时间参照》，《语言科学》2007 年第 4 期。

何伟、付丽：《现代汉语体的功能视角研究》，《北京科技大学学报》（社会科学版）2015 年第 3 期。

金立鑫：《动词分类和施格、通格及施语、通语》，《外语教学与研究》2014 年第 1 期。

金立鑫：《语言类型学探索》，商务印书馆 2017 年版。

刘丹青：《原生重叠和次生重叠：重叠式历时来源的多样性》，《方言》2012 年第 1 期。

李杰：《试论发生句——对隐现句和领主属宾句的句式意义的重新审视》，《世界汉语教学》2009 年第 1 期。

李可胜、满海霞：《VP 的有界性与汉语连动式的事件结构》，《现代外语》2013 年第 2 期。

李卫芳：《VP 的有界性及其体意义贡献——从动词重叠和动词结果补语的体地位谈起》，《语言教学与研究》2019 年第 2 期。

李宇明：《动词重叠的若干句法问题》，《中国语文》1998 年第 2 期。

李宇明：《论"反复"》，《语法研究录》，商务印书馆 2002 年版。

陆俭明：《句子的合格与不合格》，《当代修辞学》2014 年第 1 期。

连淑能：《英汉对比研究》，高等教育出版社 2010 年版。

吕叔湘：《中国文法要略》，商务印书馆 1982/1942 年版。

雷涛：《存在句研究纵横谈》，《汉语学习》1993 年第 2 期。

刘鸿勇、张庆文、顾阳：《反复体的语义特征及其形态句法表现》，《外语教学与研究》2013 年第 1 期。

刘勋宁：《现代汉语句尾"了"的语法意义及其解说》，《世界汉语教学》2002 年第 3 期。

刘月华：《实用现代汉语语法》，商务印书馆 2001 年版。

马建忠：《马氏文通》，上海商务印书馆 1898 年版。

马庆株：《时量宾语和动词的类》，《中国语文》1981 年第 2 期。

马庆株：《自主动词和非自主动词》，《中国语言学报》1988 年第 3 期。

马志刚：《英汉非宾格结构的跨语言差异》，《外国语言文学》2011 年第 2 期。

牛保义：《"把"字语义建构的动因研究》，《现代外语》2008 年第 2 期。

邱智铭：《现代汉语复合动词之词首词尾研究》，http：//godel.iis.sinica, edu.tw/CKIP/ paper/ Affix_ of_ Verb. pdf，2002。

邵斌：《词汇语义认知语料库——比利时鲁汶大学 Dirk Geeraerts 教授访谈录》，《外国语》2014 年第 2 期。

施春宏：《汉语动结式的句法语义研究》，北京语言文化大学出版社 2008 年版。

税昌锡：《事件过程与存现构式中的"了"和"着"》，《语言科学》2011 年第 3 期。

沈家煊：《"有界"与"无界"》，《中国语文》1995 年第 5 期。

隋娜、王广成：《汉语存现句中动词的非宾格性》，《现代外语》2009 年第 3 期。

宋玉柱：《完成体动态存在句》，《汉语学习》1989 年第 6 期。

宋玉柱：《存在句的确认》，《语文月刊》1992 年第 11 期。

石毓智：《论现代汉语的"体"范畴》，《中国社会科学》1992 年第 6 期。

沈园：《句法—语义界面研究》，上海教育出版社 2007 年版。

孙肇春：《汉语事件结构研究》，暨南大学出版社 2013 年版。

陶强强、杨玲：《英汉情感心理动词词汇—句法对比研究》，《汕头大学学报》2019 年第 4 期。

田臻：《汉语静态存在构式对动作动词的语义选择条件》，《外国语》2009 年第 4 期。

田臻、黄妮、汪晗：《词汇体、语法体与 there 存现构式原型性的共变》，《外国语》2015 年第 5 期。

吴春仙：《"一 V"结构的不完全句》，《世界汉语教学》2001 年第

3 期。

吴福祥：《汉语体标记"了、着"为什么不能强制性使用》，《当代语言学》2005 年第 3 期。

王广成、王秀卿：《事件结构的句法映射——以"把"字句为例》，《现代外语》2006 年第 4 期。

王菊泉：《汉外对比大有可为——纪念吕叔湘先生〈通过对比研究语法〉发表 40 周年》，《外语与外语教学》2017 年第 5 期。

王力：《中国现代语法》，商务印书馆 1981/1943 年版。

王力：《汉语史稿》，中华书局 2003 年版。

王文斌：《对比语言学：语言研究之要》，《外语与外语教学》2017 年第 5 期。

王文斌、罗思明、刘晓林：《英汉作格动词语义、句法及其界面比较》，《外语教学与研究》2009 年第 3 期。

王文斌、徐睿：《英汉使役心理动词的形态分类和句法结构比较分析》，《外国语》2005 年第 4 期。

王文斌：《论英汉的时空性差异》，外语教学与研究出版社 2019 年版。

文雅丽：《现代汉语心理动词研究》，博士学位论文，北京语言大学，2007 年。

王媛：《现代汉语动结式的进行体》，《语言科学》2011 年第 1 期。

王媛：《进行体语义研究评述》，《外国语》2011 年第 5 期。

王媛：《谓词性结构的事件性和现代汉语进行体标记的语义分析》，《当代语言学》2012 年第 3 期。

王媛：《复数化事件及进行体》，《世界汉语教学》2012 年第 4 期。

王寅：《构式压制和词汇压制的互动及其转喻机制——以英语语法体和动词体为例的分析》，《外语教学与研究》2013 年第 5 期。

王勇、周迎芳：《现代汉语中的事件类存在句》，《外国语》2014 年第 1 期。

徐烈炯：《语言学理论与语言事实》，《现代外语》1997 年第 3 期。

徐睿、王文斌：《心理动词也析》，《宁波大学学报》（人文社科版）2005 年第 3 期。

夏晓蓉：《英汉 V-R 结构与非宾格现象》，《外语教学与研究》2001

年第 5 期。

许余龙：《也谈语言学理论与语言事实》，《外国语》2000 年第 3 期。

许余龙：《对比语言学》，上海外语教育出版社 2002 年版。

严辰松：《汉语没有"中动结构"》，《解放军外国语学院学报》2011 年第 3 期。

杨玲：《状态变化事件、句式和动词行为类型》，《外语教学》2015 年第 5 期。

杨玲：《基于语料库的英汉状态变化动词语义—句法界面比较研究》，《外国语》2017 年第 3 期。

杨玲、徐慧娟：《英汉存现动词事件类型、语法体和存现构式互动关系的比较研究》，《外语与外语教学》2020 年第 1 期。

袁懋梓：《大学英语语法》，外语教学与研究出版社 2006 年版。

杨素英：《从非宾格动词现象看语义与句法结构之间的关系》，《当代语言学》1999 年第 1 期。

杨素英：《当代动貌理论与汉语》，《语法研究和探索》2000 年第 9 期。

殷志平：《试论"一 V 一 V"格式》，《中国语文》1996 年第 2 期。

殷志平：《动词前成分"一"》，《中国语文》1999 年第 2 期。

张伯江：《论"把"字句的句式语义》，《语言研究》2000 年第 1 期。

周长银：《单一界化限制与 BREAK 类结果句式的推导》，《现代外语》2008 年第 3 期。

张达球：《体界面假设与汉语运动事件结构》，《语言教学与研究》2007 年第 2 期。

曾立英：《现代汉语作格现象研究》，中央民族大学出版社 2009 年版。

詹卫东：《词汇语义与句法结构》，https：//wenku. baidu. com/view/5e7acc424bfe 04a1b 0717fd5360cba1aa8118cb4. html，2002。

Abusch, D., 1986, "Verbs of Change, Causation, and Time", *Report CSLI*-86-50, Center for the Study of Language and Information, Stanford University, Stanford, CA.

Bauer, Georg, 1970, "The English 'perfect' reconsidered", *Journal of Linguistics*, No. 6.

Belletti, Adriana, 1988, "The Case of Unaccusatives", *Linguistic Inquiry*, Vol. 19.

Biber, D. S., G. Johansson, S. Conrad Leech, & E. Finegan, 1999, *Longman Grammar of Spoken and Written English*, London: Pearson Education.

Binnick, R., 1991, *Time and Verbs: A Guide to Tense and Aspect*, Oxford: Oxford University Press.

Bohnemeyer, Jurgen, & Mary Swift, 2004, "Event Realization and Default Aspect", *Linguistics and Philosophy*, Vol. 27.

Bresnan, Joan, 1994, "Locative Inversion and the Architecture of Universal Grammar", *Language*, No. 1.

Bresnan, J., 2001, *Lexical-Functional Syntax*, Blackwell, Oxford.

Brinton, I. J., 1988, *The Development of English Aspectual System*, Cambridge: Cambridge University Press.

Burzio, Luigi, 1986, *Italian Syntax: A Government Binding Approach*, Reidel, Dordrecht.

Buyssens, E., 1968, "Les Deux Aspectifs de la Conjugaison Anglaise au XXe Siècle", *Étude de l'Expression de l'Aspect*, Bruxelles: Presses Universitaires de Bruxelles.

Chao, Y. R., 1968, *A Grammar of Spoken Chinese*, Berkeley: University of California Press.

Chilton, P., 2007, "Geometrical Concepts at the Interface of Formal and Cognitive Models", *Pragmatics & Cognition*, Vol. 15.

Chomsky, Noam, 1982, *Some Concepts and Consequences of the Theory of Government and Binding*, Cambridge: MIT Press.

Chomsky, Noam, 1991, "Some Note on Economy of Derivation and Representation", Robert Freidin (eds.), *Principles and Parameters in Comparative Grammar*, Cambridge: MIT Press.

Chomsky, Noam, 1995, *The Minimalist Program*, Cambridge, Massachusetts: MIT Press.

Comrie, B., 1976, *Aspect: An introduction to the Study of Verbal Aspect and Related Problems*, Cambridge: Cambridge University Press.

Croft, W., 2012, *Verbs Aspect and Causal Structure*, Oxford University Press.

Dahl, O., 1985, *Tense and Aspect System*, Bath, England: The Bath Press.

Dowty, D., 1982, *Word Meaning and Montague Grammar*, Springer.

Dowty, D., 1991, "Thematic Proto-roles and Argument Selection", *Language*, Vol. 67.

Fenn, P., 1987, *A Semantic and Pragmatic Examination of the English perfect*, Tuibingen: Gunter Narr Verlag.

Filip, H., 1999, *Aspect, Eventuality Types and Nominal Reference*, Garland Pub.

Fillmore, C., 1970, "The Grammar of Hitting and Breaking", R. Jocobs and P. Rosenbaum (eds), *Readings in English Transformational Grammar*, Washington, DC: Georgetown University Press.

Forsyth, John, 1970, *A Grammar of Aspect*, Cambridge: Cambridge University Press.

Friedrich, Paul, 1974, "On Aspect Theory and Homeric Aspect", *International Journal of American Linguistics*, Memo. 28.

Garey, Howard B., 1957, "Verbal Aspect in French", *Language*, Vol. 33.

Goedsche, C. R., 1940, "Aspect versus Aktionsart", *Journal of English and Germanic Philosophy*, Vol. 39.

Goldberg, A. E., 1995, *Constructions: A Construction Grammar Approach to Argument Structure*, The University of Chicago Press, Chicago, IL.

Gonda, Jane, 1980, *The Character of the Indo-European Moods*, with Special Regard to Greek and Sanskrit, 2nd ed., Wiesbaden: Otto Harrassowitz.

Grevisse, Maurice, 1949, *Le Bon Usage, Courses de Grammaire Française de la Langage Français*, 4th ed., Gembioux, Belgium.

Grimshaw, J., 1990, *Argument Structure*, Cambridge, MA: MIT Press.

Grimshaw, J., 2005, "Semantic Structure and Semantic Content in Lexical Representation," J. Grimshaw (ed.), *Words and Structure*. Stanford, CA: CSLI, 75-89.

Gu, Yang, 1992, "On the Locative Existential Construction in Chinese", Dawn Bates (ed.), *The Tenth West Coast Conference on Formal Linguistics*, 183-195. The Standford Linguistics Association, Stanford.

Halliday, M. A. K., & C. M. I. M. Matthiessen, 1989, "An Introduction to Functional Grammar", *Language*, Vol. 65, No. 4.

Halliday, M. A. K., & C. M. I. M. Matthiessen, 1999, *Construing Experience through Meaning: A Language-Based Approach to Cognition*, London: Cassell.

Hatcher, A. G., 1951/1974, "The Use of the Progressive Form in English, A New Approach", A. Schopf (ed.), *Der Englische Aspekt*, 177-216.

Hay, J., 1998, "The Non-Uniformity of Degree Achievements", presented at the 72nd Annual Meeting of the LSA, New York, NY.

Hay, Kennedy & Beth Levin, 1999, "Scalar Structure Underlies Telicity in 'Degree Achievements'", In T. Mathews and D. Stroloviitch (eds.), *SALT* IX, 127-144, CLC Publications, Ithaca.

Hewson, J., 1997, "Tense and Aspect: Description and Theory", J. Hewson and V. Bubenik (eds.) *Tense and Aspect in Indo European Languages: Theory, Typology, Diachonomy*, 1-23, Amsterdam: John Benjamins Publishing Company.

Hoekstra, T., & R. Mulder, 1990, "Unergative as Copular Verbs: Locational and Existential Predication", *The Linguistic Review*, No. 7.

Huang, J., 1987, "Existential Sentences in Chinese and (in) Definiteness", Eric J. Reuland and Alice G. B. ter Meulen (eds.), *The Representation of (In) Definiteness*, Cambridge, Massachusetts: MIT Press.

Jackendoff, R., 1990, *Semantic Structures*, Cambridge, MA: MIT Press.

Jespersen, O., 1931, "A Modern English Grammar on Historical Principles Part IV", *Syntax* (Third volume: Time and Tense), Heidelberg: Carl Winters Universitätsbuchhandlung.

Joos, M., 1964, *The English Verb: Form and Meaning*, Madison: The University of Wisconsin Press.

Kennedy, Chris & Beth Levin, 2002, "Telicity Corresponds to Degree of

Change", Handout of talk presented at Georgetown University, February.

Kenny, Antony, 1963, *Action, Emotion, and Will*, London: Routledge and Kegan Paul.

Khrakovskij, Viktor, 1997, "Semantic Types of the Plurality of Situations", in V. Khrakovskij (ed.) *Typology of Iterative Constructions*, 3-64. Lincom.

Kiparsky, P., 2002, "Event structure and the perfect", D. I. Beaver, L. D. Casillas Martinez, B. Z. Clark, & S. Kaufmann (eds.), *The construction of meaning*, 113-136.

Klein, W., 1992, "The Present-perfect Puzzle", *Language*, Vol. 68.

Krifka, Manfred, 1998, "The Origins of Telicity", Susan Rothstein (ed.), *Events and Grammar*. Dordrecht: Kluwer.

Lamarre, Christine, 2015, "Chinese semelfactives and body movements", D. Xu & J. Fu (eds.), *Space and Quantification in Languages of China*, 223-247, Springer.

Landman, F., 1992, "The Progressive", *Natural Language Semantics*, No. 1.

Leech, G. N., 1987, *Meaning and the English Verb*, 2nd ed, London: Longman.

Levin, B., 1993, *English Verb Classes and Alternations – A Preliminary Investigation*, Chicago: the University of Chicago Press.

Levin, B., & H. Rappaport, 1996, "Lexical Semantics and Syntactic Structure", Shalon Lappin (ed.), *The Handbook of Contemporary Semantic Theory*, Oxford: Blackwell.

Levin, B., & M. Rappaport Hovav, 1995, *Unaccusativity: At the Syntax-Lexical Semantics Interface*, Cambridge, MA: MIT Press.

Levin, B., & M. RappaportHovav, 1998, "Morphology and lexical semantics," A. Spencer and A. Zwicky (eds), *The handbook of Morphology*, Oxford: Blackwell.

Levin, B., & M. Rappaport, 2005, *Argument Realization*, Cambridge: Cambridge University Press.

Li, A. Y. -H., 1990, *Order and constituency in Mandarin Chinese*, Kluwer Academic Publisher, Netherlands.

Li, C. - N., S. - A. Thompson & R. M. Thompson, 1982, "The Discourse Motivation for the Perfect Aspect: The Mandarin Participle LE", P. J. Hopper (ed.), *Tense - Aspect: Between Semantics & Pragmatics*, Amsterdam: John Benjamins Publishing Company.

Lin, Jo-Wang, 2002, "Aspectual Selection and Temporal Reference of the Chinese Aspectual Marker: Zhe", *Tsinghua Journal of Chinese Studies*, New Series, Vol. 32, No. 2.

Ljung, M., 1980, *Reflections on the English Progressive*, Gothenburg: Acta Universitatis Gothoburgensis.

Lyons. J., 1967, "A Note on Possessive, Existential and Locative Sentences", *Foundations of Language*, Vol. 3.

Lyons, J., 1977, *Semantics*, vol. 2, Cambridge: Cambridge University Press.

McCawley, J., 1971, *Tense and Time Reference in English*, C. Fillmore & Langendoen (eds.), *Studies in linguistic semantics*, 97-114.

McCawley, J., 1981, "Notes on the English perfect", *Australian Journal of Linguistics*, No. I.

McClure, W., 1990, "A lexical semantic explanation for unaccusative mismatches", in K. Daiwirek, P. Farrell and Mejas-Bikandi (eds): *Grammatical Relations: A Cross-Theoretical Perspective*, Stanford, CA: CSLI Publications.

Michaelis, L., 2004, "Type Shifting in Construction Grammar: An Integrated Approach to Aspectual Coercion", *Cognitive Linguistics*, Vol. 42.

Mittwoch, Anita, 1982, "The difference Between Eating and Eating Something: Activities versus Accomplishments", *Linguistic Inquiry*, Vol. 13.

Mittwoch, Anita, 1988, "Aspects of English Aspect: On the Interaction of Perfect, Progressive and Durational Phrases", *Linguistic and Philosophy*, Vol. 11.

Moens, Marc & Steedman, Mark, 1988, "Temporal Ontology and Temporal Reference", *Computational Linguistics*, Vol. 14.

Morley, G. D., 2000, *Syntax in Functional Grammar: An Introduction to Lexicogrammar in Systemic Linguistics*, London: Continuum.

Olsen, M. B., 1997, *A Semantic and Pragmatic Model of Lexical and Grammatical Aspect*, New York: Garland Publishing, Inc..

Onions, C. T., 1904, *An Advanced English Syntax*, London: Sonnenschein.

Palmer, F. R., 1988, *The English Verb*, 2nd ed., London & New York: Longman.

Peck, Jeeyoung, Lin Jingxia & Sun Chaofen, 2013, *Aspectual Classification of Mandarin Chinese Verbs*, Language & Linguistics, Vol. 14, No. 4.

Perlmutter, D., & P. Postal, 1984, "The 1-advancement Enclusiveness Law", D. Perlmutter & C. Rosen (eds), *Studies in Relational Grammar* 2, Chicago: The University of Chicago Press.

Perlmutter, D., 1978, "Impersonal Passives and the Unaccusative Hypothesis", *Berkeley Linguistics Society*, Vol. 4.

Pinõn, Christopher, 2000, "Happening Gradually", In Proceedings of the Twenty-sixth Annual Meetings of the Berkeley Linguistics Society, Parasession: *Aspect*, 445-456.

Quirk, R., et al., 1985, *A Comprehensive Grammar of the English Language*, London and New York: Longman.

RappaportHovav, M., & B. Levin, 1998, "Building Verb Meanings", M. Butt and M. Geuder (eds): *The Projection of Argument: Lexical and Compositional Factors*, Stanford, CA: CSLI.

Rothstein, S., 2004, *Structuring Events: A Study in the Semantics of Lexical Aspect*, Oxford: Blackwell Publishing.

Smith, C. S., 1991, *The Parameter of Aspect*, Dordrecht: Kluwer Academic Publishers.

Streitberg, Wilhelm, 1891, "Perfective and Imporefective Actionsart im Germanischen", *Beitraege zur Geschicht der deuschen Sprache*, Vol. 15.

Susan, Rothstein, 2008, "Two Puzzles for a Theory of Lexical Aspect: Semelfactives and Degree Achievements", J. Dölling, T. Heyde-Zybatow & M. Schäfer (eds), *Event Structures in Linguistic Form and Interpretation*, Walter de Gruyter · Berlin · New York.

Svenja, Kranich, 2010, *The Progressive in English: A Corpus-based Study of Grammaticalization and Related Changes*. Amsterdam – New York, NY.

Tai, James, 1984, "Verbs and Times in Chinese: Vendler's Four Categories", *Lexical Semantics*, 289-296.

Tenny, C., 1994, *Aspectual Roles and the Syntax–Semantics Interface*, Kluwer: Dordrecht.

Travis, L. D., 2010, *Inner Aspect: the Articulation of VP*, Dordrecht: Springer.

VanGreenhoven, V., 2004, "For – adverbials, Frequentative aspect, and pluractionality", *Natural Language Semantics*, Vol. 12.

Van Valin, R., 1990, "Semantic Parameters of Split Intransitivity", *Language*, Vol. 66.

Vendler, Z., 1957, "Verbs and Times", *The Philosophical Review*, Vol. 46.

Vendler, Z., 1967, *Linguistics in Philosophy*, Ithaca, NY: Cornell University Press.

Verkuyl, H. J., 1972, *On the Compositional Nature of Aspect*, Dordrecht: Reidel.

Verkuyl, H. J., 1993, *A Theory of Aspectuality: The Interaction between Temporal and Atemporal Structure*, Cambridge: Cambridge University Press.

Xiao, Richard & McEnery, Tony, 2004, *Aspect in Mandarin Chinese: A corpus-based study*, John Benjamins.

Yafei Li, 1990, "On V–V compounds in Chinese", *Natural Language and Linguistic Theory*, No. 2.

Yu, C., 2003, "Pluractionality in Chechen", *Natural Language Semantics*, Vol. 11.

Zucchi, Sandro, 1998, "Aspect shift", Susan Rothstein (ed.), *Events and Grammar*, Dordrecht: Kluwer.

后　　记

　　语言是人类最伟大的发明,是人类文明发展的基石。它是我们认识世界、探索世界的工具,同时也在很大程度上反映着我们对世界的理解和认知。语言的重要性,无论怎么强调都不为过。

　　语言不仅极其重要,而且非常奇妙。全世界数千种语言,在语音、书写形式、词汇、句法上千差万别,令人不禁惊叹人类大脑丰富的创造力和想象力。这些语言之间是否存在联系?有没有一些普遍存在的规则影响语言的表达方式?语言的书写形式、词汇语义和句子之间是否存在关联?是什么使得一种语言成为今天的形态?它又如何影响了一种文化的发生和发展?这些语言学问题中的任何一个都值得研究者耗尽毕生心力加以研究。

　　本书关注语言中的时间这一概念。时间是我们所生存的世界中最基本的概念之一,以不同形式、在不同程度上影响着语言。语言中,和时间这一概念关系最密切的是动词:动词所表征的动作在时间流动过程中呈现出各种状态,这是动词区别于其他主要词类的重要语义特征。动词的时间性特征和句子的语法体以及句法结构之间存在什么关联?这种关联在英汉语之间有哪些异同?本书采用语料库研究方法和跨语言比较方法力求寻找这两个主要问题的答案。

　　但是语言是一个极其精妙的系统,系统中的各个次系统之间密切关联,我们无法脱离语言的其他部分来独立地看待某个语言学现象或问题。因此,当我们从时间的视角对句法—语义之间的关联进行跨语言研究的时候,由此而引发其他一些不能不思考的问题:动词的哪些语义因素直接影响句子的结构?语言的词汇构成方式,尤其是动词的形态结构,和动词的句法行为之间存在什么样的关联?时间在不同语言中的表现方式如何体现了不同民族对时间的认知和理解?篇幅和时间所限,这些问题本书尚未来得及深入探索，但如果我们带着这些问题来思考语言中的语义—句法问题，也许可以帮助我们在一定程度上脱离琐碎的语言现象的束缚，从更宏观的角度来看待这一问题。这也是我们将来努力的方向之一。

  本课题在研究过程中得到众多老师朋友的指导和帮助。尤其要感谢我的博士生导师上海外国语大学许余龙教授在我的研究过程中给予的富有启发性的指导和帮助。许老师治学严谨，淡泊谦和，他的研究态度、研究方法以及对待学生的方式都深深影响了我，令我受益终生。还要感谢加州大学圣巴巴拉分校的客座教授伯纳德·科姆里教授。2010 年我在该校教育系访学期间，偶尔兴起到语言学系旁听了他的《语言的共性与语言类型》课程，对动词产生了浓厚的兴趣，也因此后来将研究方向从语言教学研究转到了语言本体研究。而本课题的研究恰巧是建立在他 1976 年出版的《体范畴》一书所建立的系统之上，此书我反复阅读，也在本著作中多次引用。因此，严格来说，虽然我不能算是科姆里教授的学生，但他毫无疑问是我科研之路上的一位导师。

  本书大部分内容由我个人独立完成，我的博士生、安徽大学文学院应用语言学方向的胡月月同学帮助我收集和分析了部分语料，并撰写了第四、五章的部分内容。此外，本书的出版获得了安徽省哲学社会科学规划基金的资助（AHSKZ2021D29）。在此一并感谢。

  虽然我们尽了最大努力来收集和分析语料，并基于语料分析结果加以概括和阐释，但鉴于语言的复杂性和研究者能力所限，拙作还存在一些不足之处，恳请同行们多加斧正！